## はじめに

　本書は、「中小企業診断士２次（筆記）試験の合格確率を高めること」を目的とした演習教材です。

　中小企業診断士の２次筆記試験では、毎回約８割が不合格になります。つまり「不合格になるのがフツウ」です。～～～～～～～～～～ます。まず、解答（正解）や採点基準が公表されな～～～～～～～を作成する問題がほとんどのため解答の構成、内容、～～～～～～問題要求の抽象度が高いため要求の解釈に幅ができる～～～～～因」があります。それと同時に、「受験者側の要因」もあります。

　残念ながら「試験問題側の要因」には手出しができませんが、「受験者側の要因」は対処できます。本書はこの「受験者側の要因」に対処（手出し）するための教材です。

### ■本書のコンセプト（本書の特長）

　フツウにやってしまうことを避け、フツウの結果（不合格）を回避する。

★高得点を狙うことを避ける

　→低得点になることを避けることを最優先する。

★答えを気にすることを避ける

　→解答を作成するプロセスを重視し、この品質を高める。

★出題者の考えはすべて正確にわかるという前提で処理することを避ける

　→出題者の考え・知識は自分と異なることを前提に、自分の考え・知識の幅を広げ、柔軟な使い方ができるようにする。

　本試験の出題は、毎年変わります。「プロセス」を重視することで、どんな出題にも対応でき、不合格を回避できる力を身につけましょう。

　本書の活用により、皆様が２次試験に合格されることを心よりお祈りいたします。

2024年５月
TAC中小企業診断士講座／三好隆宏

## 対策はここからスタートです

まず、次の問いを確認してください。

---

問　以下の記述は、中小企業診断士2次試験の問題処理に関する記述です。
それぞれについて適切かどうかを判断しなさい。

ア　すべての問題に解答することを重視する。
イ　まず第1問から着手する。
ウ　他の受験者と差別化した内容を解答する。
エ　問題に記述されている内容を正確に読み取ることを重視する。

---

どうでしょう？

もし、あなたが、アからエの記述内容が適切かどうか（答え）より以下のような検討をしたとしたら、2次試験対策を効果的に進める準備が整っているといえます。

・どうしてこのような問いを出したのか？
・この問いにおいて"適切"とは何を意味するのか？
・何か引っ掛けようとしているのか？
・………

つまり、2次試験の問題処理にあたっては、

**「すぐに答えようとしない姿勢」**

これが極めて重要です。

　2次試験の問題は決してわかりやすいものではありません。試験問題ですから、問題の解釈には一定の知識と技能が必要となります。また、表現の抽象度が高く、省略されている内容も多いですから、問題文の読み取り時にエラーが起きやすいです。その上、1問あたりの配点が大きいので、たった1か所読み誤っただけで不合格になることも十分あり得る試験です。
　しかし、「すぐに答える」ことは、"有能である"というイメージがありますし、「答えを出したい」という反射的な欲望は根強いため、「すぐに答えようとしない姿勢」を実践するのは簡単ではありません。

本書は、「中小企業診断士2次（筆記）試験の合格確率を高めること（不合格になるリスクを小さくすること）」を目的とした自習用教材です。「すぐに答えようとしない姿勢」を身に付けるため、**解答作成プロセスに焦点をあてた演習を中心とした教材**になっています。

## 解答プロセスに焦点をあてるとはどういうことか？

実際に冒頭の問を題材にして説明します。

まず、問の指示は、ア〜エの記述内容が適切かどうか判断することを要求していることが確認できます。また、「中小企業診断士2次試験の問題処理に関する」という設定なので、受験者側の立場からの判断が求められていると考えてよいでしょう。とはいえ、このままでは判断基準が抽象的ですので、具体化してみます。

2次試験の問題処理において"適切"とは何を意味するのか？

前述した本書の目的のように、不合格になるリスクを小さくすることを考えると、適切・不適切の判断基準は以下のように具体化できます。

> 適切＝不合格になるリスクを小さくすることにつながること
> 不適切＝不合格になるリスクを小さくすることにつながらないこと
>       または、不合格になるリスクを小さくすることとの関連が不明なこと

ここまでの作業で、それぞれの選択肢の内容を解釈する準備ができました。この具体化した判断基準をもとに、ア〜エの記述を1つずつ判断していきます。

中小企業診断士の2次試験は、4事例の平均で6割以上の得点かつ4割未満の得点の事例がひとつもないことが合格基準です。つまり**この試験で不合格になるということは、4事例ともパッとしない得点を取るか、少なくとも1つ以上の事例で4割未満の得点になること**を意味します。

2次試験では解答および採点基準が公表されませんので、対策が立てにくい面もあり、毎回8割程度の受験者が不合格の基準を満たしてしまいます。端的に言って狙って高得点を取れる試験ではありませんし、その必要もない試験です。

満点近く得点しなければ合格しない試験であれば、すべての問題にほぼ完璧な対応をすることが求められますから、アの「すべての問題に解答することを重視する」は適切となります。しかし診断士の2次試験はそうではありません。

また、低得点になるリスクを小さくするには、得点が見込める問題や解答を作成しやすい問題から処理していくことが重要となりますので、イの「まず第1問から着手する」も不適切です。

　そして、あらかじめ出題者が作成した解答がありそれをもとに採点（評価）する試験ですから、「出題者の意図を読み取り、解答する」ことが重要であって、ウの「他の受験者の解答と差別化する」も不適切です。

　では、エはどうでしょうか？

　エ　問題に記述されている内容を正確に読み取ることを重視する。

　出題者は、一定の知識や能力をもっていれば、自分が作成（用意）した解答が無理なく導出できるように問題を設定しています。そう考えると「問題に記述されている内容を正確に読み取ることを重視する」ことは適切なはずです。

　しかしながら2次試験は、「出題者の意図（何を解答させたいのか、何を根拠にどのように解答させたいのか）を読み取る」ことを求めています。得点（合否）は、この「読み取りの精度」で決まります。では、どうすれば精度を高めることができるのか？　出題者（相手）が作成したものを読み取るわけですから、相手の意図（考え）を理解することが要件となります。

　困ったことに、2次試験の出題者の意図は複数あり、わかりにくいです。わかりにくい最大の理由は、**出題者の意図が省略されている**（記述されていない）からです。したがって、エも不適切なのです。

　この点についてしっかり理解しておくことは、2次試験対策上、極めて重要です。

## 2次試験問題の出題者の意図（考え）とは？

　まず、試験問題ですから、一定の基準（水準）に達した受験者とそうでない受験者を区分けする機能を持たせることが前提となります（全員が得点できてしまうのは困る、全員が得点できないのも困る）。

　さらにその基準は、中小企業診断士の2次試験として妥当性をもつものである必要があります。

　出題者は、自分が作成（用意）した解答が最も妥当性がある状況を作り出そうとします。

　そのため、問題作成時に以下の2つを成り立たせようとします。

$$\left[\begin{array}{l} ① 自分が作成した解答が論理的に導出可能であること \\ ② 自分の解答以外に妥当な解答が存在しないこと \end{array}\right]$$

　自分が作成した解答以外は評価（加点）したくないわけですから、①に加えて②も必要になります。そこで、問題文の制約や解答に使用する根拠の示し方を工夫します。どうして"工夫"なのかというと、受験者のほとんどが得点できるのは困る、その一方で受験者のほとんどが得点できないのも困る、という事情があるからです。

　よって、制約や根拠では、以下のようなメッセージは省略されます。

＜出題者が省略するメッセージの例＞
　・あくまで事例内容から読み取れることを最優先して解答してください。
　・この箇所を最後の問題の解答の根拠として使ってください。
　・この一連の記述は事例としての説明用の記述であり、根拠としては使用しません。

　以上のような省略されたメッセージも含めて読み取るためには、次のアプローチが有効です。

**「2次試験を出題者と自分（受験者）のコミュニケーションとして捉え、出題者との関係を改善していく。」**

　このことを具体的に説明します。試験場において、受験者は出題者が作成した問題を処理し、答案を作成し提出します。これは以下の構図で表現できます。

## 試験は出題者と受験者のコミュニケーションと考える

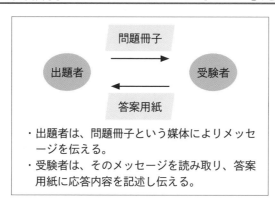

　受験者は目の前の問題を読んでいるのではなく、その作成者（出題者）が問題に込めたメッセージを読み取っていると考えます。

問題冊子は出題者からの「手紙」です。同時にこれは試験問題でもありますから、すべての読み手にわかるようには書かれていません。一定の知識と技能がある人だけに通じるように、丁寧な説明はしないし、理解の前提となる知識なども省略しています。

そして、受験者からの「返事」である答案を「どれくらい通じたのか」という観点で評価します。

## 関係を変えるのは受験者

出題者と受験者の関係を改善するためには、受験者が変えるしか手はありません。受験者は、出題者が作成する問題に手出しできませんから。

たとえば、「事例Ⅳが苦手である」という受験者がいたとします。
・事例Ⅳの問題設定を簡単にする
・算出に使用する式を示す
・数値の桁数を少なくする
・前年とほぼ同じ出題にする
・経営分析のみにする
といったことが起きる可能性はありますが、受験者が働きかけて実現することはできません。

そこで受験者としては、たとえば、
・問題の設定を読み慣れ、理解力をつける
・主要な算出式はすべて必要な場面でスッと浮かび使いこなせるようになる
といった行動を起こし、関係を変化させる（改善する）ことが必要です。

試験問題そのものに特徴などありません。あくまで"自分との関係"として捉えることが重要です。

次のような表現は、試験問題のことを指しているように見えますがそうではありません。
・2次試験は合格しにくい
・2次試験は対策がはっきりしない
・事例Ⅳは特に難しい

これらはすべて「出題者と受験者との関係」を表現しています。次のように省略されている内容を補うとはっきりします。
・いまの私にとって2次試験は合格しにくい（そのような関係である）

・いまの私にとって２次試験の対策ははっきりしていない

・いまの私にとって事例Ⅳは特に難しい

　繰り返しになりますが、もし「２次試験は難しい」という特徴を２次試験そのものが有するのであれば、受験者が何をしても難しいままです。

　しかし、そのようなことはありません。関係を変えていくことはできますし、本書はそれを目的としています。

# 本書の構成

　本書では、中小企業診断士2次筆記試験と同レベルの演習問題を3回分（12事例）用意しました。それぞれの演習問題には、解答・解説に加え、**詳細な採点基準および確認ポイント**もつけてあります。また、下図のように、演習を中核にその前後を含めた一連の作業として編成していますので、この**構成に沿って進めていくだけで単なる演習体験以上の効果**が得られます。

テーマ設定 ➡ 演習 ➡ プロセス検証 ➡ 知識検証 ➡ 全体検証 ➡ 答案評価 ➡ 最終確認

　さらに、2次試験問題を処理する上で重要となる**"使える知識と技能"を補強する**ためのトレーニングメニューを巻末に掲載しています。演習と合わせて利用することで、実践的な対応力を高めていきましょう。

　演習の第1回目と第2、3回目では一部の構成と取り組み内容が異なります。具体的な作業内容については、次の＜本書の使い方＞をご確認ください。


# 本書の使い方

## 1　テーマを設定（選択）する（どこを変えるか検討し、目標を設定する）

　すでに確認したように、2次試験は、出題者と受験者のコミュニケーションであり、その対策は、コミュニケーションによる関係をよくしていくことにほかなりません。この関係においては、残念ながら出題者および出題者が行うことに手出しはできません。よって、受験者側が変わることにより関係を変えることになります。

　演習のテーマ設定とは、「**自分と試験（出題者）の関係のどこをどう変えるか**」ということです。

　本書ではこのテーマ設定をしやすいように、チェックリストを用意してあります。その中から該当するテーマを選びましょう。もちろん、リストにないテーマを設定してもかまいません。

　チェックリストの項目は、以下のとおりです。

---

　**[今回のテーマ]** ☆少なくとも1つは選択しましょう。

　☐ 実際の体験を通じて2次試験（事例Ⅰ～Ⅳ）のことを知る（知見を増やす）

　☐ 自分のマネジメント（80分の使い方、問題処理の優先度判断など）の改善
　　の余地を特定する

　☐ 自分の解答作成手順の改善の余地を特定する

　☐ 自分の使える知識と技能の補強すべきところを特定する

---

## 2　実際に取り組む

　演習問題に取り組みます。実際に答案を作成してみてください。このような演習形式では、**できる限り本番と同様の環境設定で行うことが重要です**。試験場に持っていく予定の時計を目の前に置き、試験場で使用する予定の筆記具を使う、といったことだけでも一定の雰囲気が醸し出されます。

　さらに、できる範囲で処理中に邪魔が入らないよう工夫しましょう（スマホは電源を切りましょう。本番もそうですから）。また、時間の感覚を掴むためにも、80分間を厳守しましょう。

　ひとつ本番と異なるのは、**演習の取り組み中に気づいたことや感じたことがあればメモ（記録）する**点です。フィードバックを得ることがこの取り組みの最大の目的です。取り組み中に生じたことはとても重要な情報です（記憶はいい加減ですので、記録しておくことをおすすめします）。

## 3　問題文解釈の作業プロセスを検証する

　作業プロセスの確認は、問題ごとにチェック項目をもとに行います。**2次試験問題の処理における最大のポイントは、問題文の解釈です**。よってまずこの作業を確認します。

　また、ここが大事なところですが、作業ができたかどうかの判断は**得点になっていたかどうかとは無関係**です。本番の試験では、答え合わせなどできません。当日の答案作成作業の品質が想定通りに確保できるかどうかがすべてです。**プロセスが適切であれば、答えが大きく外れることはありません**。答えは毎回異なりますが、プロセスはそうではありません。

　自分が気にすることが答えよりプロセスになってきたら、合格はかなり近いです。

　以下の例により作業イメージを湧かせておきましょう。

---

**〈作業プロセス確認の例〉**

第1問

　A社が今後も成長・発展していくための組織上の課題は何か。100字以内で述べよ。

☐ 解答は、「組織上の課題」であることを読み取った。

☐ 「A社の今後の成長・発展の要件」を特定し、そこからそれを具現化するための「組織の要件」を想定し、「現状のA社組織」との対比からギャップ（課題）を抽出する作業イメージを想定した。

---

↓ 確認する

□ 解答は、「組織上の課題」であることを読み取った。
　☞ □できた　☑だいたいできた　□あまりできなかった　□できなかった

□ 「A社の今後の成長・発展の要件」を特定し、そこからそれを具現化するための「組織の要件」を想定し、「現状のA社組織」との対比からギャップ（課題）を抽出する作業イメージを想定した。
　☞ □できた　□だいたいできた　□あまりできなかった　☑できなかった

✎ 気づいたこと・実施すること

> 「組織上の課題」であることは読み取ったが、それが「A社の課題」
> 「経営上の課題」とは違うというところまでは考えなかった。
> 組織の要件と現状のギャップから課題を抽出するイメージはあったが、
> 成長発展の要件をまず特定することは想定していないし、メモもしていない。

## 4　出題者の意図を確認する（知識を検証する）

　出題者が作成する問題には省略がある、という点についてはすでに説明しました。実際の試験では「解答」は公表されませんし、「解説」もありません。過去問題集には解答例、解説が掲載されていますが、出題者本人が作成したものではありませんから、正確さという点で限界があります。

　本書で使用している演習はすべてTACが実際の教材として使用したものであり、解答、解説は出題者本人が作成したものです。よって、解説には、出題者の意図が示されています。

　料理に例えると、解答は出来上がりであり、解説はレシピに相当します。どの材料（根拠）をどのように調理（加工）すると解答が出来上がるのか、を説明してあるのが解説です。材料と作り方がレシピ通りであれば、自ずと出題者が期待する（意図している）料理（解答）が出来上がるはずです。

　**解説内容を理解し、「次の機会に使える知識」として整理しておくことは極めて重要**です。そのためには、「自分の知識や考えと異なるところはどこか？」という観点を持つと効果的です。

　解説は、以下の構成になっています。

1．事例の特徴と取り組み方

2．答案作成プロセス

　⑴ 問題要求の確認

　⑵ 事例の大枠の把握（問題本文を読んで理解する）

　⑶ 解答作成

　2次試験では、いろいろな見方・考え方ができる受験者のほうが圧倒的に有利です。どんどん加えていくイメージで取り組みましょう。出題者は自分とは異なる知識を持ち、異なる考え方をしますし、事例問題のバリエーションはいろいろありますから。

## 5　作業全体を検証する

　ここでは、作業の結果としてできあがる解答の要件を自分の解答がどの程度満たしているのか検証します。検証は問題ごとに設定してある［対応のポイント］に基づいて行います。

　解答は直接的には「記述（編集）の結果」ですが、その構成・内容は、問題文の読み取り、使用する根拠の選択といった「解答編集前の作業プロセスの結果」でもあります。改めて、使用した知識も含めた作業プロセス全体を振り返り、**改善可能な点がどこにあるか検討**しましょう。

## 6　他人の答案を出題者側から評価してみる　※ 第2回と第3回ではこの作業は行いません。

　1回目の取り組みでは、**自分の解答を採点する前に、他人の解答を採点**します。これは、採点者の立場を体験することで、採点基準をもとに適切に採点しやすくするためです。

　他人が作成した解答ですから、作成した人の考え、作成した状況……といったことは一切わかりません。その解答を、与えられた採点基準に沿って採点してください。

　採点に使用する【解答例】および〔採点基準〕は、それぞれの演習問題の出題者自身が作成したものです。解答内容はもちろん、解答要素ごとの配点の大きさにも出題者の意図が表現されています。採点者の立場（出題者から採点を依頼された立場）で採点してみましょう。

　採点はなかなか難しい作業です。もし迷うようなら、複数の設定で行うことです。たとえば「きびしめなら……」「ゆるめなら……」と2種類採点してみるとやりやすくなります。

## 〈複数の設定で採点した例〉

第1問 （配点20点）

B社長は、新規顧客獲得策を検討している。どのような商品をどのように販売すべきか。ターゲット層を明確にして80字以内で助言せよ。

**【解答例】**

| 健 | 康 | 的 | で | バ | ラ | ン | ス | の | よ | い | 食 | 事 | を | 手 | 軽 | に | 済 | ま | せ |
| た | い | 近 | 隣 | の | 単 | 身 | 者 | を | タ | ー | ゲ | ッ | ト | に | 、 | 新 | た | に | 1 |
| 人 | 用 | の | 惣 | 菜 | を | 複 | 数 | 種 | 類 | 販 | 売 | す | る | 。 | 栄 | 養 | 分 | や | カ |
| ロ | リ | ー | を | わ | か | り | や | す | く | 表 | 示 | し | て | 販 | 売 | す | る | 。 | |

〔採点基準〕 ①～⑤各4点

　基準①　商品：1人用の惣菜

　基準②　商品の補足：複数種類投入すること

　基準③　販売方法：栄養分やカロリーをわかりやすく表示すること

　基準④　ターゲット：近隣の単身者

　基準⑤　ターゲットの補足：健康的でバランスのよい食事を手軽に済ませる
　　　　　ニーズをもつ

**【採点およびコメントしてみよう】**

| B | 社 | の | 人 | 気 | 商 | 品 | で | あ | る | 惣 | 菜 | を | 少 | 量 | に | パ | ッ | ケ | ー |
| ジ | し | て | 販 | 売 | す | る | 。 | タ | ー | ゲ | ッ | ト | 層 | は | 、 | 今 | 後 | も | 流 |
| 入 | が | つ | づ | く | こ | と | が | 予 | 想 | さ | れ | る | 近 | 隣 | の | 単 | 身 | 者 | で |
| あ | り | 、 | 高 | 頻 | 度 | の | 利 | 用 | が | 期 | 待 | で | き | る | 。 | | | | |

**［きびしめに採点した例］**

| 基準 | 点数 | コメント |
|---|---|---|
| ① | 4点/4点 | 惣菜を少量にパッケージが該当する |
| ② | 0点/4点 | 言及なし |
| ③ | 0点/4点 | 言及なし |
| ④ | 2点/4点 | 近隣の単身者が明示されている |
| ⑤ | 0点/4点 | 言及なし |
| 合計 | 6点/20点 | 「どのように販売すべきか」を解答していない |

[ゆるめに採点した例]

| 基準 | 点数 | コメント |
|:---:|:---:|---|
| ① | 4点/4点 | 惣菜を少量にパッケージが該当する |
| ② | 4点/4点 | 人気商品は複数あるので複数も読み取れると判断 |
| ③ | 0点/4点 | 言及なし |
| ④ | 2点/4点 | 近隣の単身者が明示されている |
| ⑤ | 0点/4点 | 言及なし |
| 合計 | 10点/20点 | 「商品」「ターゲット」を適切にとらえている |

## 7（第2回・第3回は6） 自分の答案を出題者側から評価してみる

　ここで行うのは「出題者側から自分の答案（解答）を評価する」ことです。「試験は出題者と受験者のコミュニケーション」と位置付けているわけですから、相手の立場になってみることは極めて有効ですし、必要なことです。出題者はメッセージの送り手であると同時に、受験者からの返事の受け手でもあります。自身の答案（解答）の評価作業を通じて、受け手として評価することを体験します。この際、自分は出題者（採点者）であり、「答案は他人のもの」という想定で評価しましょう。そして、**評価作業を通じて気づくことが必ず出てきますので、それを整理し、次の答案（解答）作成に生かしましょう。**

## 8（第2回・第3回は7） 最終的な確認

　取り組みの仕上げです。**取り組み前に設定したテーマの観点から、ここまでのフィードバック内容をすべて確認して、主要点を整理しておきましょう。**

さいごに、本書で行なった一連の取り組みによって得たことをもとに、答案作成、個々の作業（読む、考える、書く、計算する等）や適切な知識の利用がスムーズにできるようにするための練習を続けてください。練習にあたっては、本書の「対応力を高めるためのトレーニングメニュー」も活用できます。

　さらに、より合格確率を高めるには、初見の演習問題に取り組むことが効果的です。少なくとも、本番と同じ時間割で実施される公開模試を利用して、仕上がり具合を試すことを強くお勧めします。


## 対応力を高めるためのトレーニングメニュー

　目的別に6つのトレーニングメニューがあります。**演習問題への取り組みによって認識した弱点を補強する**ことを想定したメニューです。演習と演習の間やそれ以降の対策に利用してください。

【トレーニングメニュー】
〇問題文の解釈力を高めるトレーニング
〇指示を外さない解答力を高めるトレーニング
〇事例内容の分析力を高めるトレーニング
〇解答の編集力を高めるトレーニング
〇処理の計画力を高めるトレーニング（事例IV）
〇経営指標の算出の確実さを向上させるトレーニング（事例IV）

# 目 次

---

**演習問題と解答用紙のダウンロードサービスについて**
　本書に収載している演習問題と別冊の解答用紙は、TAC出版書籍販売サイト『Cyber Book Store（サイバーブックストア）』内の「書籍連動ダウンロードサービス」からダウンロードしてご利用いただけます。
https://bookstore.tac-school.co.jp/pages/download_service/

---

第 1 回

事例 I

# テーマを設定（選択）する

　以下のリストの中から該当するテーマを選びましょう。もちろん、リストにないテーマを設定してもかまいません。

---

**[今回のテーマ]**　☆少なくとも１つは選択しましょう。

☐ 実際の体験を通じて２次試験（事例Ⅰ）のことを知る（知見を増やす）

☐ 自分のマネジメント（80分の使い方、問題処理の優先度判断など）の改善の余地を特定する

☐ 自分の解答作成手順の改善の余地を特定する

☐ 自分の使える知識と技能の補強すべきところを特定する

✎ 自身で設定した具体的なテーマがあれば、理由とともに記録しておきましょう。

# 2 実際に取り組む

演習問題に取り組みます。実際に答案を作成してください。取り組み中に気づいたことや感じたことがあればメモしておきましょう。

---

　A社は、周囲に田園風景が広がる北陸地方に本社と工場を構える、農業機械や除雪機などの製造業である。資本金は1,200万円、売上高約15億円であり、1860年代半ばに創業された老舗企業である。A社長は5代目であり、4名の役員とともに経営を行っている。従業員数は110名であり、そのほとんどは正規社員である。また、首都圏と東北地方にそれぞれ1か所ずつ営業所を構えている。

　A社の主力製品である農業機械や除雪機は、地方において使用されることが多い。これらの地域は、高齢化が進展し、若者の流出も激しいため、事業者の廃業率も高くなっている。それでも、昨今は地方での暮らしを求めるUターン組やIターン組なども見られ、先進的な事業を展開している企業もある。A社も創業以来150年にわたってそのような地方において事業を営んできている。

　現在のA社の事業内容は、農業機械や除雪機といった完成品の製造と、多様な業界のメーカーから請け負う部品製造や金属加工に大別される。昨今の農業機械や除雪機は、ICTやロボット技術の活用などの技術革新が進展している状況にあり、事業としての発展は、これら最先端技術をいかに取り込んだ製品を生み出すことができるかによるところが大きくなってきている。また、部品製造や金属加工は、多様な業界の大手メーカーの要求水準を満たすために、加工技術力を中心とした継続的な技術水準の向上が不可欠になる。

　A社の創業は江戸時代の末期である。現在も本社を構える北陸の地がその創業地であり、日本有数の米どころでもあったことから、手作業で脱穀するための道具である千歯の生産がその祖業であった。現在の国内の農業は、農業従事者の高齢化や、後継者や働き手の不足が深刻化し、国内の農業総産出額は減少傾向にあるが、この当時の日本はまだ産業に乏しかったため、逆に農業に従事する者の比率が非常に高い状況であった。そして、明治の時代に入ると、西洋文化を吸収して各産業分野を発展させるため、いわゆる「お雇い外国人」を招いてそれぞれの分野で専門知識の導入を進めた。特に農業の分野では西洋農法の導入を図り、開拓と農事改良に重点を置いた。そして、稲作技術の改良が進んだことに伴い、新たな農機具が用いられるようになっていった。A社は一地方において、このような時代の要請に応える形で農機具の生産に従事し、創業期を歩んでいった。2代目社長もそれを引き継ぎ、現在のA社にも受け継がれている「三方よしの精神」を大切に、地域の農業の発展に尽力してきた。

　3代目社長が就任したのは明治の終わりであった。大正へと時代が移り変わると、それまでは人力で動かしていた農機具が、電気や石油を使った動力で動かされるよう

になり、田んぼの水の揚水と排水をはじめとして、脱穀作業、籾（もみ）すり作業、精米作業、製粉作業、藁の加工作業といったものは、次々と機械化が進んでいった。この時代、「農業の機械化」が国としての大きな目標となり、畜力や電力を使った機械が開発されていった。地方で事業を行う小さな企業でありながらも、3代目社長がこのような機械化の流れという時勢を捉えた事業展開を進めたことは、A社の今日に至るまでの存続・成長を考えた際に、大きな要因の1つであったといえる。

　戦後の混乱から落ち着きを取り戻してきた頃に就任した4代目社長の時代は、さらなる機械化の普及と相まって、水田経営の規模が拡大していった時期である。新しい栽培技術も生み出され、米の収量水準が飛躍的に向上していくこととなった。創業以来、このような日本の農業発展の歴史とともに歩みを進め、約100年という長きにわたって農業の発展に貢献してきたことは、それ自体がA社のアイデンティティといってよかった。

　しかしながら、農業機械の市場規模の拡大は、大手企業の参入の活発化を促進させることとなった。その後、農業そのものの衰退が徐々に生じてくると、小規模な農業機械メーカーは淘汰されることとなった。このような競争環境や市場の変化は、A社に経営戦略の再考を迫るほどの大きな要因となった。4代目社長が中心となって、それまで培ってきた技術を活かしつつ、地域に貢献できる分野として除雪機の製造・販売を行うことの可能性を模索し始めたのは、1970年代前半のことであった。しかしながら、そのような事業領域の拡大について、経営陣中心に議論を始めたさなかに4代目社長が急逝し、5代目であるA社長が20代という若さで就任することとなったのである。

　A社長の時代になってからのA社は、農業機械と除雪機を完成品として取り扱う一方、それまでの事業展開によって培った加工技術力を活かし、多様な業界の大手メーカーからプレス加工、ベンダー加工といった加工や、農業機械部品や建設機械部品、自動車部品といった部品製造の受注も請け負うようになった。多様な大手メーカーの案件を請け負ってきたことは、A社の加工技術力の強化にも大きく寄与し、現在のA社の競争力を維持する要因ともなっている。A社長としては、今後も継続的に強化を図っていく考えである。

　加工や部品製造を事業の柱の1つとしていくにあたっては、首都圏に営業所を構え、営業力の強化にも取り組んできた。一方の本社や工場、東北地方の営業所については、ここしばらくは事業規模に変動が生じていないため、定年退職者が出るなど補充の必要性に応じて、地元の高校卒業者や中途採用の募集をするといった程度である。また、評価制度については、長年にわたって伝統的な年功給制度であったが、能力や成果に報いる要素も少しずつ取り入れるようになってきたところである。このことは徐々に社内に浸透し、風土としても根付きつつあるが、未だ明確な制度とまではなっていない。

　A社の組織形態は、農業機械部、除雪機部、加工・部品部、総務部で構成されている。また、除雪機部と農業機械部は、それぞれ製品開発部門、電子制御部門、製造部門、品質管理部門、営業部門で構成されている。これらの部門間の連携により、製品の改良や新製品開発も活発である。加工・部品部は、除雪機と農業機械の部品製造と金属加工を担うことに加え、各種メーカーからの部品製造と金属加工の受注を請け負っている。

　A社は創業からこれまでの150年を超える歴史の中で、変わりゆく経営環境の変化に対応しながら存続してきた。今もまた、次の世代につなげていくためには変化が必要であり、1つのターニングポイントを迎えているといえる。現在、A社長は地方再生の思いもあり、今一度、農業機械や除雪機といった完成品事業の強化を図っていくことを志向している。ともに成熟産業ではあるが、特に農業機械市場に目を向けると、農業は機械化が進んだとはいえ未だ重労働で手作業が多く残り、現場では、より一層の生産効率向上が期待されている。そのため、市場は緩やかな拡大傾向にある。A社長は、生産能力の拡充や、各地方において新たに営業所を開設していくことを見据えている。

**第1問** （配点20点）

　A社の主力製品の1つである農業機械の国内における市場動向は、どのような状況にあるか。100字以内で述べよ。


**第2問** （配点20点）

　A社は1970年代半ばに除雪機の製造・販売に参入したが、実際に参入に至るまでには、A社の経営戦略や事業領域に対する捉え方に起因した社内の調整に時間を要することとなった。その要因について、100字以内で述べよ。


**第3問** （配点20点）

　現在のA社は事業ごとに編成する組織形態となっているが、加工・部品部は除雪機と農業機械という2つの完成品事業部の加工や部品の製造も担うなど、変則的な運営となっている。このような形態や運営としている理由はどのようなものであると考えられるか。120字以内で述べよ。


**第4問** （配点40点）

　A社長は、農業機械を中心とした完成品事業の強化を志向している。以下の設問に答えよ。


（設問1）

　A社長は、創業以来社内に脈々と流れてきた価値観を、経営理念や行動規範として明確化することを考えている。A社長がこのように考えている理由はどのようなものであると考えられるか。100字以内で述べよ。


（設問2）

　完成品事業の強化を見据えた際に、A社ではどういった人事施策を導入することが有効であると考えられるか。中小企業診断士として、100字以内で助言せよ。

# 3 問題文解釈の作業プロセスを検証する

　作業プロセスの確認は、問題ごとに、チェック項目をもとに行います。2次試験問題の処理における最大のポイントは、問題文の解釈です。以下の観点から確認し、改善が必要なところを洗い出しましょう。

---

第1問

☐ 「市場動向」であるから、"……により拡大（縮小）している"という変化が結論になることを想定した。

　　☞ ☐できた　☐だいたいできた　☐あまりできなかった　☐できなかった

☐ 農業機械はA社の主力製品の1つであり、第4問で強化する設定になっているので、縮小しているという結論はない可能性が高いことを想定した。

　　☞ ☐できた　☐だいたいできた　☐あまりできなかった　☐できなかった

✐ 気づいたこと・改善すること

```
┌──────────────────────────────────────────────────┐
│ • • • • • • • • • • • • • • • • • • • • • • • • • │
│                                                  │
│                                                  │
│                                                  │
│                                                  │
└──────────────────────────────────────────────────┘
```

第2問

☐ 「経営戦略や事業領域に対する捉え方に起因した社内の調整」とはどのようなことかを具体化し、経営者（陣）と従業員の間に捉え方のギャップがあったことを想定した。

　　☞ ☐できた　☐だいたいできた　☐あまりできなかった　☐できなかった

☐ 「時間を要することとなった」は、"通常と比べて"ということであり、ギャップを埋めるにあたり、①経営者側の通常と異なるところ、②従業員側の通常と異なるところの両面から検討しようと考えた。

　　☞ ☐できた　☐だいたいできた　☐あまりできなかった　☐できなかった

✏️ 気づいたこと・改善すること

```
• • • • • • • • • • • • • • • • • • • • • • • • • • • • • • • • • • • • • • • • • • • • • • •


```

---

**第3問**

☐「加工・部品部は……2つの完成品事業部の加工や部品の製造も担うなど」ということは、A社は2つの完成品事業以外の事業も行っており、そこにも加工・部品部はかかわっていることを読み取った。

　☞ ☐できた　☐だいたいできた　☐あまりできなかった　☐できなかった

☐加工・部品部は製品事業を横断する運営ということになるので、事業部制のメリットを生かしつつ、加工・部品部の業務を維持・強化するという方向であると考えた。

　☞ ☐できた　☐だいたいできた　☐あまりできなかった　☐できなかった


✏️ 気づいたこと・改善すること

```
• • • • • • • • • • • • • • • • • • • • • • • • • • • • • • • • • • • • • • • • • • • • • • •


```

---

**第4問**

（設問1）

☐「このように」は"創業以来の価値観を、経営理念や行動規範として明確化する"ことであると理解し、明文化されていないが共有されてきた価値観を、経営理念や行動規範として明文化することであると想定した。

　☞ ☐できた　☐だいたいできた　☐あまりできなかった　☐できなかった

☐リード文の「完成品事業の強化」は、現状の組織に、従業員の数が増える、多様化する、といった変化（明文化する必要が生じる変化）をもたらす可能性を想定した。

　☞ ☐できた　☐だいたいできた　☐あまりできなかった　☐できなかった

☐ 設問2で人事施策を要求しているので、従業員が増える可能性が高いことを想定した。

   ☞ ☐できた　☐だいたいできた　☐あまりできなかった　☐できなかった

☐ 第2問との関連から、リード文の「完成品事業の強化」が、"経営戦略や事業領域の変更"に該当するのであれば、明文化によりスムーズに事業強化を実現できることも理由になりうることを想定した。

   ☞ ☐できた　☐だいたいできた　☐あまりできなかった　☐できなかった

✎ 気づいたこと・改善すること

```
• • • • • • • • • • • • • • • • • • • • • • • • • • • • • • • • • • • • • • • • •



```

（設問2）

☐ 「完成品事業の強化」の要件を満たす人材の要件は現状とは異なり、そのギャップを埋める策（人事施策）を要求しているという構図を読み取った。

   ☞ ☐できた　☐だいたいできた　☐あまりできなかった　☐できなかった

☐ 「人事施策」は、採用・配置、育成、評価といった複数の策で構成することを想定した。

   ☞ ☐できた　☐だいたいできた　☐あまりできなかった　☐できなかった

✎ 気づいたこと・改善すること

```
• • • • • • • • • • • • • • • • • • • • • • • • • • • • • • • • • • • • • • • • •



```

 作業のポイント

チェックするのは手段であり、目的は改善すべきところをはっきりさせることです。改善すべきところおよびそのための方策は、以下のように特定できます。

| 洗い出したこと | | 改善すること |
| --- | --- | --- |
| メモしていない | → | メモすることを手順に加えて、練習する。 |
| そのようなことは考えなかった | → | 問題文の解釈の練習をする。 |
| そのようなことは浮かばなかった | → | 使いたい知識に加え、すっと使えるよう何度も出力する。 |

# 4 出題者の意図を確認する（知識を検証する）

解答より先に解説を読み、出題者の意図を理解します。

"自分の知識や考えと異なるところはどこか?" という観点から、出題者自身が書いた解説を読むことで、自分の知識や考え方の更新（補強と修正）を行いましょう。

---

解説

## 1．事例の特徴と取り組み方

今回の事例は、農業機械や除雪機などの製造業を取り上げた。事例Ⅰにおいては、製造業が設定されることが多くなっている。ただし、業種が変わったとしても、問われる内容が大きく変わるわけではない。よって、事例Ⅰ（組織・人事の事例）への対応として、基本的にはやるべきことは変わらない。

本事例の問題数は5問であり、各問題要求は、「状況」「要因」「理由」「理由」「人事施策」である。

事例Ⅰは、組織・人事がテーマであるため、"組織"や"人事"に絡んだ出題が必ずあるが、それに加えて、過去や現状のA社について分析させる問題や、戦略や事業構造、業界構造などに関する問題が出題されることになる。本事例はその点では、外部環境の分析、戦略面、組織面、人事面など、幅広い観点を取り扱う出題内容となっている。

事例Ⅰでは、問題要求の解釈時点で解答内容や問題本文から読み取るべき要素などを想定しておくことの重要性が高い。また、場合によっては問題要求だけで一般的な知識を想起し、解答の方向性をイメージできることが必要な設問もある。今回、演習中に問題要求の解釈がうまく行えなかった場合、特に、それによって解答の方向性が大きく外れてしまった場合には、あらためて本事例の問題要求を読み、どのようなことを頭に思い浮かべることができればよかったかを振り返ってほしい。

## 2．答案作成プロセス

### ⑴ 問題要求の確認

まずは問題要求を確認し、何が問われているのかを明確にした上で、問題本文を確認していくプロセスが望ましい。特に事例Ⅰの問題要求は、他の事例と比較しても、出題者が何を解答させようとしているかをこの時点で想定する（解釈する）ことの重要性が高い。なぜなら、そもそも"何が問われているのか"がわかりにくく、解釈によって記述する要素が変わってくるリスクが最も高い事例だからである。よって、問題要求を解釈する段階で、知識を加味して具体的な解答を想定する、問題本文を読み取る際の着眼点を設定する、解答にあたっての制約条件に注意する、解答の構成要素を描く、といったことを行った上で、明確な目的意識を持って問題本文の読み取りを

行うことが必要になる。

（配点20点）

　直接の問題要求は「状況」である。具体的には「市場動向の状況」である。"市場"としては、規模、成長度、顧客のニーズ、といった点が想定され、"動向"は、動いていく方向や傾向といったことなので、拡大、縮小、横ばい、速い、緩やか、新たなニーズの出現、といった点が想定される。また、「農業機械の国内における」ということなので、それ以外（農業機械以外、国外）は本問の解答要素ではないことを明確に意識して根拠を抽出していきたい。そして、農業機械は、「A社の主力製品の1つである」ということなので、A社の強みが活用できている事業である可能性が高い。このことは、市場動向が問われている本問の解答と直接関係はないかもしれないが、事例全体を掴むという点では意味がある。

第2問　（配点20点）

　直接の問題要求は「要因」である。意味合いとしては、事が生じた際に、直接その原因や条件となった要素のことである。"原因"と似た言葉ではあるが、一般には事を生じさせた要素が1つではない場合に用いられることが多い。そして、そのうちのいくつかの要素を指して、要因という言葉を使うのが一般的である。本試験の問題要求において、このあたりの表現をどこまで厳密に用いているか定かではない面はあるが、よく出題される問題要求に関しては、基本的な言葉の意味合いは認識しておいたほうがよいだろう。

　本問は具体的には、「社内の調整に時間を要することとなった」要因である。そして、それは「A社の経営戦略や事業領域に対する捉え方に起因」ということであるので、この捉え方が社内の従業員によって異なっていたため、理解を得るのに時間を要した、といったことでよさそうである。

　具体的な内容は、「1970年代半ばに除雪機の製造・販売に参入」ということなので、まずは、1970年代半ばという時期における状況（A社の状況、外部環境の状況など）、除雪機の特徴といった点に着目したい。これらに着目した際に、社内にはこの事業展開に対して好意的ではない者もいたということが考えられる。

第3問　（配点20点）

　直接の問題要求は「理由」である。"理由"は、人間の意図が介在する根拠（なぜ、そうしたのかなど）に用いられるのが通常である。少し似た言葉に"原因"があるが、"原因"は、人間の意図が介在しない事象の根拠（なぜ、そうなったのかなど）に用いられることが多い。

　本問は具体的には、「このような形態や運営としている理由」ということであり、

「このような」という指示語は、その前の文章全体を指している文脈である。

　まず、「形態」については、「事業ごとに編成する組織形態」とある。これは、明示されていないが事業部制組織のようなイメージであろう。そうであれば、事業部制組織のメリットを得ようとしているのが理由の1つとして想定できる。具体的には、"社長が戦略的意思決定に注力できる" "現場の状況に即応できる" "管理者の意欲が高まる" "自己完結する組織単位となるため、利益責任をもつ、機能間の連携がしやすい" といったことが一般的には想定される。

　また、「運営」については、「加工・部品部は除雪機と農業機械という2つの完成品事業の加工や部品の製造も担うなど、変則的な運営」とある。この文章だけでは捉えにくいかもしれないが、「変則的な運営」ということを踏まえながら読み取ると、「加工・部品部」という1つの部があり、その部が、「除雪機と農業機械という2つの完成品事業部の加工や部品の製造も担う」とある。つまり、ここには3つの部が示されているが、通常のオーソドックスな事業部ではなく、事業間の業務が関連している。この点が変則的ということであろう。このような「運営」をしていることにはなにがしかメリットがあるはずである。この問題要求だけでここまで考えるのは容易ではないかもしれないが、「加工・部品部」は全社の加工と部品の製造を担っている、と解釈し、また、オーソドックスな事業部にしていないということは、対比する組織形態である機能別組織のメリットを享受しようとしている、と考えると、"専門性の強化"を志向していることが理由として浮上してくる。

### 第4問（配点40点）

　本問は2つの設問で構成されている。このように1つの問題が複数の設問で構成されている場合には、設問間の関連に注意して検討する必要がある。このような形になっているのは、ただ単に同一のテーマであるから（今回であれば、農業機械を中心とした完成品事業の強化について）という場合もあるが、それだけにとどまらず、（設問1）で解答した方向性が、（設問2）の解答内容にも影響を及ぼす構造になっている場合もある。後者の場合には、（設問1）の方向性を誤ると大きな失点になるリスクがあるため、慎重に検討する必要がある。

　また、上述したように、リード文には全体としてのテーマが書かれているが、当然ながら、（設問1）（設問2）の両方がこのテーマに関連した設問ということになるため、この点はしっかりと前提に置いた上で検討する必要がある。

（設問1）

　直接の問題要求は第3問同様「理由」である。具体的には、「A社長は、創業以来社内に脈々と流れてきた価値観を、経営理念や行動規範として明確化することを考えている」理由である。これには、大きく以下の2つの要素が想定される。1つは、A

社の創業以来の価値観の具体的な内容に紐付いた理由である。その価値観を社内に浸透させることの重要性が高まった、といったことが想定される。もう1つは、経営理念や行動規範として明確化することによる一般的な意義を得る必要性が生じたということである。具体的には、社内の共通認識を強化する、指針を明確にする、といったことが想定される。そして、これらの要素が、農業機械を中心とした「完成品事業の強化」（リード文）を推進するために、一層重要になったから、といったことである可能性が高いであろう。

（設問2）

　直接の問題要求は「人事施策」である。まずは、雇用管理（採用や配置）、評価、報酬、能力開発という4つの視点を想定し、その観点で解答していくことになる（ただし、報酬の観点は問われる可能性は低い）。

　「完成品事業の強化」ということであるが、これは、すでに見てきたリード文と同様であり、このことを踏まえた場合の人事施策を解答することになる。

　そして、本問は本事例唯一の助言問題であるので、現在のA社の課題に準ずる要素が問題本文に書かれていれば、それは本問の解答の根拠となる。その課題が、人事施策によって解決されるという構造である。

## (2)　事例の大枠の把握（問題本文を読んで理解する）

　本事例は問題本文が2頁半であり、やや多めの分量である。よって、情報の読み取りに時間を要する可能性が高い。問題本文については、解答を検討する中で何度も読み返すことになるが、最初の読み取りの際に、ある程度A社の方向性については掴んでおきたい。そのためには、事例Ⅰの場合には"A社の課題"や"A社の強み"が何であるかを掴むことを意識することが有効な場合が多い。理由は、"A社の課題"はどこかの設問で解決することになるため、それはA社の方向性であるし、事例Ⅰでは、"A社の強み"を踏まえた内容が問われることが多く、これを踏まえることは、やはりA社の方向性を描くのに役立つからである。

　　第1段落　　A社の概要
　　第2段落　　地方の特徴
　　第3段落　　A社の事業内容
　　第4段落　　創業社長時代と2代目社長時代
　　第5段落　　3代目社長時代
　　第6段落　　4代目社長時代
　　第7段落　　除雪機の製造・販売への進出
　　第8段落　　A社長の時代になって以降の事業内容

第9段落　Ａ社の採用や評価制度
第10段落　Ａ社の組織体制
第11段落　今後の展望

⑶　解答作成

　本事例は問題本文の記述量は多め、設問数（５問）、解答箇所（５か所）、制限字数（520字）は標準的である。

　時制でいえば、第１問～第３問で過去から現在のことについて問われており、第４問で今後のことについて問われている。

　今回は、問題本文の量が多いため、読み取りの負荷は高い。解答の根拠が問題本文中に明示されている設問が比較的多いものの、整理するための労力は小さくないと思われる。また、各設問については、問題本文から丁寧に根拠を抽出すれば組み立てが可能な設問、組織に関する知識が試される設問、一般的な知識を想起しなければ解答の方向性を見出しにくい設問など多様なタイプがある。以下、設問ごとに見ていく。

　第１問は、根拠は問題本文に明示されている。しかしながら、それが複数箇所に分散しているので、それらを編集するのはそれほど容易ではない。第２問は、問題要求の内容を解釈した上で問題本文を読まないと、根拠の特定に苦戦する可能性がある。第３問は、おおよその方向性はわかっても、組織形態に関する一般的な知識が想起できないと、うまく解答としてまとめるのが困難になる可能性がある。第４問（設問１）は、一般的な知識を想起することでほぼ勝負が決まるため、それが想起できないと対応に苦慮するかもしれない。第４問（設問２）は、事例Ⅰの助言問題であることを踏まえ、妥当性のある内容を幅広く抽出していく対応ができることが望ましい。

　今回の演習は、事例Ⅰで重要な、多様な要素が求められる設定である。十分な対応ができなかった場合には、特にどの観点が不足していたのか、その原因をしっかりと振り返ってみてほしい。

第１問

　まず、本問の直接的な根拠は以下のとおりである。

第11段落

　「特に農業機械市場に目を向けると、農業は機械化が進んだとはいえ未だ重労働で手作業が多く残り、現場では、より一層の生産効率向上が期待されている。そのため、市場は緩やかな拡大傾向にある。」

　　　　→　「市場は緩やかな拡大傾向」というのは、本問の結論といってよいであろう。よって、あとは、この結論となる具体的な要因を組み立て、100字の解答として構成すればよい。そうすると、まず上記第11段落には、「より一層の生産効

率向上が期待されている」という市場におけるニーズが示されている。上記の文脈からも、このことは要因の1つとなる。

　　その他の視点を抽出していく。


第3段落

　「昨今の農業機械や除雪機は、ICTやロボット技術の活用などの技術革新が進展している状況にあり、事業としての発展は、これら最先端技術をいかに取り込んだ製品を生み出すことができるかによるところが大きくなってきている。」

　　→　「農業機械（および除雪機）」は、「ICTやロボット技術の活用などの技術革新が進展している状況」とあり、このことも市場に関連する要素である。このことと、上述した第11段落の内容との関連性を考えてみると、「より一層の生産効率向上が期待されている」ので、「ICTやロボット技術」はその実現に寄与する、といったことでよいであろう。

　　さらに、以下の記述にも着目したい。


第4段落

　「現在の国内の農業は、農業従事者の高齢化や、後継者や働き手の不足が深刻化し、国内の農業総産出額は減少傾向にあるが」

　　→　農業総産出額が減少するという上記の記述は、一見すると、農業機械の市場拡大とは逆の要因であるように見える。しかしながら、高齢化や人手不足が要因ということである点に着目すれば、そのことが生産効率向上の必要性を高めているともいえる。

　　よって、このような逆風がありながらも、総じて市場を拡大させる要因のほうが大きい、といった論調で構成すればよいであろう。


　なお、本問は「国内における市場」ということであり、本事例においては国外市場についての記述はないため、結果としては解答の組み立てに影響はなかったが、問題要求の解釈時点で想定したように、検討の序盤においては意識をもって読み取りおよび組み立てを行っていきたい。


第2問

　まず、除雪機の製造・販売に参入する際の状況が以下のように書かれている。


第7段落

　「4代目社長が中心となって、それまで培ってきた技術を活かしつつ、地域に貢献できる分野として除雪機の製造・販売を行うことの可能性を模索し始めたのは、1970

年代前半のことであった。しかしながら、そのような事業領域の拡大について、経営陣中心に議論を始めたさなかに4代目社長が急逝し、5代目であるA社長が20代という若さで就任することとなったのである。」

　→　ここから読み取れるのは、除雪機の製造・販売に実際に参入したのは、5代目のA社長になってからということである。そうすると、上記のA社長になった経緯（4代目が急逝し、A社長は20代という若さで就任）を見れば、それだけで社内の調整は困難であることが想像できる。よって、「A社の経営戦略や事業領域に対する捉え方の違い」の調整を困難にする要因として、このことも解答要素の1つであると考えられる。

　　　ただし、このことは、「A社の経営戦略や事業領域に対する捉え方（の違い）」そのものではない。よって、このことを見定めたい。


第6段落

「創業以来、このような日本の農業発展の歴史とともに歩みを進め、約100年という長きにわたって農業の発展に貢献してきたことは、それ自体がA社のアイデンティティといってよかった。」

　→　上記第6段落からは、この時点までのA社は農業の発展に貢献する事業を約100年という長きにわたって展開し、それ自体がA社のアイデンティティといえるほどにまでなっていたことが読み取れる。これを踏まえると、それとは異なる除雪機に参入することに反発を覚える者がいても不思議ではなく、このことが社内調整を困難にさせた要因であろう。


　これで、解答の骨子はおおよそ固まったが、ここまでの内容を踏まえると、なぜ、除雪機に参入することになったのかということになる。もちろん、第7段落に書かれているように、「競争環境や市場の変化」が大きな要因である。しかしながら、あらためて問題要求の「A社の経営戦略や事業領域に対する捉え方の違い」という記述を踏まえると、「競争環境や市場の変化」そのものは客観的な事実であろうし、このこと自体はA社ではなく外部環境の話である。つまり、A社の経営戦略や事業領域について考えた際に、むしろ除雪機も事業として展開するべきであると考える者もいたことが想定される。この点は、上記第7段落に、「それまで培ってきた技術を活かしつつ」とあるため、除雪機も事業とすべきと考えた者もいた、あるいは、この技術を活かすということ自体は共通の認識であった可能性もある。

　さらに以下も踏まえたい。


第4段落

「2代目社長もそれを引き継ぎ、現在のA社にも受け継がれている「三方よしの精

神」を大切に、地域の農業の発展に尽力してきた。」

 → 「地域の農業の発展に尽力」というのは、すでに見てきたＡ社のアイデンティティに寄与することである。そして、Ａ社は「三方よしの精神」を大切にしてきている。このことは現在のＡ社にも受け継がれているということなので、明示はされていないが、このことについても当時の従業員の間では共通認識であったと捉えてよいであろう。そうすると、上記第４段落の文脈からは、"だからこそ農業に関連する事業をこれからも展開する"という解釈もできるが、一方で、"三方よしを体現できる事業"、そして、"培ってきた技術が活かせる事業"を展開できるなら、農業に関連する事業にこだわることはない、と考える者もいたかもしれない。

 いずれにしても、このように社内で「Ａ社の経営戦略や事業領域に対する捉え方」の違いがどのようであったのかを解答上も表現できるとより望ましい。そのため、解答例の冒頭ではそのことを示している。

第３問

 まず、Ａ社の組織形態は以下のように示されている。

第10段落

 「Ａ社の組織形態は、農業機械部、除雪機部、加工・部品部、総務部で構成されている。また、除雪機部と農業機械部は、それぞれ製品開発部門、電子制御部門、製造部門、品質管理部門、営業部門で構成されている。これらの部門間の連携により、製品の改良や新製品開発も活発である。加工・部品部は、除雪機と農業機械の部品製造と金属加工を担うことに加え、各種メーカーからの部品製造と金属加工の受注を請け負っている。」

 → 基本的な形態は、問題要求の解釈においても触れたが、一見すると事業部制組織に近いような形態である（総務部は、事業部制組織であっても、通常は全社で１つとなる）。ただし、上記第10段落および問題要求にも示されていたように、加工・部品部は、除雪機と農業機械の部品製造と金属加工を担っている。また、それに加えて、「各種メーカーからの部品製造と金属加工の受注を請け負っている」ということである。つまり、各種メーカーからの部品製造と金属加工の受注という１つの事業を担っているため、１つの部となっているということであるが、一方では、他の部の業務である完成品の部品製造と金属加工も担っている。通常の事業部であれば、これらの機能が、農業機械部、除雪機部のそれぞれの中にもある状態となるが、そのようにしていないのは、問題要求の解釈時点でも想定したように、社内の１か所にこの機能を固めることで、専

門性を強化することを志向していること、そして、各種メーカーからの部品製造と金属加工の受注という1つの事業を担っていること、ということであろう。

専門性の観点は、第8段落にも示唆されていると考えられる。

**第8段落**

「多様な大手メーカーの案件を請け負ってきたことは、A社の加工技術力の強化にも大きく寄与し、現在のA社の競争力を維持する要因ともなっている。A社長としては、今後も継続的に強化を図っていく考えである。」

→ 加工技術力の強化はA社にとって競争力を維持する重要な要因である。そして、継続的に強化を図っていく考えであるため、このような運営としているということである。

ここまでを考えると、逆に機能別組織にしないのはなぜか、ということにもなるが、上記第10段落には、除雪機部と農業機械部においては、「部門間の連携により、製品の改良や新製品開発も活発」ということなので、このことを考えると、基本的には事業部としての形態であったほうが望ましいということである。よって、"加工技術力の強化(専門性向上)""各機能部門の連携""加工や部品製造も1つの事業として確立している"といった、組織の形態においては相反するともいえる要素を同時に満たしたいと考えているため、このような形態および運営となっているということである。

---

第4問

**(設問1)**

まず、「創業以来社内に脈々と流れてきた価値観」に該当する可能性のある内容として、問題本文に書かれている記述を確認する。

**第4段落**

「2代目社長もそれを引き継ぎ、現在のA社にも受け継がれている「三方よしの精神」を大切に、地域の農業の発展に尽力してきた。」

**第11段落**

「A社は創業からこれまでの150年を超える歴史の中で、変わりゆく経営環境の変化に対応しながら存続してきた。」

→ めぼしい記述は上記あたりになるであろう。そして、今後もA社は、これらを大切にしながら事業を展開していくことが想定される。ただし、少なくともこれらの記述だけからは、経営理念や行動規範として明確化する理由は見出しにくい。よって、今度は「農業機械を中心とした完成品事業の強化」の具体的な内容について見ていく。

第11段落

　「A社長は、生産能力の拡充や、各地方において新たに営業所を開設していくことを見据えている。」

第1段落

　「A社は、周囲に田園風景が広がる北陸地方に本社と工場を構える、農業機械や除雪機などの製造業である。（中略）また、首都圏と東北地方にそれぞれ1か所ずつ営業所を構えている。」

　　　→　第11段落全体の文脈から、「生産能力の拡充」「各地方において新たに営業所を開設」が、農業機械を中心とした完成品事業の強化を推進していくために見据えていることである。よって、これらを踏まえた際に、経営理念や行動規範として明確化することが必要、あるいは有効であると考えている可能性がある。また、問題要求の解釈時点で想定したことも加味しながら「各地方において新たに営業所を開設」に着目し、上記第1段落の記述も踏まえると、A社の営業所網が地理的に拡大していくことが想定される。そして、そのためには人員を増やすことも必要である。そうすると、社内の共通認識を強化する、指針を明確にする、といったことの重要性が高まることが想定される。そうしなければ、社内の一体感が得にくく、コミュニケーションにも支障が生じる可能性がある。また、地理的に拡大すれば、ある程度分権的な運営も必要であり、指針が明確であれば、業務上の判断もしやすくなるであろう。

　本問は、この視点以外に明確な根拠が見出せないため、一般的な知識をベースにした上でA社の状況に照らし合わせて組み立てていくことが必要であった。

（設問2）

　まず、（設問1）において確認したように、「農業機械を中心とした完成品事業の強化」のために、「生産能力の拡充や、各地方において新たに営業所を開設していく」ことになる。そのために、"人員も増加"することになる。以上を踏まえた上で根拠を抽出していく。

第3段落

　「昨今の農業機械や除雪機は、ICTやロボット技術の活用などの技術革新が進展している状況にあり、事業としての発展は、これら最先端技術をいかに取り込んだ製品を生み出すことができるかによるところが大きくなってきている。」

　　　→　第1問でも確認したように、「農業機械（や除雪機）は、ICTやロボット技術の活用」が今後の事業展開における要件である。よって、A社としてもこの方向で事業を展開していく必要がある。現在のA社にこれを実現するための人

材がどの程度いるかは定かではないが、少なくとも今後に向けてそのような人材を確保していくことは必要であろう。そうすると、以下の記述が関連すると考えられる。

第2段落

「これらの地域は、高齢化が進展し、若者の流出も激しいため、事業者の廃業率も高くなっている。それでも、昨今は地方での暮らしを求めるUターン組やIターン組なども見られ、先進的な事業を展開している企業もある。」

第9段落

「一方の本社や工場、東北地方の営業所については、ここしばらくは事業規模に変動が生じていないため、定年退職者が出るなど補充の必要性に応じて、地元の高校卒業者や中途採用の募集をするといった程度である。また、評価制度については、長年にわたって伝統的な年功給制度であったが、能力や成果に報いる要素も少しずつ取り入れるようになってきたところである。このことは徐々に社内に浸透し、風土としても根付きつつあるが、未だ明確な制度とまではなっていない。」

→　Uターン組とは、地方から都市に移住した人が、再び故郷に戻ることであり、Iターン組とは、都市部から出身地とは違う地方に移住して働くことである。そして、上記の文脈からは、このような人材を活用し、先進的な事業を展開している企業が地方においても見られるということである。実際に、都市部で最先端の技術を身につけ、それを用いた業務に従事していた者が地方に移住し、その専門能力を発揮するということは、よく見られることである。A社としても人材の獲得を強化していく方向であるので、これらの人材の獲得を強化することは重要であろう。ただ、現状のA社の採用状況は、上記第9段落を見る限り、積極的に行われているとはいえない。また、評価制度についても、「伝統的な年功給制度」が長年にわたって続いてきたということである。そして、「能力や成果に報いる要素」も少しずつ取り入れてはいるが、「未だ明確な制度とまではなっていない」という状況である。これらのことを前提にすると、先進的な知見を有した人材がA社で働くことに魅力を感じる状況にする必要がある。つまり、明確に能力や成果に報いる制度とする（あるいは、これまでの経験に応じた処遇を行う）、といったことが前提として必要になるであろう。

また、「生産能力の拡充や、各地方において新たに営業所を開設していく」方向であるため、そのための人員ということで考えれば、製造に従事する人員、営業を担当する人員も必要である。そうすると、上記第2段落によると、地方は廃業率も高いということなので、それによって職を失った人材を積極的に雇用することも妥当性がある。上記第9段落からは、これまでのA社はそれほど積極的に人材を獲得して事業規模を拡大させる、という形で事業を展開してき

たわけではないため、こういった採用の機会を逃さないようにすることは人材
獲得を強化するためには有効である。さらには、「高齢化が進展」という記述
も踏まえれば、高齢者の積極的な採用なども妥当性はあるであろう。

✎ 自分の知識や考えと異なるところは？

## ☕ Column

## １次試験と２次試験の違い①

「１次試験は多肢選択式だが、２次試験は記述式なので、記述するのが大変。」

このようなイメージを持っているかもしれませんが、記述はそれほど大変なことでありません。１次試験と比べた場合に２次試験が大変なのは、**「受験者側が選択肢（解答の候補）を作らなくてはいけない」**ところです。

特にこの事例１では、解答を特定する根拠がはっきりせず、複数の結論で解答を構成する対応になることが多いので、「これかもしれないし、あれかもしれない……」と、問題本文中の根拠から自分で選択肢（解答の候補）を作ることが必要になります。

今回の第４問（設問２）を使って具体的に説明しましょう。

今回の事例内容をもとに、第４問（設問２）を１次試験風の多肢選択式にすると以下のような問題を作ることができます。

問　以下の人事施策のうちＡ社の状況から妥当と思われるものを選べ。

ア　従業員の経験や能力、成果に応じた適正な評価制度を導入・運用すること
イ　Ｕターン組など、地方で働くことを望む人材を積極的に採用すること
ウ　地元地域の同業者の廃業により失業した人材を採用すること
エ　適性のある人材を選び、計画的にマネジメント人材を育成すること

この問題の"指示"に着目しましょう。"最も妥当なものを選べ"とはなっていません。第４問（設問２）では解答の個数の指示はなく、"100字以内"であれば、いくつ解答を記述してもよいわけですから、１つに絞る必要はありません。よって、100字以内で編集できるなら４つ解答してもかまいません。実際、出題者が用意した解答例にはア～ウの内容が含まれていますし、エの内容も採点基準の注釈で加点される内容です（このあとの「6他人の答案を出題者側から評価してみる」参照）。

１次試験と異なり１つに絞らなくてもよいわけですから、受験者にとってはありがたいです。その一方で、選択肢（解答として可能性がある候補）は与えられないので、自分で作らなくてはならないところが大変です。「いったん選択肢を作りそこから選ぶ」という手間をかけるわけですが、２次試験はひとつひとつの解答の配点が大きいですから、慎重な手順を踏まないと合格確率を高めることができません。

## 5 作業全体を検証する

　作業の結果としてできあがる解答の要件を自分の解答がどの程度満たしているのか検証します。検証は問題ごとに設定された［対応のポイント］に基づいて行いましょう。その上で、作業プロセス全体を振り返り、改善の余地がどこにあるかを検討しましょう。

- - - - - - - - - - - - - - - - - - - - - - - - - - - - - - - - - - - - - - - - - - - -

[第1問]

［対応のポイント］

☐ 結論が動向（変化）になっていること

☆状況（例：一定規模がある、活気がある等）になっていないこと。

　　☞ ☐できた　☐だいたいできた　☐あまりできなかった　☐できなかった

✎ 気づいたこと・改善すること

```
● ● ● ● ● ● ● ● ● ● ● ● ● ● ● ● ● ● ● ● ● ● ● ● ● ● ● ● ● ● ● ● ● ● ● ● ● ●




```

[第2問]

［対応のポイント］

☐ 経営者側の要因と従業員側の要因で構成されていること

　　☞ ☐できた　☐だいたいできた　☐あまりできなかった　☐できなかった

✎ 気づいたこと・改善すること

```
● ● ● ● ● ● ● ● ● ● ● ● ● ● ● ● ● ● ● ● ● ● ● ● ● ● ● ● ● ● ● ● ● ● ● ● ● ●




```

[第3問]

［対応のポイント］

☐ A社の強みである加工技術力の強化・維持と製品事業の独立した運営の両立を狙ったことが読み取れる内容になっていること

　　☞ ☐できた　☐だいたいできた　☐あまりできなかった　☐できなかった

✎ 気づいたこと・改善すること

┌─────────────────────────────────────────────┐
│ • • • • • • • • • • • • • • • • • • • • • • • • • • • • • • • • │
│                                             │
│                                             │
│                                             │
└─────────────────────────────────────────────┘

第4問

（設問1）

［対応のポイント］

☐ "従業員数増加" と "営業地区の地理的拡大" を根拠に解答を組み立てていること

　　☞ ☐できた　☐だいたいできた　☐あまりできなかった　☐できなかった

✎ 気づいたこと・改善すること

┌─────────────────────────────────────────────┐
│ • • • • • • • • • • • • • • • • • • • • • • • • • • • • • • • • │
│                                             │
│                                             │
│                                             │
└─────────────────────────────────────────────┘

（設問2）

［対応のポイント］

☐ 採用に加え評価制度を含めた構成にしていること

　　☞ ☐できた　☐だいたいできた　☐あまりできなかった　☐できなかった

✎ 気づいたこと・改善すること

┌─────────────────────────────────────────────┐
│ • • • • • • • • • • • • • • • • • • • • • • • • • • • • • • • • │
│                                             │
│                                             │
│                                             │
└─────────────────────────────────────────────┘

## 6 他人の答案を出題者側から評価してみる

　第1回目の取り組みでは、自分の解答を採点する前に、他人の解答を採点します。これは、採点者の立場を体験することで、採点基準をもとに適切に採点する作業の感覚を掴むためです。できるだけ採点基準に沿ってフェアに採点することを心がけましょう。　☆採点に関してはp.(14)(15) の例を参考に。

---

第1問 （配点20点）

**【解答例】**

| 農 | 業 | 従 | 事 | 者 | の | 高 | 齢 | 化 | と | 後 | 継 | 者 | 不 | 足 | に | よ | り | 、 | 国 |
|---|---|---|---|---|---|---|---|---|---|---|---|---|---|---|---|---|---|---|---|
| 内 | の | 農 | 業 | 総 | 産 | 出 | 額 | は | 減 | 少 | 傾 | 向 | に | あ | る | 一 | 方 | 、 | 生 |
| 産 | 効 | 率 | 向 | 上 | の | 必 | 要 | 性 | か | ら | ICT |  | や | ロ | ボ | ッ | ト | 技 | 術 |
| の | 活 | 用 | な | ど | の | 技 | 術 | 革 | 新 | が | 進 | 展 | し | て | い | る | 。 | 結 | 果 |
| と | し | て | 、 | 市 | 場 | 規 | 模 | は | 緩 | や | か | な | 拡 | 大 | 傾 | 向 | に | あ | る。 |

**〔採点基準〕** ①6点、②5点、③4点、④2点、⑤3点
- ①　市場動向の状況：市場規模は緩やかな拡大傾向にある
- ②　①の要因：ICTやロボット技術の活用などの技術革新が進展していること
- ③　②の要因：生産効率向上の必要性が高まっていること
- ④　全体の補足：国内の農業総産出額は減少傾向にあること
- ⑤　②③④の要因：農業従事者の高齢化と後継者不足が生じていること
  ※「農業機械市場は成熟産業（市場）である」は、①〜⑤いずれかの代替とし2点。

**【採点およびコメントしてみよう】**

| 農 | 業 | 機 | 械 | 市 | 場 | は | 成 | 熟 | し | て | い | る | が | 、 | 農 | 業 | 従 | 事 | 者 |
|---|---|---|---|---|---|---|---|---|---|---|---|---|---|---|---|---|---|---|---|
| の | 高 | 齢 | 化 | と | 後 | 継 | 者 | 不 | 足 | 等 | に | よ | り | 農 | 作 | 業 | の | 効 | 率 |
| 化 | の | 必 | 要 | 性 | が | 高 | ま | り | 、 | 農 | 業 | 機 | 械 | の | 需 | 要 | は | 存 | 在 |
| す | る | 。 | そ | の | 一 | 方 | で | 、 | 国 | 内 | の | 農 | 業 | 総 | 産 | 出 | 額 | は | 減 |
| 少 | 傾 | 向 | に | あ | る | 。 |  |  |  |  |  |  |  |  |  |  |  |  |  |

| 基準 | 点数 | コメント |
|---|---|---|
| ① | 点/6点 | |
| ② | 点/5点 | |
| ③ | 点/4点 | |
| ④ | 点/2点 | |
| ⑤ | 点/3点 | |
| 合計 | 点/20点 | |

第2問 （配点20点）

【解答例】

| | | | | | | | | | | | | | | | | | | | |
|---|---|---|---|---|---|---|---|---|---|---|---|---|---|---|---|---|---|---|---|
| 培 | っ | て | き | た | 技 | 術 | を | 活 | か | す | こ | と | と | 三 | 方 | よ | し | の | 価 |
| 値 | 観 | は | 共 | 通 | 認 | 識 | で | あ | っ | た | が | 、 | だ | か | ら | こ | そ | 農 | 業 |
| 機 | 械 | に | こ | だ | わ | る | べ | き | と | い | う | 考 | え | も | 根 | 強 | く | あ | っ |
| た | 上 | 、 | A | 社 | 長 | は | 若 | く | し | て | 急 | 遽 | 就 | 任 | し | た | ば | か | り |
| で | あ | り | 、 | 組 | 織 | の | 統 | 制 | が | 取 | り | に | く | か | っ | た | こ | と | 。 |

〔**採点基準**〕①6点、②5点、③④⑤各3点

① 要因：組織の統制が取りにくかったこと

　※「リーダーシップの不足」「コンフリクト（対立）が生じた」「反対（抵抗）が

　　あった」といった記述は、①の代替として3点。

② ①の要因(1)：農業機械にこだわるべきという考えも根強くあったこと

　※「農業の発展に貢献してきたというアイデンティティ（誇り）がある」でも

　　OK（5点）。

③ ②の補足(1)：培ってきた技術を活かすことは共通認識であったこと

④ ②の補足(2)：三方よしの価値観は共通認識であったこと

⑤ ①の要因(2)：A社長は若くして急遽就任したばかりだったこと

**【採点およびコメントしてみよう】**

| | | | | | | | | | | | | | | | | | | |
|---|---|---|---|---|---|---|---|---|---|---|---|---|---|---|---|---|---|---|
| 要 | 因 | は | 、 | 農 | 業 | 機 | 械 | の | み | か | ら | 除 | 雪 | 機 | を | 加 | え | る | 事 |
| 業 | 領 | 域 | へ | の | 変 | 更 | の | 妥 | 当 | 性 | 、 | 必 | 然 | 性 | が | 従 | 業 | 員 | に |
| 理 | 解 | さ | れ | ず | 抵 | 抗 | が | 生 | じ | た | こ | と | 、 | 議 | 論 | を | 始 | め | た |
| 段 | 階 | で | 中 | 心 | 人 | 物 | で | あ | っ | た | 4 | 代 | 目 | 社 | 長 | が | 急 | 逝 | し |
| た | こ | と | で | あ | る | 。 | | | | | | | | | | | | | |

| 基準 | 点数 | コメント |
|---|---|---|
| ① | 点/6点 | |
| ② | 点/5点 | |
| ③ | 点/3点 | |
| ④ | 点/3点 | |
| ⑤ | 点/3点 | |
| 合計 | 点/20点 | |

第3問 （配点20点）

**【解答例】**

| | | | | | | | | | | | | | | | | | | |
|---|---|---|---|---|---|---|---|---|---|---|---|---|---|---|---|---|---|---|
| 除 | 雪 | 機 | と | 農 | 業 | 機 | 械 | の | 事 | 業 | は | 、 | 独 | 立 | し | た | 事 | 業 | と |
| し | て | 各 | 機 | 能 | 部 | 門 | の | 連 | 携 | を | 図 | る | こ | と | が | 重 | 要 | で | あ |
| る | 。 | ま | た | 、 | 加 | 工 | や | 部 | 品 | 製 | 造 | も | 1 | つ | の | 事 | 業 | と | し |
| て | い | る | 上 | 、 | 組 | 織 | と | し | て | は | 加 | 工 | 技 | 術 | 力 | の | 継 | 続 | 的 |
| な | 強 | 化 | も | 重 | 要 | で | あ | る | 。 | そ | の | た | め | 、 | こ | れ | ら | を | 同 |
| 時 | に | 満 | た | す | の | に | 適 | し | て | い | る | と | 考 | え | て | い | る | か | ら |

〔**採点基準**〕①6点、②④各5点、③4点

① 理由：（各機能部門の連携、加工や部品製造も1つの事業、加工技術力の継続的な強化）を同時に満たすのに適していると考えているから

② ①の要因(1)：除雪機と農業機械の事業は、独立した事業として各機能部門の連携を図ることが重要であること

③ ①の要因(2)：加工や部品製造も1つの事業としていること

④ ①の要因(3)：組織としては加工技術力の継続的な強化も重要であること

## 【採点およびコメントしてみよう】

| 理 | 由 | は | 、 | 加 | 工 | ・ | 部 | 品 | 製 | 造 | は | A | 社 | の | 強 | み | で | あ | る |
| 加 | 工 | 技 | 術 | 力 | を | 担 | う | 中 | 核 | 機 | 能 | で | あ | る | た | め | 、 | 製 | 品 |
| 別 | の | 事 | 業 | 形 | 態 | に | し | つ | つ | も | 、 | 強 | み | の | 強 | 化 | ・ | 維 | 持 |
| に | 必 | 要 | な | 経 | 営 | 資 | 源 | を | 製 | 品 | ご | と | に | 分 | 散 | さ | せ | た | く |
| な | い | か | ら | で | あ | る | 。 | | | | | | | | | | | | |
| | | | | | | | | | | | | | | | | | | | |

| 基準 | 点数 | コメント |
|------|------|---------|
| ① | 点/6点 | |
| ② | 点/5点 | |
| ③ | 点/4点 | |
| ④ | 点/5点 | |
| 合計 | 点/20点 | |

## 第4問 （配点40点）

（設問1）＜20点＞

## 【解答例】

| 従 | 業 | 員 | 数 | を | 増 | 加 | さ | せ | 、 | 営 | 業 | 地 | 区 | を | 地 | 理 | 的 | に | 拡 |
| 大 | し | て | い | く | こ | と | に | な | る | 。 | そ | の | た | め | 、 | コ | ミ | ュ | ニ |
| ケ | ー | シ | ョ | ン | 円 | 滑 | 化 | の | た | め | に | 共 | 通 | 認 | 識 | を | 強 | 固 | に |
| す | る | こ | と | や | 、 | 従 | 業 | 員 | が | 自 | 律 | 性 | を | 持 | っ | て | 業 | 務 | を |
| 遂 | 行 | す | る | た | め | の | 判 | 断 | の | 指 | 針 | が | 必 | 要 | だ | か | ら | 。 | |

〔採点基準〕①③各5点、②④各2点、⑤⑥各3点

① 理由(1)：共通認識を強固にすることが必要だから

② ①の目的：コミュニケーション円滑化を図ること

③ 理由(2)：判断の指針が必要だから

④ ③の目的：従業員が自律性を持って業務を遂行すること

⑤ 今後の事業展開：営業地区を地理的に拡大していくこと

⑥ ⑤の補足：従業員数を増加させること

**【採点およびコメントしてみよう】**

| 理 | 由 | は | 、 | ① | 今 | 後 | の | 事 | 業 | 展 | 開 | 等 | に | よ | り | こ | れ | ま | で |
|---|---|---|---|---|---|---|---|---|---|---|---|---|---|---|---|---|---|---|---|
| 維 | 持 | し | て | き | た | 価 | 値 | 観 | が | 失 | わ | れ | る | こ | と | を | 危 | 惧 | し |
| て | い | る | か | ら | 、 | ② | Ａ | 社 | 長 | は | 価 | 値 | 観 | に | 基 | づ | く | 経 | 営 |
| を | 志 | 向 | し | て | い | る | か | ら | 、 | ③ | 価 | 値 | 観 | が | 不 | 明 | 確 | に | な |
| っ | て | き | て | い | る | と | 感 | じ | た | か | ら | 、 | 等 | で | あ | る | 。 | | |

| 基準 | 点数 | コメント |
|---|---|---|
| ① | 点/5点 | |
| ② | 点/2点 | |
| ③ | 点/5点 | |
| ④ | 点/2点 | |
| ⑤ | 点/3点 | |
| ⑥ | 点/3点 | |
| 合計 | 点/20点 | |

（設問２）＜20点＞

**【解答例】**

| 経 | 験 | や | 能 | 力 | 、 | 成 | 果 | に | 応 | じ | た | 処 | 遇 | を | 行 | う | 人 | 事 | 制 |
|---|---|---|---|---|---|---|---|---|---|---|---|---|---|---|---|---|---|---|---|
| 度 | を | 整 | 備 | し | 、 | Ｕ | タ | ー | ン | 組 | な | ど | の | 地 | 方 | で | 働 | く | こ |
| と | を | 望 | む | 者 | や | 廃 | 業 | に | よ | っ | て | 職 | を | 失 | っ | た | 人 | 材 | の |
| 中 | 途 | 採 | 用 | に | よ | り | 、 | 先 | 進 | 的 | な | 知 | 見 | を | 有 | し | た | 技 | 術 |
| 者 | や | 営 | 業 | 担 | 当 | 者 | 、 | 工 | 場 | 勤 | 務 | の | 人 | 材 | を | 確 | 保 | す | る 。|

〔採点基準〕①②③④各４点、⑤⑥各２点

① 人事施策(1)：経験や能力、成果に応じた処遇を行う人事制度を整備すること

② 人事施策(2)：Ｕターン組などの地方で働くことを望む者を採用する

③ 人事施策(3)：廃業によって職を失った人材を中途採用する

　※「高齢者の採用」は、③の代替として２点。

④ ①②の目的：先進的な知見を有した技術者を確保すること

⑤　①③の目的：営業担当者を確保すること

⑥　①③の目的：工場勤務の人材を確保すること

　※「マネジメント人材の確保」といった趣旨は、⑤⑥いずれかの代替として2点。

## 【採点およびコメントしてみよう】

| 営 | 業 | 、 | 製 | 造 | 業 | 務 | 経 | 験 | 者 | の | 中 | 途 | 採 | 用 | を | 行 | う | 。 | 次 |
|---|---|---|---|---|---|---|---|---|---|---|---|---|---|---|---|---|---|---|---|
| に | マ | ネ | ジ | メ | ン | ト | 能 | 力 | の | あ | る | 人 | 材 | を | 選 | 抜 | し | て | 計 |
| 画 | 的 | に | 配 | 置 | ・ | 育 | 成 | し | マ | ネ | ジ | メ | ン | ト | 人 | 材 | の | 確 | 保 |
| を | 図 | る | 。 | ま | た | 、 | 評 | 価 | ・ | 処 | 遇 | は | 人 | 材 | の | 多 | 様 | 化 | に |
| 適 | 切 | に | 対 | 応 | で | き | る | 設 | 定 | に | す | る | 。 | | | | | | |

| 基準 | 点数 | コメント |
|---|---|---|
| ① | 点/4点 | |
| ② | 点/4点 | |
| ③ | 点/4点 | |
| ④ | 点/4点 | |
| ⑤ | 点/2点 | |
| ⑥ | 点/2点 | |
| 合計 | 点/20点 | |

# 7 自分の答案を出題者側から評価してみる

　自分の解答を採点します。自分は出題者（採点者）であり、「答案は他人のもの」という想定で評価しましょう。採点を通じて、解答の構成・組み立て、明示している要素内容・表現などでの改善の余地を把握しましょう。

**第1問** （配点20点）

| 基準 | 点数 | コメント |
|---|---|---|
| ① | 点/6点 | |
| ② | 点/5点 | |
| ③ | 点/4点 | |
| ④ | 点/2点 | |
| ⑤ | 点/3点 | |
| 合計 | 点/20点 | |

**第2問** （配点20点）

| 基準 | 点数 | コメント |
|---|---|---|
| ① | 点/6点 | |
| ② | 点/5点 | |
| ③ | 点/3点 | |
| ④ | 点/3点 | |
| ⑤ | 点/3点 | |
| 合計 | 点/20点 | |

第3問 （配点20点）

| 基準 | 点数 | コメント |
|:---:|:---:|---|
| ① | 点/6点 | |
| ② | 点/5点 | |
| ③ | 点/4点 | |
| ④ | 点/5点 | |
| 合計 | 点/20点 | |

第4問 （配点40点）

（設問1） 20点

| 基準 | 点数 | コメント |
|:---:|:---:|---|
| ① | 点/5点 | |
| ② | 点/2点 | |
| ③ | 点/5点 | |
| ④ | 点/2点 | |
| ⑤ | 点/3点 | |
| ⑥ | 点/3点 | |
| 合計 | 点/20点 | |

（設問2） 20点

| 基準 | 点数 | コメント |
|:---:|:---:|---|
| ① | 点/4点 | |
| ② | 点/4点 | |
| ③ | 点/4点 | |
| ④ | 点/4点 | |
| ⑤ | 点/2点 | |
| ⑥ | 点/2点 | |
| 合計 | 点/20点 | |

# 8 最終的な確認

取り組み前に設定したテーマの観点から、ここまでのフィードバック内容をすべて確認して、主要点を整理しておきましょう。

事例 **II**

# 1 テーマを設定（選択）する

　以下のリストの中から該当するテーマを選びましょう。もちろん、リストにないテーマを設定してもかまいません。

--------------------------------------------------

**［今回のテーマ］**　☆少なくとも1つは選択しましょう。

☐ 実際の体験を通じて2次試験（事例Ⅱ）のことを知る（知見を増やす）

☐ 自分のマネジメント（80分の使い方、問題処理の優先度判断など）の改善の
　余地を特定する

☐ 自分の解答作成手順の改善の余地を特定する

☐ 自分の使える知識と技能の補強すべきところを特定する


🖊 自身で設定した具体的なテーマがあれば、理由とともに記録しておきましょう。

# 2　実際に取り組む

　演習問題に取り組みます。実際に答案を作成してください。取り組み中に気づいたことや感じたことがあればメモしておきましょう。

---

　B社はY県X町駅前にある居酒屋タイプの飲食店である。B社の店舗は、特急の停車駅にもなっているX町駅から徒歩5分のところにある。X町駅は、地元のローカル線の始発駅にもなっており、地元住民の利用は多い。しかし、X町の住民の多くは自家用車を複数台所有し、どちらかといえば、通勤も含めた移動は自家用車の利用がメインである。

　X町は、Y県にある長い歴史を持つリゾートタウンである。快適な気候の夏は、ゴルフやテニスなど屋外でのレクリエーションに適していることで知られており、古くから一定数の別荘所有者（別荘族）がいる。周辺には、豊かな自然を満喫できる複数のスポットがあり、それらを通るサイクリングコースやウォーキングコースが整備されている。また冬にはスキーやスノーボード、温泉が人気である。さらに、ここ数年、我が国への海外からの観光客の増加により、X町においてもインバウンド客が増加している。X町およびその周辺では、四季折々の自然を楽しむことができるが、やはり別荘族、観光客ともに夏場が圧倒的に人気である。続いて5月の連休、年末年始に賑わいを見せている。数年前にX町駅に特急が停車するようになってから、リタイアした中高年層を中心に、一戸建てやマンションを購入し、別荘としてではなく、定住する人たちが一気に増加した。その後も着実に増加しておりX町全体としての人口はゆるやかに増加している。今後もこの傾向が続くことが予想されている。

　X町駅前には、B社の他にも飲食店が数軒ある。また観光スポットには、観光客を主なターゲットとした飲食店が多数存在するが、ハイシーズンは予約が困難なほど混雑するものの、通年ベースでコンスタントに売上を確保することが難しく、経営的に難しい面がある。結果、2、3年で営業をやめてしまう店も少なくない。一方で観光需要を期待した新規の出店は続いており、入れ替わりが多い。別荘族や観光客は、休暇を過ごしにX町を訪れるため、観光スポットで営業する飲食店は、ハイシーズンには、平日、休日関係なく、昼間から家族や仲間と飲食を楽しむ客で賑わっている。

　地元客をターゲットとした店は、B社を含め長く経営を続けているところがほとんどである。一方で、新規の出店はほとんどないが、昨年X町駅前に地元客をターゲットにした居酒屋が営業を開始した。この店舗では、店舗スタッフにマニュアルに基づく接客を徹底させている。また、提供メニューについての知識もしっかり教育されている。顧客の来店時には、席に誘導した後、メニューについての説明をていねいに行っている。一般に居酒屋を含めた飲食店の初めての利用客は、"お試し感覚"が強い。そのため、初回利用時の満足度が高くないと、二度と来店しない傾向にある。

B社では、B社経営者の他、厨房の見習い（調理師免許あり）が1名と、接客担当のスタッフ3名で切り盛りしている。B社経営者は、大都市圏の日本料理店で10年ほど修業した後、地元にもどり10年前に地産地消の現在の店の営業を開始した。B社では、豊富なメニューを常時提供しており、この点はB社の利用者が共通して指摘するB社の魅力となっている。

　B社の利用客は、駅前の他の飲食店同様、地元の住民である。B社を利用する地元客は、通勤等に自家用車を利用しているため、あらかじめ日程を決め予約をしてからの利用が多い。飲食が終わると鉄道もしくはタクシーを利用する。結果、昔からのなじみ客であっても、それほど来店頻度は高くない。しかし、来店時は、B社のメニューも熟知している上、食べきれなかった場合には、持ち帰りができることを知っているので注文も活発である。その結果、比較的長い時間にわたり飲食するため客単価は高い。ハイシーズンには、別荘組も来店する。B社は、地元Y県の新鮮な食材を中心とした豊富なメニューで、利用客の評判は高い。B社のメニューは、低価格というわけではないが、ボリュームが多く、見た目も味も優れている。特に「特製からあげ」「おまかせ天ぷら盛り合わせ」などの定番メニューのいくつかは、通常の居酒屋の倍ほどもあるボリュームで古くからのなじみ客に根強い人気がある。なじみ客は4名から6名での利用が中心で、量が多くても複数のメニューを注文し、仲間内でシェアして楽しんでいる。

　B社は地元住民の評価が高いことから、クチコミ等により新たな定住者の予約・利用も増えてきている。絶対数としてはそれほどでもないものの、リタイアして時間的な余裕がある上に、子育ても終え経済的な余裕もあるため、B社での飲食のために電車やタクシーで来て、帰宅時にはタクシーを利用することに抵抗は少ないようである。新たな定住者は、夫婦2人で来店するケースが多い。自宅では味わうことができない料理を酒とともに、夫婦でいろいろ楽しむことを目的に来店する。初回来店時に、メニューがよくわからずボリュームが多い人気定番メニューを注文してしまい、結果的に2、3品で終わってしまう場合も見受けられる。

　B社では、2年ほど前から平日の日中にランチタイム専用メニューによる営業を行っている。定番人気メニューのからあげ等を使った定食4種類を提供している。価格は抑えめで、夜メニューと変わらない手間をかけたメニューとなっているが、ハイシーズンの観光客利用を除き、利用客はまばらである。平日の日中はランチタイム専用メニューの提供のみのため、予約も受け付けていない。

　B社では、これまで特別な接客の工夫や改善を行ってこなかった。カウンターの客にはB社経営者が調理しながら積極的に声をかけるが、スタッフは注文を取り、注文の品を運ぶ他は特に何もしていない。B社の来店客は地元のなじみ客が中心であることから、問題視していなかった。しかし、ここにきて来店客にも変化が見られるため、B社経営者は、来店時をはじめとした元気な挨拶、注文を受けたときの対応などをス

タッフに指導・徹底を図っている。

　B社は、来店客数、売上ともに維持できているが、B社経営者としては今後に向けていくつかの課題を認識している。ひとつは、来店客数の増加である。もうひとつは、来店客の客単価を向上させることである。B社の客単価は決して低いレベルではないが、改善の余地があると考えている。さらに、リピート率の向上も課題として認識している。地元住民を主要顧客としているB社では、創業以来リピート率は高いと認識していたが、調べてみたところ、この数年低下傾向にあることがわかった。リピート率は、B社の利用顧客が満足したかどうか、B社を再度利用したいと思うかどうかを示すものと考えられるので、その低下傾向は放置しておくわけにはいかない。B社経営者としては、接客の改善などすでに着手しているものの成果が得られていないことから、中小企業診断士にこれらの課題の具体的な解決方法について相談した。

表　B社の客単価分析データ

|  | 2,000円未満 | 2,000円～3,000円 | 3,000円～4,000円 | 4,000円以上 |
|---|---|---|---|---|
| 初回利用時 | 52.10% | 26.67% | 18.70% | 2.53% |
| 2回目 | 12.67% | 18.55% | 65.45% | 3.33% |
| 3回目以降 | 13.01% | 20.36% | 63.52% | 3.11% |

図　X町の総世帯数と総人口の推移

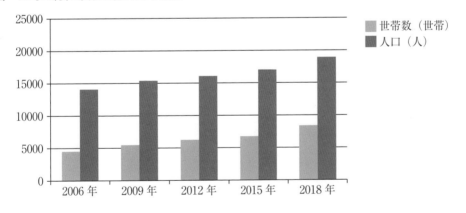

第1問 （配点25点）

　X町における飲食店の状況について、経営環境も踏まえて160字以内で整理せよ。

第2問 （配点25点）

　B社では、売上増加を図るため、新たなメニューの投入を検討している。どのようなメニューを投入すべきか、今後の主要ターゲット層とその特徴を明確にして、120字以内で述べよ。

第3問 （配点25点）

　B社では接客を改善する試みを開始しているが、期待したような効果は得られていない。B社は接客時にどのような情報をどのようなタイミングで来店客に伝えると効果が得られるか。120字以内で述べよ。

第4問 （配点25点）

　B社では営業時間の延長をせずに、利用客を増やすための策を検討している。B社はどのような施策を行うべきか、120字以内で述べよ。

# 3 問題文解釈の作業プロセスを検証する

作業プロセスの確認は、問題ごとに、チェック項目をもとに行います。2次試験問題の処理における最大のポイントは、問題文の解釈です。以下の観点から確認し、改善が必要なところを洗い出しましょう。

---

☐ 第1問

☐ 解答は、経営環境と飲食店の状況の2つの要素で構成することを想定した。

  ☞ ☐できた　☐だいたいできた　☐あまりできなかった　☐できなかった

☐ 「X町における飲食店」は、X町が極端に小さくない設定であれば複数種類で構成される可能性を想定した。

  ☞ ☐できた　☐だいたいできた　☐あまりできなかった　☐できなかった

☐ 「状況」とはたとえばどういうことか考えてみた。店舗数の増減、経営（売上、集客）状況など。

  ☞ ☐できた　☐だいたいできた　☐あまりできなかった　☐できなかった

✏️ 気づいたこと・改善すること

```
• • • • • • • • • • • • • • • • • • • • • • • • • • • • • • • •



```

☐ 第2問

☐ 解答は投入する「新たなメニュー」と「ターゲット層とその特徴」で構成することを想定した。

  ☞ ☐できた　☐だいたいできた　☐あまりできなかった　☐できなかった

☐ 「ターゲット層の特徴」は、"メニューに対するニーズ"の根拠であり、それらをもとに「メニュー」を特定する手順を想定した。

  ☞ ☐できた　☐だいたいできた　☐あまりできなかった　☐できなかった

☐ 「新たなメニュー」の要件は、対応するニーズがあることに加え、①既存メニューにはないこと、②B社が提供可能である根拠が読み取れるものであると想定した。

  ☞ ☐できた　☐だいたいできた　☐あまりできなかった　☐できなかった

✎ 気づいたこと・改善すること

```
• • • • • • • • • • • • • • • • • • • • • • • • • • • • • • • • • • • •




```

第3問

☐ 未対応かつ対応可能な接客に関する来店客のニーズがあることを想定した。
　☞ ☐できた　☐だいたいできた　☐あまりできなかった　☐できなかった

☐ 対応可能なニーズは「来店時にB社側が提供する情報」で満たすことができることを想定した。
　☞ ☐できた　☐だいたいできた　☐あまりできなかった　☐できなかった

☐ 来店時の「タイミング」とはたとえばどのようなことか考えてみた。"店内に入った時点" "席に案内する時点" "席に案内を終えた時点" "注文をとる時点" "料理を出す時点" "飲食中" "飲食を終えた時点" "会計時" "店外に出る時点" など。
　☞ ☐できた　☐だいたいできた　☐あまりできなかった　☐できなかった

☐ 期待したほど効果が得られていない現在実施中の接客の具体的内容（特に提供している情報）を確認する必要があると認識した。
　☞ ☐できた　☐だいたいできた　☐あまりできなかった　☐できなかった

✎ 気づいたこと・改善すること

```
• • • • • • • • • • • • • • • • • • • • • • • • • • • • • • • • • • • •




```

第4問

☐ 「営業時間の延長をせずに」ということは、延長すると利用する可能性のある顧客が存在するが、それを解答させたくないという出題者の意図を読み取った。
　☞ ☐できた　☐だいたいできた　☐あまりできなかった　☐できなかった

☐ 「利用客を増やす」ための制約には時間以外に何があるか考えてみた。店舗（物理的な客席数）、テイクアウトの有無など。

☞ □できた　□だいたいできた　□あまりできなかった　□できなかった

□ 現状B社を利用するニーズがあっても利用できない（利用していない）人たちがいることを想定した。

☞ □できた　□だいたいできた　□あまりできなかった　□できなかった

✎ 気づいたこと・改善すること

・・・・・・・・・・・・・・・・・・・・・・・・・・・・・・・・・・・・・・・・・・・・

💡 作業のポイント

チェックするのは手段であり、目的は改善すべきところをはっきりさせることです。改善すべきところおよびそのための方策は、以下のように特定できます。

| 洗い出したこと | | 改善すること |
| --- | --- | --- |
| メモしていない | → | メモすることを手順に加えて、練習する。 |
| そのようなことは考えなかった | → | 問題文の解釈の練習をする。 |
| そのようなことは浮かばなかった | → | 使いたい知識に加え、すっと使えるよう何度も出力する。 |

# 4 出題者の意図を確認する（知識を検証する）

解答より先に解説を読み、出題者の意図を理解します。

"自分の知識や考えと異なるところはどこか？" という観点から、出題者自身が書いた解説を読むことで、自分の知識や考え方の更新（補強と修正）を行いましょう。

---

解説

## 1．事例の特徴と取り組み方

事例Ⅱは、マーケティング・流通がテーマである（特にマーケティングの観点が中心となる）。事例問題は、何かしらの課題を抱えている企業が設定され、それに対して、診断・助言を行っていくことになるが、マーケティングがテーマである事例Ⅱは、突き詰めれば、売上向上が課題になる。そのため、問題本文に示されている競合他社（示されない場合もある）に対して競争優位を築き、顧客ニーズに応えるためのマーケティング策を、4Pを中心とした様々な観点で提示していくことになるというのが典型的なパターンである。

事例のつくりとしては、問題本文に解答するための根拠が比較的明確に書かれていることが多いが、近年は、知識や類推も交えて解答を作成することが求められる出題もある。

今回の事例は、4問構成で、すべての問題の配点が25点となっている。各問題を個別に処理する前に、問題全体、事例全体を俯瞰した上で、解答の方向性を検討していくようにしたい。個別の問題への対応だけでなく、80分のマネジメントも含めて振り返ってほしい。

## 2．答案作成プロセス

⑴　問題要求の確認

事例Ⅱは、事例Ⅰほど問題文の内容がわかりにくくはないが、複数の構成要素で解答を編集することが求められる問題が多い。そのため、問題文の内容から、"何を特定したいか（着眼点）" と同時に、"どのような解答になるか（構成要素）" もある程度想定しておきたい。

第1問 （配点25点）

明示的に要求されているのは、「X町における飲食店の状況」である。これを「（X町における飲食店を取り巻く）経営環境」と関連づけて説明することになる。

それぞれについて具体化してみる。まず、「X町における飲食店の状況」であるが、飲食店の数とその推移（増減）、種類・タイプ、特徴（規模、ターゲット層など）といったことが想定される。もちろんB社も間違いなく「X町における飲食店」である

から、複数のタイプがある場合は、B社がどのタイプに属するのかも考慮に入れたい。それにより第2問以降の解答を検討する上でのヒントになる（たとえば、B社の今後の方向性など）。

次に「（X町における飲食店を取り巻く）経営環境」であるが、こちらは、X町の人口とその推移、地元住民やX町を訪れる人たち（観光客など）と飲食店に対するニーズ、といったことが想定される。

解答を組み立てる際には、この両者の関係を考慮する。基本的には、以下の構図になると考えられる。

原因　　　　→　　結果
経営環境　　　　　飲食店の状況

以上の読み取りをもとに、本問の着眼点と解答の構成を設定してみる。

【着眼点】
　○X町の飲食店（数とその推移、種類・タイプ、規模、ターゲット層など）
　○B社の状況
　○X町における飲食店を取り巻く経営環境（X町の人口とその推移、地元住民やX町を訪れる人たちと飲食店に対するニーズなど）

【解答の構成】
　経営環境（原因）　→　　飲食店の状況（結果）

第2問　（配点25点）
明示的に要求されているのは、「新たに投入するメニュー」である。これを「今後の主要ターゲット層とその特徴」と関連づけて説明することになる。

それぞれについて具体化してみる。まず、「今後の主要ターゲット層」について検討してみる。今後の主要ターゲット層の要件は、次のように整理できる。

＜今後の主要ターゲット層の要件＞
・現在一定数存在し、今後も増加することが予想される人たち（少なくとも減少することが予想されない人たち）であること。
・現状のB社の主要顧客層ではないこと（ゼロである必要はない。あくまで最も多い層でなければよい）。
・B社が提供可能なメニューにより対応可能なニーズを持っていること。
　これらをすべて満たす人たちが必ず問題本文中に示されているはずである。また、

このターゲット層は、第1問の「（X町における飲食店を取り巻く）経営環境」に含まれる可能性が高い。

　次に「新たに投入するメニュー」を検討してみる。今後の主要ターゲット層同様、要件を整理してみる。

＜新たに投入するメニューの要件＞
・現状のメニューにないものであること。
・今後の主要ターゲット層のニーズに対応したものであること。
・B社が提供可能なものであること。

　以上の読み取りをもとに、本問の着眼点と解答の構成を設定してみる。

【着眼点】
　○（B社の商圏内に）現在一定数存在し、今後も増加することが予想される人たち（少なくとも減少することが予想されない人たち）とその特徴（ニーズ含む）
　○現状のB社の主要顧客層とメニュー
　○提案する新メニューが提供可能であることの根拠（B社の経営資源など）

【解答の構成】
　新メニュー（結論）　→　今後の主要ターゲット層とその特徴（ニーズ含む）

第3問（配点25点）
　明示的に要求されているのは、「接客時に伝える情報とそのタイミング」である。目的は「効果が得られること」であるが、その内容は示されていない。B社はすでに「接客を改善する試みを開始」していることから、B社として何らかの課題があり、それを認識していると考えられる。そして、その課題は“接客により解決できるもの”ということになる。よって「効果」は“接客によって解決できるB社が抱える課題”と具体化できる。「B社の課題」であるから、その解決は“B社経営者のニーズ”になるので、問題本文の最終段落を中心にB社経営者のニーズも確認したい。
　事例全体の文脈としては、この課題が第2問で指摘する「今後の主要ターゲット層」のみを対象にしたものなのか、来店客全般を対象にしたものなのかがはっきりしない。接客の改善にはすでに着手している設定になっていることから、まだニーズに合ったメニューを提供していない今後の主要ターゲット層のみを対象にしているとは考えにくいが、この点については、「B社の課題」を特定する際に考慮したい。
　さらに、対応にあたっては、要求が「情報とタイミング」であり、接客や情報提供

の仕方は含んでいない点に注意したい。"接客の改善策"と抽象化してしまうと要求（指示）をはずした解答になってしまいやすい。

　以上の読み取りをもとに、本問の着眼点と解答の構成を設定してみる。

## 【着眼点】

　○現状のB社の課題（接客で解決可能なもの）
　○接客の状況（改善しようとしたこと、改善されていないこと）

## 【解答の構成】

　接客時に伝える情報とそのタイミング　→　それによる効果
　（結論：原因）　　　　　　　　　　　　（結論の根拠＝効果につながる根拠：結果）

---

第4問（配点25点）

　明示的に要求されているのは、「利用客を増やすための策」である。制約は「営業時間を延長せずに」である。この制約を問題文に明示した意図としては、次の2つが考えられる。

＜「営業時間を延長せずに」という制約を明示した意図＞
・"営業時間を延長する"という解答が妥当性を持つことを排除する。
・"営業時間"という観点を明示することで、"現状の営業時間内で稼働率を高める（来店客数を増加させる）余地があること"に気づきやすくし、解答を誘導する。

　本問も、第3問同様、第2問で指摘する「今後の主要ターゲット層」のみを対象にしたものなのかどうかがはっきりしない。また、"現状の営業時間内で稼働率を高める（来店客数を増加させる）余地がある"ということであれば、"現状のB社の課題"ということになるので、この点も第3問と同様である。

　対応にあたっては、要求は「利用客を増やす」ための策であって、利用客の単価を上げる内容を含んでいない点に注意したい。"売上増加を図る改善策"と抽象化してしまうと、要求（指示）をはずした解答になってしまいやすい。

　以上の読み取りをもとに、本問の着眼点と解答の構成を設定してみる。

## 【着眼点】

　○現状のB社の課題（接客以外で解決可能なもの）
　○現状の営業時間内の稼働状況

**【解答の構成】**

施策　　　　　　　→　　利用客が増加する具体的内容

（結論：原因）　　　　　（結論の根拠＝利用客増加につながる根拠：結果）

(2)　事例の大枠の把握（問題本文を読んで理解する）

本事例は問題本文が３頁弱であり、図・表もあるためやや多めのボリュームである。

第１段落　　B社の概要

第２段落　　X町の概要と特徴

第３段落　　X町の飲食店の状況（主に観光スポットの店）

第４段落　　X町の飲食店の状況（主にX町駅前の店）

第５段落　　B社創業の経緯と特徴

第６段落　　B社の利用客の状況とメニューの概要

第７段落　　B社の利用客（新たな定住者）

第８段落　　B社のランチタイムの状況

第９段落　　B社の接客改善の取り組み状況

第10段落　　B社の課題（B社経営者のニーズ）

(3)　解答作成

本事例は解答箇所（４か所）、制限字数（520字）となっている。解答ボリュームは多くないが、「得点見込みが高く、編集もしやすい（解答編集に手間取る可能性が低い）問題」から順に処理していく方針を採用したい。

> 第１問

設定した着眼点に基づき、問題本文の該当箇所を特定する。

**【着眼点】**

○X町の飲食店（数とその推移、種類・タイプ、規模、ターゲット層など）

第３段落

「X町駅前には、B社の他にも飲食店が数軒ある。また観光スポットには、観光客を主なターゲットとした飲食店が多数存在するが、ハイシーズンは予約が困難なほど混雑するものの、通年ベースでコンスタントに売上を確保することが難しく、経営的に難しい面がある。結果、２、３年で営業をやめてしまう店も少なくない。一方で観光需要を期待した新規の出店は続いており、入れ替わりが多い。」

第４段落

「地元客をターゲットとした店は、B社を含め長く経営を続けているところがほと

んどである。一方で、新規の出店はほとんどないが、昨年Ｘ町駅前に地元客をターゲットにした居酒屋が営業を開始した。」

→　以上の記述から、飲食店は、Ｘ町駅前にある店と観光スポットにある店に分類できると考えられる。観光スポットに立地する店は、ターゲット層が「観光客」であり、「観光客」をターゲットにした店は、数は多いが経営が難しく入れ替わりが生じていることが読み取れる。また、Ｂ社を含めた駅前の数軒の飲食店は、地元客をターゲットとしており、数は少ないものの長く経営を続けていることが読み取れる。

○Ｂ社の状況

第5段落

「Ｂ社経営者は、大都市圏の日本料理店で10年ほど修業した後、地元にもどり10年前に地産地消の現在の店の営業を開始した。」

第6段落

「Ｂ社の利用客は、駅前の他の飲食店同様、地元の住民である。」

→　以上の記述から、すでに確認済みであるが、Ｂ社が地元住民（地元客）を主要ターゲットとし、長く経営できていることが読み取れる。

○Ｘ町における飲食店を取り巻く経営環境（Ｘ町の人口とその推移、住民やＸ町を訪れる人たち（観光客など）と飲食店に対するニーズなど）

「図　Ｘ町の総世帯数と総人口の推移」

→　ここからＸ町では、総世帯数、総人口ともに一貫して増加傾向にあると読み取ってよいだろう。総人口を総世帯数で割れば、1世帯あたりの人口も読み取ることができるが、飲食店の状況に直接関係するとは考えにくい（この問題の解答でそこまで詳細な飲食店の状況の記述が求められている可能性は低い）ので、Ｘ町では、「総世帯数、総人口ともに増加傾向」ということでよいだろう。

問題本文から、Ｘ町の総世帯数、総人口に関する記述を確認すると、以下の箇所が該当する。

第2段落

「数年前にＸ町駅に特急が停車するようになってから、リタイアした中高年層を中心に、一戸建てやマンションを購入し、別荘としてではなく、定住する人たちが一気に増加した。その後も着実に増加しておりＸ町全体としての人口はゆるやかに増加している。今後もこの傾向が続くことが予想されている。」

→　図で読み取ったメッセージとほぼ同じ内容が記述されている。

また、地元住民以外の記述としては、以下の箇所が該当する。

第2段落

「X町は、Y県にある長い歴史を持つリゾートタウンである。快適な気候の夏は、ゴルフやテニスなど屋外でのレクリエーションに適していることで知られており、古くから一定数の別荘所有者（別荘族）がいる。周辺には、豊かな自然を満喫できる複数のスポットがあり、それらを通るサイクリングコースやウォーキングコースが整備されている。また冬にはスキーやスノーボード、温泉が人気である。さらに、ここ数年、我が国への海外からの観光客の増加により、X町においてもインバウンド客が増加している。X町およびその周辺では、四季折々の自然を楽しむことができるが、やはり別荘族、観光客ともに夏場が圧倒的に人気である。続いて5月の連休、年末年始に賑わいを見せている。」

→　ここから、X町の定住者以外の別荘所有者（別荘族）と観光客に関する記述が読み取れる。内容的には、すでに確認したように「一定数の別荘族、増加する観光客」が存在するが、「通年の需要はない」ことが裏付けられる。

以上から、X町の飲食店の状況は、次のように整理できる。

＜X町の飲食店の状況＞
・地元住民をターゲット層とするX駅前に立地する店
　＝数は少ないが、経営安定
・観光客をターゲット層とする観光スポットに立地する店
　＝数は多いが、経営不安定（入れ替わり多い）
あとは、以下のあらかじめ想定した【解答の構成】に合わせて、それぞれの飲食店を経営環境と対応させて編集すればよい。

【解答の構成】
経営環境（原因）→　飲食店の状況（結果）

第2問

設定した着眼点に基づき、問題本文の該当箇所を特定する。

【着眼点】
○　（B社の商圏内に）現在一定数存在し、今後も増加することが予想される人たち（少なくとも減少することが予想されない人たち）とその特徴（ニーズ含む）

第2段落

「数年前にX町駅に特急が停車するようになってから、リタイアした中高年層を中心に、一戸建てやマンションを購入し、別荘としてではなく、定住する人たちが一気に増加した。その後も着実に増加しておりX町全体としての人口はゆるやかに増加している。今後もこの傾向が続くことが予想されている。」

→ 「リタイアした中高年層」が新たに定住者として加わり、この人たちがすでに一定数存在し（一気に増加し、数年間増加を続けてきたわけだから）、今後も増加することが期待できることが読み取れるので、B社の今後のターゲットとしての要件を満たすと判断できる。

第7段落

「B社は地元住民の評価が高いことから、クチコミ等により新たな定住者の予約・利用も増えてきている。絶対数としてはそれほどでもないものの、リタイアして時間的な余裕がある上に、子育ても終え経済的な余裕もあるため、B社での飲食のために電車やタクシーで来て、帰宅時にはタクシーを利用することに抵抗は少ないようである。新たな定住者は、夫婦2人で来店するケースが多い。自宅では味わうことができない料理を酒とともに、夫婦でいろいろ楽しむことを目的に来店する。初回来店時に、メニューがよくわからずボリュームが多い人気定番メニューを注文してしまい、結果的に2、3品で終わってしまう場合も見受けられる。」

→ これらの記述から、「新たな定住者（リタイアした中高年層）」は、「自宅では味わうことができない料理を酒とともに、夫婦でいろいろ楽し」みたいというニーズを持っていること、しかし、初回来店時に、結果的に2、3品で終わってしまう＝いろいろな料理を楽しむことができていないことが読み取れる。その原因は「メニューがよくわからずボリュームが多い人気定番メニューを注文してしまい」ということであるが、本問では「新たなメニューの投入」が要求であるため、新たなメニューで対応する方向で考える。

○現状のB社の主要顧客層とメニュー

第6段落

「B社の利用客は、駅前の他の飲食店同様、地元の住民である。B社を利用する地元客は、通勤等に自家用車を利用しているため、あらかじめ日程を決め予約をしてからの利用が多い。飲食が終わると鉄道もしくはタクシーを利用する。結果、昔からのなじみ客であっても、それほど来店頻度は高くない。しかし、来店時は、B社のメニューも熟知している上、食べきれなかった場合には、持ち帰りができることを知っているので注文も活発である。その結果、比較的長い時間にわたり飲食するため客単価は高い。ハイシーズンには、別荘組も来店する。B社は、地元Y県の新鮮な食材を中心とした豊富なメニューで、利用客の評判は高い。B社のメニューは、低価格という

53

わけではないが、ボリュームが多く、見た目も味も優れている。特に「特製からあげ」「おまかせ天ぷら盛り合わせ」などの定番メニューのいくつかは、通常の居酒屋の倍ほどもあるボリュームで古くからのなじみ客に根強い人気がある。なじみ客は4名から6名での利用が中心で、量が多くても複数のメニューを注文し、仲間内でシェアして楽しんでいる。」

> → 現状の主要顧客層の地元のなじみ客は、4名から6名の利用が中心で、そのためボリュームが多いメニューでも複数楽しめるため、定番メニューが人気であることがわかる。これは新たな定住者が夫婦2人で利用することが中心であることと対比されていると考えられる。

○提案する新メニューが提供可能であることの根拠（B社の経営資源など）
　該当する記述なし。

> → 今後のターゲット層は、B社の既存顧客層であり、味や料理の種類に対するニーズではなく、メニューのボリュームであることから、新メニュー提供にあたって新たな経営資源等が必要になる設定ではない。

　以上の読み取りから、あらかじめ想定した【解答の構成】をもとに、それぞれの構成要素の内容を整理してみる。

**【解答の構成】**
新メニュー（結論）→ 今後のターゲット層とそのニーズ（根拠）
　　今後のターゲット層：新たな定住者層（リタイアした中高年の夫婦層）
　　ターゲット層のニーズ：夫婦で、自宅では味わうことができない料理をいろいろ楽しみたい

　　　↑
　　既存の提供メニューで未対応
　　定番メニューのボリュームが通常の倍程度

　よって、新メニューは、「定番メニューのボリュームを半分程度にしたハーフサイズメニューの提供」で、ニーズに対応する。既存の定番メニューはなじみ客には人気があり継続するので、ハーフサイズメニューを新たに加えるという内容でまとめる。

第3問
　設定した着眼点に基づき、問題本文の該当箇所を特定する。

## 【着眼点】

○現状のB社の課題（接客で解決可能なもの）

「表　B社の客単価分析データ」

→　この表のメッセージは、"初回利用時の客単価が低い"であると考えてよい
だろう。2回目以降の客単価が妥当なのかどうかは不明であるが、2回目以降
が"低くない"のだとすると、"初回利用時に客単価が低い客でも、2回目以
降は十分な客単価になっている"という解釈が成り立つ。

第10段落（最終段落）

「B社は、来店客数、売上ともに維持できているが、B社経営者としては今後に向
けていくつかの課題を認識している。ひとつは、来店客数の増加である。もうひとつ
は、来店客の客単価を向上させることである。B社の客単価は決して低いレベルでは
ないが、改善の余地があると考えている。さらに、リピート率の向上も課題として認
識している。地元住民を主要顧客としているB社では、創業以来リピート率は高いと
認識していたが、調べてみたところ、この数年低下傾向にあることがわかった。リ
ピート率は、B社の利用顧客が満足したかどうか、B社を再度利用したいと思うかどう
かを示すものと考えられるので、その低下傾向は放置しておくわけにはいかない。」

→　事例Ⅱにおいては最終段落にB社経営者が中小企業診断士に相談する経緯が
示される。その内容は「B社経営者のニーズ」といえる。本事例においても上
記内容は、B社経営者のニーズであり、これらに対応することが解答の要件と
なる。表から読み取ったメッセージと合わせると、客単価向上の余地は、「初
回利用時の客単価」にあると特定できる。また、「リピート率の向上」も課題
（経営者のニーズ）として示されており、こちらも効果に含まれる可能性があ
る。もうひとつの「来店客数の増加」については、第4問が「利用客を増やす
ための策」を要求していることから、本問の効果の対象としては含まれないと
判断してよいだろう。

第4段落

「一般に居酒屋を含めた飲食店の初めての利用客は、"お試し感覚"が強い。そのた
め、初回利用時の満足度が高くないと、二度と来店しない傾向にある。」

→　これは「居酒屋を含めた飲食店一般」に関する内容であるが、B社にも同様
のことがあてはまると考えてよいだろう。ここからB社の「リピート率の低下
傾向」は、初回利用時の満足度が低くなってきたためであると考えられる。

○接客の状況（改善しようとしたこと、改善されていないこと）

第9段落

「B社では、これまで特別な接客の工夫や改善を行ってこなかった。カウンターの
客にはB社経営者が調理しながら積極的に声をかけるが、スタッフは注文を取り、注

文の品を運ぶ他は特に何もしていない。B社の来店客は地元のなじみ客が中心である
ことから、問題視していなかった。しかし、ここにきて来店客にも変化が見られるた
め、B社経営者は、来店時をはじめとした元気な挨拶、注文を受けたときの対応など
をスタッフに指導・徹底を図っている。」

→ ここから、"スタッフは注文を取り、注文の品を運ぶ他は特に何もしていな
い"ことに変わりはなく、「来店時をはじめとした元気な挨拶、注文を受けた
ときの対応」が少し改善された程度であることがわかる。

第4段落

「昨年X町駅前に地元客をターゲットにした居酒屋が営業を開始した。この店舗で
は、店舗スタッフにマニュアルに基づく接客を徹底させている。また、提供メニュー
についての知識もしっかり教育されている。顧客の来店時には、席に誘導した後、メ
ニューについての説明をていねいに行っている。」

→ 本問の要求は、「接客時にどのような情報をどのようなタイミングで来店客
に伝えるか」であることから、上記記述がその根拠になると考えられる。この
店舗の接客がうまくいっており、集客につながっているかどうかは不明である
が、「店舗スタッフ」に、「マニュアルや教育によりメニューについての説明を
徹底」させることが可能であることの根拠になる。同業他社が可能であれば、
B社も可能であるという根拠になる。

第6段落

「B社を利用する地元客は、通勤等に自家用車を利用しているため、あらかじめ日
程を決め予約をしてからの利用が多い。飲食が終わると鉄道もしくはタクシーを利用
する。結果、昔からのなじみ客であっても、それほど来店頻度は高くない。しかし、
来店時は、B社のメニューも熟知している上、食べきれなかった場合には、持ち帰り
ができることを知っているので注文も活発である。その結果、比較的長い時間にわた
り飲食するため客単価は高い。」

第7段落

「新たな定住者は、夫婦2人で来店するケースが多い。自宅では味わうことができ
ない料理を酒とともに、夫婦でいろいろ楽しむことを目的に来店する。初回来店時に、
メニューがよくわからずボリュームが多い人気定番メニューを注文してしまい、結果
的に2、3品で終わってしまう場合も見受けられる。」

→ 上記から「昔からのなじみ客」と「新たな定住者」の対比が読み取れる。な
じみ客は「B社のメニューも熟知している上、食べきれなかった場合には、持
ち帰りができることを知っている」ので注文も活発で飲食する時間が長いため、
客単価が高く、リピート率も高いということになる。

以上の読み取りから、あらかじめ想定した【解答の構成】をもとに、それぞれの構
成要素の内容を整理してみる。

**【解答の構成】**

接客時に伝える情報とそのタイミング　→　それによる効果

（結論：原因）　　　　　　　　　　　　　（結論の根拠＝効果につながる根拠：結果）

　　接客時に伝える情報：定番メニューやおすすめメニューの特徴

　　　　　　　　　　　（食べきれない場合）持ち帰りも可能であること

　　伝えるタイミング：初回の客の最初の注文前

　　期待する効果：客単価向上

　　　　　　　　満足度向上　→　リピート率の向上（回復）

　すでに説明したように、本問は「情報内容と伝えるタイミング」が要求であり、それ以外の内容（たとえばマニュアル化や教育）などを含めず、効果の内容を解答に含めることがポイントとなる。

| 第4問 |

　設定した着眼点に基づき、問題本文の該当箇所を特定する。

**【着眼点】**

○現状のB社の課題（接客以外で解決可能なもの）

第10段落（最終段落）

　「B社は、来店客数、売上ともに維持できているが、B社経営者としては今後に向けていくつかの課題を認識している。ひとつは、来店客数の増加である。」

　　→　「来店客数の増加」が課題（経営者のニーズ）であることは確認できるが、それ以上具体的な内容を含んでいない。

○現状の営業時間内の稼働状況

第8段落

　「B社では、2年ほど前から平日の日中にランチタイム専用メニューによる営業を行っている。定番人気メニューのからあげ等を使った定食4種類を提供している。価格は抑えめで、夜メニューと変わらない手間をかけたメニューとなっているが、ハイシーズンの観光客利用を除き、利用客はまばらである。平日の日中はランチタイム専用メニューの提供のみのため、予約も受け付けていない。」

　　→　平日以外の日中は不明だが、平日日中は営業を行っていること、そして、その時間帯は、十分な客数が獲得できていないことが読み取れる。また、平日日中の時間帯も、夜と変わらないオペレーションをしていると解釈すれば、平日日中も夜メニューの提供が可能である根拠と考えられる。

第3段落

「別荘族や観光客は、休暇を過ごしにX町を訪れるため、観光スポットで営業する飲食店は、ハイシーズンには、平日、休日関係なく、昼間から家族や仲間と飲食を楽しむ客で賑わっている。」

→ 少なくともハイシーズンには平日日中にもB社の夜メニューに対するニーズがあると解釈できる。また、B社にとっての今後の主要ターゲット層である新たな定住者層は、「リタイアした夫婦」が中心であり、「時間的な余裕がある」（第7段落）から「平日日中」であっても、「夫婦で、酒とともにいろいろ料理を楽しみたい」ニーズがあるとも考えられる。

以上の読み取りから、あらかじめ想定した【解答の構成】をもとに、それぞれの構成要素の内容を整理してみる。

**【解答の構成】**

施策　　　　　　→　　利用客が増加する具体的内容
（結論：原因）　　　（結論の根拠＝利用客増加につながる根拠：結果）
　施策：平日は昼間から夜メニューを提供し、予約も受け付ける
　　　　　ランチメニューは廃止する
　来店客数が増える根拠：新たな定住者、別荘族、観光客の、昼間から家族や仲間と
　　　　　　　　　　　　飲食を楽しみたいニーズに対応する
　　　　　ランチメニューの利用客は少ない

✎ 自分の知識や考えと異なるところは？

........................................................

## １次試験と２次試験の違い②

　１次試験の問題指示の典型は、「……に関する記述として最も適切なものを下記の解答群から選べ。」といったものです。

　１次試験は問題と一緒に解答群も与えています。受験者はそこから指示されたものを選び、該当箇所をマークするだけですので、問題指示も簡潔明瞭です。問題指示がよくわからない……ということは起こりにくいです。

　一方、２次試験は"問題指示がわかりにくい"という特徴があります。２次試験は受験者が解答を記述するので、出題者は「何をどう記述するのか」を示す必要があります。しかし、試験ですから、受験者全員にきちんと伝わる必要はありません。「一定割合の受験者がわかりさえすればいい」わけですから。

　その結果、**２次試験の試験問題は"省略"が多い**内容になっています。具体例で確認してみましょう。今回の第３問の問題文はこのようになっていました。

第３問（配点25点）
　　B社では接客を改善する試みを開始しているが、期待したような効果は得られていない。B社は接客時にどのような情報をどのようなタイミングで来店客に伝えると効果が得られるか。120字以内で述べよ。

　本問では情報に加えて「来店客に情報を伝えるタイミング」も解答することを求めていますが、「接客時」とは具体的にいくつあるのか？　問題本文に示されている中から選ぶのか？　情報とタイミングの組み合わせは１つなのか、それとも複数なのか？　といったことに関する説明がありませんし、そもそもこれらのことが省略されていることも受験者には知らされていません。しかし、問題文を読み取った時点である程度具体的内容を想定しておかないと、問題本文を読んでも根拠候補を抽出できず、解答の選択肢（候補）を作ることができなくなる可能性が高くなります。

　「接客時」を具体化しようとすれば、特別な知識がなくても以下のような内容を浮かべることができるでしょう。

　店舗入り口（外）にやってきたとき（人気店で並んでいる場合）
　店内に入ったとき
　席に案内するとき
　席に案内し終えたとき
　水、おしぼり、メニューなどを席に持っていったとき
　注文を受けるとき
　料理を出すとき

飲食しているとき

飲食を終えたとき

会計するとき

店外に出るとき

　このような想定をして問題本文を確認すれば、解答の選択肢（候補）も作りやすくなります。

# 5 作業全体を検証する

作業の結果としてできあがる解答の要件を自分の解答がどの程度満たしているのか検証します。検証は問題ごとに設定された［対応のポイント］に基づいて行いましょう。その上で、作業プロセス全体を振り返り、改善の余地がどこにあるかを検討しましょう。

[第1問]

［対応のポイント］

☐ 飲食店の経営環境と飲食店の状況の2つで構成されていること。

　☞ ☐できた　☐だいたいできた　☐あまりできなかった　☐できなかった

☐ 飲食店の経営環境（原因）と飲食店の状況（結果）を関連づけた説明になっていること。

　☞ ☐できた　☐だいたいできた　☐あまりできなかった　☐できなかった

☐ 地元住民（定住者）とそれ以外（別荘所有者、観光客）の違いを核にした組み立てができていること

　☞ ☐できた　☐だいたいできた　☐あまりできなかった　☐できなかった

✏️ 気づいたこと・改善すること

・・・・・・・・・・・・・・・・・・・・・・・・・・・・・・・・・・・・・・・・・・・

[第2問]

［対応のポイント］

☐ 「投入するメニュー」「ターゲット層」「ターゲット層の特徴」の3つで構成されていること。

　☞ ☐できた　☐だいたいできた　☐あまりできなかった　☐できなかった

☐ 「定番のハーフサイズ（通常サイズ）メニュー」を解答していること

☆これが結論であり、これを外していると実質0点。

　☞ ☐できた　☐だいたいできた　☐あまりできなかった　☐できなかった

✎ 気づいたこと・改善すること

```
• • • • • • • • • • • • • • • • • • • • • • • • • • • • • • • • • • • • • • • •




```

第3問

［対応のポイント］

☐ 「提供する情報」「タイミング」「効果」の3つで構成されていること。

　　☞ ☐できた　☐だいたいできた　☐あまりできなかった　☐できなかった

☐ 「持ち帰り可能であること」を解答していること

☆これを核に解答を組み立てていないと実質0点

　　☞ ☐できた　☐だいたいできた　☐あまりできなかった　☐できなかった

✎ 気づいたこと・改善すること

```
• • • • • • • • • • • • • • • • • • • • • • • • • • • • • • • • • • • • • • • •




```

第4問

［対応のポイント］

☐ 「施策」「利用客が増加する根拠」の2つで構成されていること

　　☞ ☐できた　☐だいたいできた　☐あまりできなかった　☐できなかった

☐ 「平日日中に夜メニューを提供」を解答していること

☆これを解答していないと実質0点

　　☞ ☐できた　☐だいたいできた　☐あまりできなかった　☐できなかった

✎ 気づいたこと・改善すること

# 他人の答案を出題者側から評価してみる

第1回目の取り組みでは、自分の解答を採点する前に、他人の解答を採点します。これは、採点者の立場を体験することで、採点基準をもとに適切に採点する作業の感覚を掴むためです。できるだけ採点基準に沿ってフェアに採点することを心がけましょう。☆採点に関してはp.(14)(15)の例を参考に。

**第1問** （配点25点）

**【解答例】**

| | | | | | | | | | | | | | | | | | | | |
|---|---|---|---|---|---|---|---|---|---|---|---|---|---|---|---|---|---|---|---|
| X | 町 | で | は | 移 | 住 | に | よ | る | 定 | 住 | 者 | が | 増 | 加 | し | て | お | り | 総 |
| 世 | 帯 | 数 | 、 | 総 | 人 | 口 | と | も | に | 増 | 加 | し | て | い | る | 。 | さ | ら | に |
| 一 | 定 | 数 | の | 別 | 荘 | 族 | や | 観 | 光 | 客 | も | 増 | 加 | し | て | い | る | が | 、 |
| こ | ち | ら | は | 通 | 年 | の | 需 | 要 | で | は | な | い | 。 | 結 | 果 | 、 | 観 | 光 | 客 |
| を | タ | ー | ゲ | ッ | ト | に | し | た | 観 | 光 | ス | ポ | ッ | ト | の | 飲 | 食 | 店 | は、 |
| 数 | は | 多 | い | が | 入 | れ | 替 | わ | り | が | 多 | く | 、 | 地 | 元 | 住 | 民 | を | 主 |
| 要 | 顧 | 客 | に | し | て | い | る | 駅 | 前 | の | 飲 | 食 | 店 | は | 、 | 数 | は | 少 | な |
| い | が | 存 | 続 | で | き | て | い | る | 状 | 況 | で | あ | る | 。 | | | | | |

**〔採点基準〕** ①②各8点、③5点、④4点

① 飲食店の状況(1)：観光客をターゲットにした観光スポットの飲食店は、数は多いが入れ替わりが多い（長く続かない）

② 飲食店の状況(2)：地元住民（定住者）を主要顧客（ターゲット客）としている駅前の飲食店は、数は少ないが存続できている（長く続いている）

③ 飲食店の経営環境(1)：移住による定住者が増加し、総世帯数、総人口ともに（ゆるやかに）増加している

④ 飲食店の経営環境(2)：一定数の別荘の利用者や多くの観光客が訪れるが、通年の需要はない

**【採点およびコメントしてみよう】**

| X | 町 | は | も | と | も | と | の | 住 | 民 | に | 加 | え | 移 | 住 | に | よ | り | 定 | 住 |
|---|---|---|---|---|---|---|---|---|---|---|---|---|---|---|---|---|---|---|---|
| 者 | が | 増 | 加 | し | 、 | 総 | 世 | 帯 | 数 | 、 | 総 | 人 | 口 | と | も | に | 増 | 加 | し |
| て | い | る | 上 | に | 、 | 長 | い | 歴 | 史 | を | も | つ | リ | ゾ | ー | ト | タ | ウ | ン |
| の | た | め | 、 | 一 | 定 | 数 | の | 別 | 荘 | 族 | が | い | る | 。 | さ | ら | に | 、 | 観 |
| 光 | 客 | も | 多 | く | お | と | ず | れ | る | が | 、 | 別 | 荘 | 族 | 、 | 観 | 光 | 客 | は |
| 夏 | 場 | に | 集 | 中 | す | る | た | め | 、 | 飲 | 食 | 業 | に | と | っ | て | は | 通 | 年 |
| ベ | ー | ス | で | 売 | 上 | を | コ | ン | ス | タ | ン | ト | に | 確 | 保 | す | る | の | が |
| 難 | し | い | 状 | 況 | と | な | っ | て | い | る | 。 | | | | | | | | |

| 基準 | 点数 | コメント |
|------|------|----------|
| ① | 点/8点 | |
| ② | 点/8点 | |
| ③ | 点/5点 | |
| ④ | 点/4点 | |
| 合計 | 点/25点 | |

第2問 （配点25点）

**【解答例】**

| こ | こ | 数 | 年 | 増 | 加 | し | 、 | 今 | 後 | の | 増 | 加 | も | 期 | 待 | で | き | る | 新 |
|---|---|---|---|---|---|---|---|---|---|---|---|---|---|---|---|---|---|---|---|
| た | な | 定 | 住 | 者 | を | タ | ー | ゲ | ッ | ト | 層 | と | す | る | 。 | 人 | 気 | の | 定 |
| 番 | メ | ニ | ュ | ー | に | つ | い | て | ハ | ー | フ | サ | イ | ズ | メ | ニ | ュ | ー | を |
| 投 | 入 | し | 、 | 少 | 人 | 数 | で | 来 | 店 | す | る | こ | と | の | 多 | い | タ | ー | ゲ |
| ッ | ト | 層 | が | 、 | 自 | 宅 | で | 味 | わ | う | こ | と | が | で | き | な | い | も | の |
| を | 無 | 理 | な | く | い | ろ | い | ろ | 楽 | し | め | る | よ | う | に | す | る | 。 | |

**〔採点基準〕** ①7点、②③各4点、④⑤各5点

① 新たなメニュー：（人気の）定番メニューのハーフサイズ商品（メニュー）

② 主要ターゲット層：新たな定住者

③ 主要ターゲット層の特徴(1)：ここ数年増加し（一定数存在し）、今後の増加も
　　　　　　　　　　　　　　　期待できること

④　主要ターゲット層の特徴(2)：少人数（夫婦あるいは2人）で来店することが多いこと

⑤　主要ターゲット層の特徴(3)：自宅で味わうことができないものをいろいろ（複数）楽しみたいニーズを持つ

※新たなメニュー投入のねらいとして記述してもよい。

## 【採点およびコメントしてみよう】

| 新 | た | に | 通 | 常 | の | 居 | 酒 | 屋 | と | 同 | 等 | の | ボ | リ | ュ | ー | ム | の | メ |
|---|---|---|---|---|---|---|---|---|---|---|---|---|---|---|---|---|---|---|---|
| ニ | ュ | ー | を | 投 | 入 | す | る | 。 | こ | れ | に | よ | り | 、 | 自 | 宅 | で | 味 | わ |
| う | こ | と | が | で | き | な | い | 料 | 理 | を | い | ろ | い | ろ | と | 楽 | し | み | た |
| い | と | い | う | 特 | 徴 | を | 持 | つ | 、 | 少 | 人 | 数 | で | 来 | 店 | す | る | 顧 | 客 |
| に | 対 | 応 | で | き | る | よ | う | に | す | る | こ | と | で | 、 | 売 | 上 | 増 | 加 | を |
| 図 | る | 。 | | | | | | | | | | | | | | | | | |

| 基準 | 点数 | コメント |
|---|---|---|
| ① | 点/7点 | |
| ② | 点/4点 | |
| ③ | 点/4点 | |
| ④ | 点/5点 | |
| ⑤ | 点/5点 | |
| 合計 | 点/25点 | |

第3問 （配点25点）

## 【解答例】

| 初 | 回 | の | 客 | に | は | 、 | B | 社 | の | メ | ニ | ュ | ー | の | 特 | 徴 | や | 持 | ち |
|---|---|---|---|---|---|---|---|---|---|---|---|---|---|---|---|---|---|---|---|
| 帰 | り | が | 可 | 能 | で | あ | る | こ | と | を | 最 | 初 | の | 注 | 文 | 前 | に | 適 | 切 |
| に | 伝 | え | る | 。 | こ | れ | に | よ | り | 、 | 注 | 文 | 商 | 品 | 数 | を | 増 | や | す |
| と | 同 | 時 | に | 飲 | 食 | を | 楽 | し | め | る | 時 | 間 | を | 長 | く | し | 、 | 客 | 単 |
| 価 | の | 向 | 上 | と | 満 | 足 | 度 | 向 | 上 | に | よ | る | 2 | 回 | 目 | 以 | 降 | の | 来 |
| 店 | に | つ | な | げ | て | リ | ピ | ー | ト | 率 | の | 回 | 復 | を | 図 | る | 。 | | |

〔**採点基準**〕①②④⑥各4点、③6点、⑤3点

① 接客時に伝える情報(1)：B社のメニューの特徴
② 接客時に伝える情報(2)：持ち帰り可能であること
③ 伝えるタイミング：初回の客の最初の注文前
④ 期待する効果(1)：注文商品数増加と飲食する（飲食を楽しむ）時間の増加による客単価向上
⑤ 期待する効果(2)：満足度向上
⑥ 期待する効果(3)：2回目（以降）の来店につながることによるリピート率の向上（回復）

## 【採点およびコメントしてみよう】

| ス | タ | ッ | フ | が | 注 | 文 | を | 受 | け | る | 際 | や | 注 | 文 | の | 品 | を | 運 | ぶ |
|---|---|---|---|---|---|---|---|---|---|---|---|---|---|---|---|---|---|---|---|
| 際 | な | ど | は | も | ち | ろ | ん | 、 | つ | ね | に | 来 | 店 | 客 | の | 様 | 子 | に | 気 |
| を | 配 | り | 、 | 経 | 営 | 者 | 同 | 様 | に | 積 | 極 | 的 | に | 声 | が | け | し | 顧 | 客 |
| の | 要 | 望 | が | 満 | た | さ | れ | て | い | る | か | ど | う | か | 確 | 認 | す | る | 。 |
| こ | れ | に | よ | り | 顧 | 客 | 満 | 足 | 度 | を | 高 | め | 、 | 課 | 題 | で | あ | る | 客 |
| 単 | 価 | の | 向 | 上 | や | リ | ピ | ー | ト | 率 | の | 向 | 上 | を | 図 | る | 。 | | |

| 基準 | 点数 | コメント |
|:---:|:---:|---|
| ① | 点/4点 | |
| ② | 点/4点 | |
| ③ | 点/6点 | |
| ④ | 点/4点 | |
| ⑤ | 点/3点 | |
| ⑥ | 点/4点 | |
| 合計 | 点/25点 | |

## 【解答例】

| | | | | | | | | | | | | | | | | | | | | |
|---|---|---|---|---|---|---|---|---|---|---|---|---|---|---|---|---|---|---|---|---|
| 利 | 用 | 客 | が | 少 | な | い | 平 | 日 | 日 | 中 | の | ラ | ン | チ | メ | ニ | ュ | ー | を | |
| 廃 | 止 | し | 、 | 夜 | メ | ニ | ュ | ー | を | 日 | 中 | も | 提 | 供 | す | る | よ | う | 変 | |
| 更 | す | る | 。 | ま | た | 、 | 予 | 約 | も | 受 | け | 付 | け | る | 。 | こ | れ | に | よ | |
| り | 、 | 新 | た | な | 定 | 住 | 者 | 、 | 別 | 荘 | 族 | 、 | 観 | 光 | 客 | が | 持 | つ | 昼 | |
| 間 | か | ら | 家 | 族 | や | 仲 | 間 | と | 飲 | 食 | を | 楽 | し | み | た | い | ニ | ー | ズ | |
| に | 対 | 応 | し | 来 | 店 | 客 | 数 | を | 増 | 加 | さ | せ | る | 。 | | | | | | |

〔採点基準〕①15点、②6点、③4点

① 施策：平日日中のランチメニューを廃止するとともに、夜メニューを日中も提
　　　供し、予約も受け付ける
　　平日日中の策であることの明示：3点
　　ランチメニューを廃止することの明示：4点
　　夜メニューを提供することの明示：5点
　　予約を可能にすることの明示：3点

② 来店客数が増える根拠：新たな定住者、別荘族、観光客の昼間から家族や仲間
　　　　　　　　　　　　と飲食を楽しみたいニーズに対応する

③ ランチメニュー廃止の妥当性を示す根拠：ランチメニューの利用客は少ない

## 【採点およびコメントしてみよう】

| | | | | | | | | | | | | | | | | | | | | |
|---|---|---|---|---|---|---|---|---|---|---|---|---|---|---|---|---|---|---|---|---|
| 施 | 策 | は | 、 | 平 | 日 | ラ | ン | チ | タ | イ | ム | に | も | 、 | 人 | 気 | の | 定 | 番 | |
| メ | ニ | ュ | ー | を | 中 | 心 | と | し | た | 夜 | メ | ニ | ュ | ー | を | 提 | 供 | す | る | |
| こ | と | で | あ | る | 。 | こ | れ | に | よ | り | 、 | 平 | 日 | 休 | 日 | 関 | 係 | な | く | |
| 昼 | 間 | か | ら | 家 | 族 | や | 仲 | 間 | と | 飲 | 食 | を | 楽 | し | み | た | い | 人 | た | |
| ち | の | ニ | ー | ズ | に | 対 | 応 | し | 、 | 利 | 用 | 客 | の | 増 | 加 | お | よ | び | 平 | |
| 日 | 日 | 中 | の | 客 | 単 | 価 | 向 | 上 | を | 実 | 現 | す | る | 。 | | | | | | |

| 基準 | 点数 | コメント |
|:---:|---:|---|
| ① | 点/15点 | |
| ② | 点/6点 | |
| ③ | 点/4点 | |
| 合計 | 点/25点 | |

# 7 自分の答案を出題者側から評価してみる

　自分の解答を採点します。自分は出題者（採点者）であり、「答案は他人のもの」という想定で評価しましょう。採点を通じて、解答の構成・組み立て、明示している要素内容・表現などでの改善の余地を把握しましょう。

------------------------------------------------------------

第1問 （配点25点）

| 基準 | 点数 | コメント |
|------|------|---------|
| ① | 点/8点 | |
| ② | 点/8点 | |
| ③ | 点/5点 | |
| ④ | 点/4点 | |
| 合計 | 点/25点 | |

第2問 （配点25点）

| 基準 | 点数 | コメント |
|------|------|---------|
| ① | 点/7点 | |
| ② | 点/4点 | |
| ③ | 点/4点 | |
| ④ | 点/5点 | |
| ⑤ | 点/5点 | |
| 合計 | 点/25点 | |

第3問 （配点25点）

| 基準 | 点数 | コメント |
|---|---|---|
| ① | 点/4点 | |
| ② | 点/4点 | |
| ③ | 点/6点 | |
| ④ | 点/4点 | |
| ⑤ | 点/3点 | |
| ⑥ | 点/4点 | |
| 合計 | 点/25点 | |

第4問 （配点25点）

| 基準 | 点数 | コメント |
|---|---|---|
| ① | 点/15点 | |
| ② | 点/6点 | |
| ③ | 点/4点 | |
| 合計 | 点/25点 | |

# 8 最終的な確認

取り組み前に設定したテーマの観点から、ここまでのフィードバック内容をすべて確認して、主要点を整理しておきましょう。

第 **1** 回

事例 **Ⅲ**

# 1 テーマを設定（選択）する

　以下のリストの中から該当するテーマを選びましょう。もちろん、リストにないテーマを設定してもかまいません。

**［今回のテーマ］**　☆少なくとも１つは選択しましょう。

- [ ] 実際の体験を通じて２次試験（事例Ⅲ）のことを知る（知見を増やす）

- [ ] 自分のマネジメント（80分の使い方、問題処理の優先度判断など）の改善の余地を特定する

- [ ] 自分の解答作成手順の改善の余地を特定する

- [ ] 自分の使える知識と技能の補強すべきところを特定する

✎ 自身で設定した具体的なテーマがあれば、理由とともに記録しておきましょう。

# 実際に取り組む

演習問題に取り組みます。実際に答案を作成してください。取り組み中に気づいたことや感じたことがあればメモしておきましょう。

--------------------------------------------------------------------------

【C社の概要】

　C社は、林業を基幹産業とする地域で、1950年に室内建具製作業者として創業した。現在は、OEM家具製造（椅子、机、書棚など）と木材CNC精密機械加工サービス（オブジェ、チャペルベンチ、木製ハープ（楽器）など）を主力事業としており、資本金1,000万円、従業員数20名で、総務部２名の他は製造部に属している。

　C社は創業からしばらくの間、「町の木工所」として室内建具（引き戸、窓枠など）の下請け加工を行っていたが、現経営者の祖父である創業者がNC工作機を導入したことをきっかけに、それまでの職人技術に加え、NCなどの機械加工の技術を高めていった。それにより、複数の家具メーカーやインテリアメーカーからOEM家具製造を請け負うようになった。なお、OEM製品は、家具メーカーやインテリアメーカーを通じて、国内の家具専門店やインテリア用品店等で販売されている。OEM製品の製造を開始した当初のC社は、過大な製品在庫を抱えることがあった。

　C社製品は主に無垢材（天然の木から取り出した木を１枚の板に加工した自然素材のこと）を原材料としており、自然素材ならではの木目の美しさや色合いに定評がある。C社が立地する地域は面積の大半を森林が占めており、良質な木材の供給地としても知られている。木材の供給業者も多く、この地域に立地する木材加工業者は特に支障がなく木材を調達することができる。

　今後、人口減少等により、住宅建築などの国内の木材需要の減少が懸念される一方、成長が著しいアジア諸国では木材需要が旺盛となっている。C社が立地する地域は木材が重要な地域資源のため、行政の主導で木材の輸出が積極的に行われている。近年は、材料としての木材のみでなく、木材製品の輸出拡大にも力が入れられており、この地域ならではの付加価値の高い木材製品が求められている。

　現在のC社は同時５軸CNC工作機械を含む８台のCNC加工機を有している。これらの機械によって複雑な形状であっても効率的かつ高精度で生産できることに加え、機械では行き届かないきめ細やかな仕上げ等の技術を持った職人も有している。このような体制もあり、C社は過去に、地元の国際空港内の大型の木製オブジェの製作を請け負ったことがある。最近では、世界規模のスポーツイベントで使用される木製のメダルケースの製作も請け負った実績がある。

　10年ほど前に、３代目である現経営者がC社に入社した。現経営者は大学でデザイン工学を学んだ後にデザイン事務所に就職し、主として高級店向けの木製の店舗什器のデザインを担当した。その勤務時代に、現経営者は、CAD・３次元CAD等の技能

を身に付けた。この現経営者のデザイン力は、木製のメダルケース等の製作を請け負うことができた大きな要因となっている。

【生産の概要】
　C社の大まかな製造工程は、家具を例にすると、企画・図面作成 → 材料準備・木取り（木材から必要な寸法や品質の木材を製材すること）→ パーツ製作・NC加工 → 下地研磨・下地塗装 → 組立・調整 → 仕上げ・検品・出荷となる。
　OEM製品における新規製品およびCNC精密機械加工サービスについては、引合いがあると、現経営者または製造部の設計担当（１名）が、顧客と打ち合わせをしながら、企画・図面作成を行う。形状やデザイン等が確定した後、実際の生産に着手する。なお、設計担当は、企画・図面作成のほか、入社当時に調達業務を任せられたこともあって、慣習的に調達業務全般を兼務している。
　生産ロットは、OEM製品における新規製品は、100個単位で、１回の受注で1,000個まで対応している。既存製品は追加注文になるため、製品ごとに生産ロットを100個単位で決定している。
　生産指示については、OEM製品における既存製品はプルシステムを採用している。CNC精密機械加工サービスは１個単位で受注する個別生産であり、プッシュシステムを採用している。OEM製品における新規製品も、プッシュシステムを採用している。このように、C社は異なる生産指示方式を採用しており、生産管理の難易度が高い。そのため、特にCNC精密機械加工サービスにおいて生産期間が長期に及ぶ案件があった場合、OEM製品の生産に影響することがある。たとえば、昨年、役場の新庁舎の案件を受注した際には、一品物であっても製作物の種類が多い大規模な案件だったため、製造工程はこの案件に専念する期間が長くなった。そのため、既存のOEM製品について、家具専門店やインテリア用品店等の店頭で一時的に品切れになる製品が発生し、家具メーカー等からクレームを受けることがあった。

【X社からの共同開発の依頼】
　現在、C社には、OEM製品の既存取引先である家具メーカーX社から、スマートホーム向けの住宅建材の共同開発の依頼を受けている。スマートホームとは、「子育て世代、高齢者、単身者など、さまざまなライフスタイル／ニーズにあった住生活サービスをIoTにより実現する新しい暮らし」をいい、IoTに対応した住宅設備、家電機器などがさまざまなサービスと連携することによって、住人やその関係者にさまざまな便益を提供することが期待されている。
　X社は、C社や電子機器メーカー等と連携して、スマートホーム向けの木製のインターフェースを共同開発したいと考えている。このインターフェースは、それほど複雑な形状は要求されず、一見すると普通の木材にしか見えないものの、手で触れると

LEDディスプレーが表面に現れ、家電の操作や各種ニュースの受信等を行うことができ、操作が終了するとディスプレーが消えて、元の木の状態に戻るというものである。インターフェースとしての機能はもちろんであるが、住宅で使用するため、木材としての見た目の美しさも要求される。

　C社はこの依頼を受託する方向で考えており、現経営者は共同開発に専任する方向で考えている。

**第1問** （配点35点）

C社は、X社から、スマートホーム向けの住宅建材の共同開発の依頼を受けている。以下の設問に答えよ。

（設問1）

X社の依頼に対して、有効に活用すべきC社独自の経営資源について、80字以内で述べよ。

（設問2）

C社が、この共同開発を進めていく上で、検討すべき課題とその対応策を120字以内で助言せよ。

**第2問** （配点40点）

C社のOEM製品における生産について、以下の設問に答えよ。

（設問1）

C社は、OEM製品の既存製品についてプルシステムを採用している。その理由を100字以内で述べよ。

（設問2）

C社のOEM製品の生産において生じている問題点を解決するための対応策を、120字以内で述べよ。

**第3問** （配点25点）

C社が置かれている経営環境を理解した上で、C社の今後の経営戦略を中小企業診断士として140字以内で助言せよ。

# 3 問題文解釈の作業プロセスを検証する

　作業プロセスの確認は、問題ごとに、チェック項目をもとに行います。2次試験問題の処理における最大のポイントは、問題文の解釈です。以下の観点から確認し、改善が必要なところを洗い出しましょう。

--------------------------------------------------

第1問

（設問1）

☐「C社独自の経営資源」は、C社の強みであると想定した。

　　☞ ☐できた　☐だいたいできた　☐あまりできなかった　☐できなかった

☐ 制限字数が"80字以内"なので、強みは複数（2つ）で構成されることを想定した。

　　　☞ ☐できた　☐だいたいできた　☐あまりできなかった　☐できなかった

✎ 気づいたこと・改善すること

```
● ● ● ● ● ● ● ● ● ● ● ● ● ● ● ● ● ● ● ● ● ● ● ● ● ● ● ● ● ● ● ● ● ●




```

（設問2）

☐「スマートホーム向けの住宅建材の開発」あるいは「X社との共同開発」の要件があり、その要件とC社の現状のギャップを埋めることが課題であると想定した。

　　☞ ☐できた　☐だいたいできた　☐あまりできなかった　☐できなかった

☐「課題」ではなく、「検討すべき課題」なので、大幅な変更を伴うこと（他の業務に影響が出る可能性があること）を想定した。

　　☞ ☐できた　☐だいたいできた　☐あまりできなかった　☐できなかった

✐ 気づいたこと・改善すること

● ● ● ● ● ● ● ● ● ● ● ● ● ● ● ● ● ● ● ● ● ● ● ● ● ● ● ● ● ● ● ● ● ● ● ● ● ●

第2問

（設問1）

☐「プルシステム」にしたということは、どういうことか具体的に考えてみた。たと
えば、それ以前はプッシュ型であり、製品在庫を持ち即納しており在庫の問題が
あったなど。

☞ ☐できた　☐だいたいできた　☐あまりできなかった　☐できなかった

✐ 気づいたこと・改善すること

● ● ● ● ● ● ● ● ● ● ● ● ● ● ● ● ● ● ● ● ● ● ● ● ● ● ● ● ● ● ● ● ● ● ● ● ● ●

（設問2）

☐ 要求は「対応策」のみなので、生じている問題点は対応策により解決されること
（期待効果、あるいはねらい）として編集することを想定した。

☞ ☐できた　☐だいたいできた　☐あまりできなかった　☐できなかった

☐ 問題点そのものは問題本文に明示されている（＝特定しやすい）可能性が高いこ
とを想定した。

☞ ☐できた　☐だいたいできた　☐あまりできなかった　☐できなかった

✎ 気づいたこと・改善すること

```
. . . . . . . . . . . . . . . . . . . . . . . . . . . . . . . . . . . . . . . . . . .



```

第3問

☐「経営環境」はC社の強みを生かすための機会であることを想定した。
　☞ ☐できた　☐だいたいできた　☐あまりできなかった　☐できなかった

☐ 経営環境（機会）とC社の経営資源（強み）から戦略を想定した。
　☞ ☐できた　☐だいたいできた　☐あまりできなかった　☐できなかった

✎ 気づいたこと・改善すること

```
. . . . . . . . . . . . . . . . . . . . . . . . . . . . . . . . . . . . . . . . . . .



```

💡 作業のポイント

チェックするのは手段であり、目的は改善すべきところをはっきりさせることです。改善すべきところおよびそのための方策は、以下のように特定できます。

| 洗い出したこと | | 改善すること |
| --- | --- | --- |
| メモしていない | → | メモすることを手順に加えて、練習する。 |
| そのようなことは考えなかった | → | 問題文の解釈の練習をする。 |
| そのようなことは浮かばなかった | → | 使いたい知識に加え、すっと使えるよう何度も出力する。 |

出題者の意図を確認する（知識を検証する）

解答より先に解説を読み、出題者の意図を理解します。

"自分の知識や考えと異なるところはどこか？"という観点から、出題者自身が書いた解説を読むことで、自分の知識や考え方の更新（補強と修正）を行いましょう。

解説

## １．事例の特徴と取り組み方

本事例は、Ｃ社を木材加工業者としている。事例Ⅲは、通常、設問ベースを含めて解答箇所が５か所になることが多い。そして、最初の問題（第１問または第１問（設問１））と最後の問題が経営戦略系、中間の問題が生産管理系（問題点→改善策等）となるのがオーソドックスなパターンである。本事例も、基本的にはその問題構成を踏襲している。

## ２．答案作成プロセス

### ⑴　問題要求の確認

まず、問題要求を確認する。この段階では問題要求自体（何を聞かれているのか）の確認も重要であるが、配点や制限字数も確認したい。さらに、難易度の把握（対応のしやすさ等）の目安や問題間の関連も、ある程度はこの段階で済ませておきたい。そして、問題本文の大枠を確認してから微調整を行うという手順になる。

第１問　（配点35点）

「Ｘ社からのスマートホーム向けの住宅建材の共同開発の依頼」をテーマに２つの設問で構成されている。この場合、設問間の関連性の把握に十分注意したい。仮に（設問２）が（設問１）を前提としている場合、（設問１）を間違えると（設問２）も連鎖的に間違えるおそれがある。

（設問１）

Ｘ社の依頼に対して、有効に活用すべきＣ社独自の「経営資源」を答えることが問題要求である。

通常、事例Ⅲの最初の問題はSWOT分析関連（強み、弱み等）が多い。本問も、「有効に活用すべきＣ社独自の経営資源」を問うており、Ｃ社の強みを問う問題の変形と考えられる。

前提が「Ｘ社の依頼」であることに注意したい。Ｃ社の強みであっても、Ｘ社の依頼に対して活用できないものは本問の正解にならない。まずはＸ社の依頼内容を確認し、何らかの要件・条件があるはずだから、それに対して有効に活用できるＣ社の強

みを問題本文から探したい。ただし、C社「独自の」経営資源という条件が付されているため、同業他社と比較して、あるいは業界内で、C社が独自で有している「経営資源」が要求されていることに注意したい。

いずれにしても、まずは問題本文からC社の"強み"を抽出し、X社の依頼内容やC社の独自性を考慮して、解答を組み立てたい。

（設問2）

C社が、共同開発を進めていく上で検討すべき「課題」と「対応策」を「助言」することが問題要求である。（設問1）の解説でも述べたが、X社の依頼（共同開発）には何らかの要件・条件があるはずである。それを進めていく上でのC社の課題であり、事例Ⅲであるから、生産・技術面からの「課題」を考えたい。また、「対応策」は「課題」を前提としており、「課題」を間違えると「対応策」も連鎖的に間違えるおそれがあることに注意したい。

いずれにしても、X社の依頼（共同開発）に関する要件・条件が（設問1）と重なっており、対応が難しい問題といえる。場合によっては、後回しにするのも有効である。

なお、問われているのはあくまで「課題」であるから、「問題点」を解答しないように注意したい。

　例）　問題点：納期遅延（納期を守れない）
　　　　課　題：納期遵守（納期を守る）

第2問 （配点40点）

C社のOEM製品における生産について、本問も2つの設問で構成されており、設問間の関連性の把握に十分注意したい。

対象が「OEM製品」と明示されているため、この段階ではC社の製品の種類は不明であるが、「OEM製品」以外の製品があればそれは対象ではないことに注意したい。

（設問1）

C社が、OEM製品の既存製品についてプルシステムを採用している「理由」を答えることが問題要求である。「プルシステム」の知識を必要とする可能性があり、知識が不十分だった場合、後回しにすべき問題といえる。

対象がOEM製品の「既存製品」と明示されている。この段階で、"新規製品"は対象外ということになるから、OEM製品の「既存製品」の特徴（作り方、売り方等）を、まずは問題本文から確認したい。

（設問2）

C社のOEM製品の生産において生じている問題点を解決するための「対応策」を答えることが問題要求である。

まず、問われているのは「対応策」であるが、前提になっている「問題点」を確実に把握したい（「問題点」を間違えると「対応策」も連鎖的に間違えるおそれがあるため）。

（設問1）と異なり、本問は"既存製品"と明示されていないため、"新規製品"も対象となっている可能性がある。また、（設問1）でプルシステムを採用している「理由」が要求されているが、その「理由」で答えた内容（メリット等）に反することが「問題点」となっている可能性もある。

いずれにしても、対応がかなり難しい問題であり、本問も、場合によっては後回しにしたほうがよい可能性がある。

### 第3問 （配点25点）

C社が置かれている経営環境を理解した上で、C社の今後の「経営戦略」を「助言」することが問題要求である。

まず、「経営戦略」であるから、基本となるのはSWOT分析である。ただし、本事例では第1問（設問1）で強みを問う問題の変形問題が出題されている。したがって、第1問（設問1）と切り分ける必要があるかもしれないが、ここまで見てきたとおり、他の問題を後回しにしていると、時間が足りなくなるおそれがある。したがって、場合によっては、あえて切り分けず、第1問（設問1）と根拠（強み）を重ねることも、上手な対応といえる。

次に、本問では「経営環境を理解した上で」という条件が付されている。「経営環境」であるから、外部環境も含まれる。つまり、何かしらの"機会"があれば、それは本問の根拠の可能性が高い。したがって、外部環境（機会）からアプローチすると、解答をまとめやすいだろう。

いずれにしても、本事例では後回しにしている問題が多いことが予想されるため、対応しやすければ、本問を早めに解くのも上手な対応といえる。

⑵ 事例の大枠の把握（問題本文を読んで理解する）

問題要求を踏まえて、問題本文を確認する。本事例の問題本文は、図表はないものの2頁強ある。したがって、問題本文の読み取りにもある程度の時間が必要になることを想定しておきたい。

### 【C社の概要】

第1段落　C社の概要（創業年次、主力事業、資本金額、従業員数、会社組織）

(3)　解答作成

　本事例は問題本文のボリュームは多いが、問題数（解答箇所）と制限字数（560字）は標準的である。したがって、問題本文の根拠と問題の対応づけなど、問題本文の情報整理が大きなポイントとなる。

第1問

（設問1）

　まず、C社の"強み"（らしき）記述を探すと、以下のように複数見つかる。

第2段落

「（前略）現経営者の祖父である創業者がNC工作機を導入したことをきっかけに、それまでの職人技術に加え、NCなどの機械加工の技術を高めていった。」

第3段落

「C社製品は主に無垢材（天然の木から取り出した木を1枚の板に加工した自然素材のこと）を原材料としており、自然素材ならではの木目の美しさや色合いに定評がある。C社が立地する地域は面積の大半を森林が占めており、良質な木材の供給地としても知られている。木材の供給業者も多く、この地域に立地する木材加工業者は特に支障がなく木材を調達することができる。」

第5段落

「これらの機械によって複雑な形状であっても効率的かつ高精度で生産できることに加え、機械では行き届かないきめ細やかな仕上げ等の技術を持った職人も有している。このような体制もあり、（中略）請け負った実績がある。」

第6段落

「この現経営者のデザイン力は、木製のメダルケース等の製作を請け負うことができた大きな要因となっている。」

これらの記述を整理すると、大きく以下の3つの"強み"を抽出することができる。

① 技術力：CNC工作機械等（機械加工技術）と職人（仕上げ技術）
② 調達力：無垢材等の良質な木材の供給地に立地
③ デザイン力：現経営者の経験等

このうち②は、「この地域に立地する木材加工業者」であればC社でなくても有することができるため、本問の「C社独自」という問題要求から外れる。したがって、解答候補は①と③に絞られる。

では、「X社の依頼」内容を確認しよう。第12段落に以下の記述がある。

第12段落

「このインターフェースは、それほど複雑な形状は要求されず、一見すると普通の木材にしか見えないものの、手で触れるとLEDディスプレーが表面に現れ、家電の操作や各種ニュースの受信等を行うことができ、操作が終了するとディスプレーが消えて、元の木の状態に戻るというものである。インターフェースとしての機能ももちろんであるが、住宅で使用するため、木材としての見た目の美しさも要求される。」

前述した①と③の強みは、さらに細分化すると以下のようになる。

1）CNC工作機械等による機械加工技術
2）職人による仕上げ技術
3）現経営者のデザイン力

さて、X社からの依頼の要件は、「木材としての見た目の美しさ」が要求される反面、「複雑な形状」は要求されない。そうすると、上記1）については、問題要求から外れる。2）、3）については、「機械では行き届かないきめ細やかな仕上げ等の技術を持った職人」（第5段落）や「この現経営者のデザイン力は、木製のメダルケース等の製作を請け負うことができた大きな要因となっている。」（第6段落）という記述から、インターフェースとしての機能に加え、「木材としての見た目の美しさ」も

要求されるスマートホーム向けの木製のインターフェースに有効に活用できるC社独自の経営資源と判断できる。

（設問2）

　第13段落に、X社の依頼（共同開発）にC社は現経営者を専任させる意向である旨が記述されている。これを前提に、X社の依頼に対応するための「課題」を検討すると、第8段落の以下の記述に着目できる。

第8段落

　「OEM製品における新規製品およびCNC精密機械加工サービスについては、引合いがあると、現経営者または製造部の設計担当（1名）が、顧客と打ち合わせをしながら、企画・図面作成を行う。（中略）なお、設計担当は、企画・図面作成のほか、入社当時に調達業務を任せられたこともあって、慣習的に調達業務全般を兼務している。」

　企画・図面作成は、現経営者と、1名しかいない設計担当が担っている。このうち、現経営者はX社の依頼（共同開発）に専任するわけだから、企画・図面作成は、設計担当が一身に担うことになる。つまり、今まで2名で担当していた業務（量）を1名で担当することになる。したがって、この者の負荷が増大することになるため、この者の負荷の"軽減"が課題となる（注："負荷の増大"は問題点の表現である）。

　では、「対応策」について考えてみよう。設計担当が調達業務全般を兼任しているのは、たまたまこの者が入社当時に調達業務を任せられ、そのまま「慣習的」に続けているだけである。そして、（設問1）でも確認したが、C社が立地する地域の木材加工業者は、特に支障がなく木材を調達することができる。つまり、調達業務そのものは難易度が低いと想定でき、今後、負荷の増大が予測される設計担当があえて兼務すべき業務でもない。つまり、この調達業務を別の者に担当させることが、「対応策」の内容となる。

　なお、調達業務の難易度が低いことから、"（調達部員の）採用"という解答も考えられる。しかし、前述のとおり、業務体制を整備することで対応は可能である。また、"採用"すれば、人件費等のコストの増加を招く。本問は「助言」問題であるから、"業務体制の整備"で対応できるものに"採用"を助言するのは、妥当性が低いだろう。

（設問1）

　C社の生産指示方式については、第10段落に以下の記述がある。

第10段落

　「生産指示については、OEM製品における既存製品はプルシステムを採用している。CNC精密機械加工サービスは1個単位で受注する個別生産であり、プッシュシステムを採用している。OEM製品における新規製品も、プッシュシステムを採用している。」

　C社は、CNC精密機械加工サービスとOEM製品における新規製品はプッシュシステムを採用しており、OEM製品における既存製品のみ、プルシステムを採用している。では、それぞれの生産指示方式の知識を確認しよう。JISでは、下表のように定義されている。

| プッシュシステム<br>（JIS Z 8141-4201） | あらかじめ定められたスケジュールに従い、生産活動を行う管理方式。<br>備考：押出し方式ともいう。 |
|---|---|
| プルシステム<br>（JIS Z 8141-4202） | 後工程から引き取られた量を補充するためにだけ、生産活動を行う管理方式。<br>備考：後工程引取方式、または引張方式ともいう。 |

　上表の定義からわかるように、プルシステムは、後工程から引き取られた量を補充するためにだけ、生産する方式である。C社の製造工程は第7段落に記述されているが、製品が"出荷"されたら、その分だけ補充的に生産することになる。ここで、OEM製品の特徴を確認すると、以下の記述が見つかる。

第2段落

　「OEM製品は、家具メーカーやインテリアメーカーを通じて、国内の家具専門店やインテリア用品店等で販売されている。OEM製品の製造を開始した当初のC社は、過大な製品在庫を抱えることがあった。」

第9段落

　「生産ロットは、OEM製品における新規製品は、100個単位で、1回の受注で1,000個まで対応している。既存製品は追加注文になるため、製品ごとに生産ロットを100個単位で決定している。」

　以上の記述から、まず、OEM製品の製造を開始した当初のC社は"見込生産"だったことがわかる。見込生産は、端的にいえば、売れるのを見込んで生産するわけだから、その見込みが外れれば、「過大な製品在庫」を抱えることになる。OEM製品の製造を開始した当初のC社は、この状態であったことになる。

OEM製品の既存製品は、家具メーカーやインテリアメーカーを通じて、国内の家具専門店やインテリア用品店等で販売されている。つまり、家具メーカーやインテリアメーカーは、国内の家具専門店やインテリア用品店等の店頭での販売動向・在庫動向等を見て、Ｃ社に追加注文していると考えられる。そして、追加注文を受けたＣ社は、100個単位の生産ロットを設定して、補充的に生産（追加生産）していることになる。たとえば、生産ロットを100個と設定した製品の場合、追加注文を受けたら100個を出荷し、その出荷された分の100個を、補充的に生産していることになる。過去に「過大な製品在庫」を抱えた経験があるＣ社は、それを避けるために、「100個単位の生産ロット」（家具メーカー等から見れば発注ロット）を設定し、"追加生産"で対応する方式＝プルシステムに変更したと考えられる。

　また、詳しくは（設問２）の解説で説明するが、第10段落の最後に記述されているように、Ｃ社は、OEM製品の既存製品について、一時的に、小売店頭で品切れを発生させている。品切れの発生を回避するためには、注文があったら即納する体制が求められる。つまり、在庫を保有して、その在庫から即納する体制＝即納体制を構築する必要がある。もちろん、"見込生産"はこの即納体制を満たしているが、半面、「過大な製品在庫」を抱えるリスクがある。一方、プルシステムを採用すれば、後工程から引き取られた量を補充＝出荷した分だけ補充的に生産すればよい。そうすれば、生産量＝在庫量は一定になり、「過大な製品在庫」を回避することができる。

　つまり、本来的には見込生産で在庫を多めに保有すれば、小売店頭での品切れの発生を回避することができる。極端にいえば、常に「過大な製品在庫」を抱えていれば、品切れの発生を完全に回避できる。しかし、「過大な製品在庫」を抱えることは、在庫管理費用等も過大になり、また営業キャッシュフローにも影響する。そこで、Ｃ社は、プルシステムを採用することで、即納体制を維持しながら、在庫量の削減を図ったと考えられる。これが、本問の「理由」の内容となる。

（設問２）

　（設問１）の解説で簡単に触れたが、Ｃ社はOEM製品の既存製品について、一時的に、小売店頭で品切れを発生させている。該当するのは以下の記述である。

第10段落

　「このように、Ｃ社は異なる生産指示方式を採用しており、生産管理の難易度が高い。そのため、特にCNC精密機械加工サービスにおいて生産期間が長期に及ぶ案件があった場合、OEM製品の生産に影響することがある。たとえば、昨年、役場の新庁舎の案件を受注した際には、一品物であっても製作物の種類が多い大規模な案件だったため、製造工程はこの案件に専念する期間が長くなった。そのため、既存のOEM製品について、家具専門店やインテリア用品店等の店頭で一時的に品切れにな

る製品が発生し、家具メーカー等からクレームを受けることがあった。」

　（設問1）で確認したように、本来、プルシステムを採用しているのであれば、過大な製品在庫を抑制しながら、即納すること（品切れを回避すること）ができるはずである。それにもかかわらず、品切れが発生したということは、プルシステムの"メリット"を享受できなかったことになる。

　これは、まず、2つの異なる生産指示方式を採用しているために生じる"生産管理の難しさ"に起因する。CNC精密機械加工サービスはプッシュシステムを採用しているわけだから、あらかじめ定められたスケジュールに従い、生産活動を行っていることになる。ここで、CNC精密機械加工サービスの生産活動中に、OEM製品の既存製品の追加注文が入ると、生産計画上はCNC精密機械加工サービスに則って生産活動を行っているわけだから、タイミングによっては、製造工程にOEM製品の既存製品の追加生産を行う余裕がなく、結果的に発注元への納入が遅れ、小売店頭での品切れが発生し、家具メーカー等からのクレームを招くことにつながる。これが、「OEM製品の生産において生じている問題点」の内容となる。

　ただし、本問は「問題点」そのものではなく、「対応策」を要求している。この「問題点」への対応策であるから、簡単にいえば、"品切れに対するクレームを回避する"生産体制を構築することになる。最も容易なのは、OEM製品の既存製品については見込生産にすることである。そうすれば品切れの発生を防ぐことができるが、半面、「過大な製品在庫」を再び抱えるリスクも大きくなる。

　あらためて第10段落の記述に着目すると、品切れの発生は「一時的」である。その時期は、「CNC精密機械加工サービスにおいて生産期間が長期に及ぶ案件」を受注した場合である。そうすると、OEM製品の既存製品については、過去の追加注文の時期を分析すれば、ある程度、今後の追加注文の時期も予測できるだろう。つまり、"需要予測"で対応するという方向性になる。

　「CNC精密機械加工サービスにおいて生産期間が長期に及ぶ案件」の引合いがあったら、その生産期間上において、OEM製品の既存製品の追加注文が予測される時期が重なれば、それに備えて、事前に（余力がある時に）生産しておけば、即納体制を維持することができ、小売店頭での品切れも回避できる。結果としては、"クレーム"も発生しなくなる。つまり、部分的にプッシュシステムの要素（計画優先）を取り入れることで、品切れ自体は回避できる。これが基本的な方向性になるが、事前に生産するということは、見込生産に該当し、過大な製品在庫を抱えるリスクが大きくなる。仮に、何らかの突発的なアクシデントがあった場合、OEM製品の発注が来なくなるかもしれない（つまり、見込みが外れる、ということである）。（設問1）で"在庫量の削減"を解答しているわけだから、この要素も、本問の解答に盛り込みたい。そうすると、「既存製品は追加注文になるため、製品ごとに生産ロットを100個単位で決定

している。」（第9段落）という状況も改める必要がある。

　OEM製品は「追加注文」されるわけだから、その発注間隔もある程度は予測できる。CNC精密機械加工サービスの引合いがあった際、その生産期間と、OME製品の発注時期・間隔等を照らし合わせて、製造工程の余力が不足する時期にOEM製品の既存製品の追加生産が重なるのであれば、その時期だけ品切れを回避できる最低限度の追加生産を行っておけばよい。そのためには、生産ロットを「100個」単位に固定せず、状況に合わせて柔軟に設定することが必要となる。下記のイメージ図を参考にしてほしい。

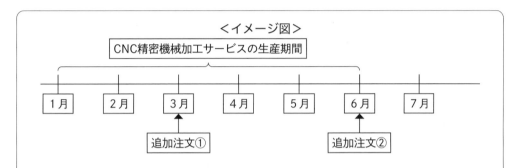

　※　3か月間隔で発注される製品があり、その製品の生産ロットを「100個」とする（この場合、基準在庫も100個となる）。そして、追加注文①があった際、「100個」を出荷することになる（この場合、在庫は0になる）。そして、6月に製造工程の余力がなく、追加生産ができなかったとすると、追加注文②の段階で在庫から出荷できず、小売店頭での品切れの発生につながる。ここで、4～5月に「100個」生産しておけば、追加注文②の段階での品切れを抑制できることになる。しかし、仮に、何らかの理由で追加注文②がなかった場合、「100個」の在庫を抱える期間が長くなる。しかし、3か月で100個生産＝1か月平均で33個生産すれば需要に対応できる製品であれば、4～5月に33個生産しておけば、追加注文②がなかったとしても、抱える在庫は「33個」ですむ。逆に、追加注文②があった場合、この「33個」をまず出荷し、余力がある7月に残りの67個を生産し、家具メーカー等に追加で納入すれば、小売店頭での品切れを防ぐことができる。このように、生産ロットを「100個」に固定せず、状況に応じて柔軟に設定することで、「過大な製品在庫」を回避しつつ、品切れの発生も回避することができるようになる。

第3問

　まず、今後の経営戦略の前提となるC社が置かれている経営環境、具体的には外部環境（機会）について考えてみよう。第4段落に以下の記述がある。

第4段落

「今後、人口減少等により、住宅建築などの国内の木材需要の減少が懸念される一方、成長が著しいアジア諸国では木材需要が旺盛となっている。C社が立地する地域は木材が重要な地域資源のため、行政の主導で木材の輸出が積極的に行われている。近年は、材料としての木材のみでなく、木材製品の輸出拡大にも力が入れられており、この地域ならではの付加価値の高い木材製品が求められている。」

第2段落に、OEM製品が「国内」の家具専門店やインテリア用品店等で販売されている旨が記述されていることから、海外ではC社のOEM製品は販売されていないことが想定できる。そうすると、C社が付加価値の高い海外向けの自社ブランド製品を開発できれば、立地地域の行政支援を受けながら、「輸出」することが可能になる。まず、これが今後の経営戦略の基本的な方向性である。

　では、"付加価値の高い海外向けの自社ブランド製品"の開発の実現可能性について、言い換えれば、そのために活用できるC社の"強み"を考えてみよう。

　まず、第5段落に、「世界規模のスポーツイベントで使用される木製のメダルケースの製作も請け負った実績」がある旨の記述がある。「世界規模」での「製作実績」であるから、この知名度は、"付加価値の高い海外向けの自社ブランド製品"の開発に大いに役立つだろう。また、「地元の国際空港内の大型の木製オブジェの製作」も、海外への知名度にもつながる。

　次に、第4段落に、「この地域ならではの付加価値の高い木材製品」、第3段落には、C社の立地地域の特徴として、「良質な木材の供給地」という記述がある。また、同じ第3段落には、「無垢材」（"地域資源"と考えられる）を原材料としたC社製品の自然素材ならではの木目の美しさや色合いに定評がある旨の記述もある。そうすると、この立地の"強み"を生かし、「無垢材を用いた自然素材の木目の美しさや色合い」を用いた製品を開発できれば、「この地域ならではの付加価値の高い木材製品」という要件も満たす。そして、この木目の美しさや色合いについては、第一義的には「機械では行き届かないきめ細やかな仕上げ等の技術を持った職人」（第5段落）が実現していることになる。さらに、第5段落に以下の記述がある。

第5段落

　「このような体制もあり、C社は過去に、地元の国際空港内の大型の木製オブジェの製作を請け負ったことがある。最近では、世界規模のスポーツイベントで使用される木製のメダルケースの製作も請け負った実績がある。」

　「このような体制」＝「機械」と「職人」による生産体制である。第2段落にも「それまでの職人技術に加え、NCなどの機械加工の技術を高めていった。」という記述があり、職人技術だけでなく、機械加工技術、第5段落の記述でいえば、複雑な形状でも高精度で生産できる技術力も、"付加価値の高い"製品の実現に役立つだろう。

　以上をまとめると、アジア諸国で木材需要が旺盛になっていることを"機会"として、この地域ならではの無垢材を原材料として、職人技術・機械加工技術を生かして付加価値の高い自社ブランド製品を開発し、世界規模のイベントで製作物が採用された実績（知名度）等も活用して、輸出拡大に力を入れている行政支援を受けながら輸出を目指す、という経営戦略を導くことができる。

なお、"OEM製品の輸出"は、立地地域の行政支援を受けなくても可能なので（OEM製品の供給先である家具メーカーやインテリアメーカーが海外の小売店に輸出すればよい）、C社が置かれている経営環境を前提とした経営戦略とはいえない。

　また、木材CNC精密機械加工サービスについても、海外の顧客から直接受注すれば実現可能であり、これも、C社が置かれている経営環境を前提とした経営戦略とはいえない。

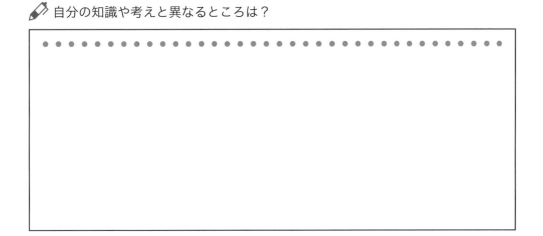 自分の知識や考えと異なるところは？

## １次試験と２次試験の違い③

　２次試験では問題文に省略があり、指示がわかりにくいという点についてはすでに取り上げましたが、困ったことに問題本文にも省略があります。問題本文は１次試験でいえば、選択肢に該当します。

　１次試験の問題処理において、選択肢の文章を注意深く読むことは重要です。"注意深く"が意味することは「記述されている内容を正確に読み取る」ということでしょう。

　一方、２次試験の問題本文の記述には"省略"があります。その文章に込められた出題者の意図はたいていの場合省略されています。よって、２次試験の場合の"注意深く"は**「記述されていない（省略されている）内容も想定して出題者の意図を読み取る」**ことを意味します。具体例を使って説明します。

　今回の第１問（設問２）の問題と根拠を１次試験風に作り変えると次のようになります。


第１問（設問２）

　Ｃ社が、この共同開発を進めていく上で、検討すべき課題とその対応策を120字以内で助言せよ。なお、解答にあたっては以下の記述から根拠に該当すると判断するものを選びなさい。


ア　現経営者または製造部の設計担当（１名）が企画・図面作成を行っており、どちらかが欠けると残ったほうは単純に倍の負荷になる。

イ　製造部の設計担当は、慣習的に調達業務全般を兼任しているが、これはほかの担当者でも担当可能である。

ウ　現経営者は共同開発に専任する方向であり、その場合、ほかに担当していることはできなくなる。

エ　OEM製品における既存製品は、後工程から引き取られた量を補充するためにだけ生産を行うプルシステムを採用している。


　すでに解説を読み出題者の意図を理解していることもありますが、上記のような形式であれば解答を組み立てるのはかなり容易な印象を受けると思います。逆にいえば、「２次試験の解答組み立ては容易ではない」ということです。

　上記選択肢の内容を、もともとの問題本文に示された根拠箇所と比べてみてください。「２次試験の問題本文ではどういう内容を省略しているのか？」理解が深まると思います。

# 5 作業全体を検証する

　作業の結果としてできあがる解答の要件を自分の解答がどの程度満たしているのか検証します。検証は問題ごとに設定された［対応のポイント］に基づいて行いましょう。その上で、作業プロセス全体を振り返り、改善の余地がどこにあるかを検討しましょう。

---

第1問

（設問1）

［対応のポイント］

☐ 複数の強み（結論）で構成していること

　　☞ ☐できた　☐だいたいできた　☐あまりできなかった　☐できなかった

✏️ 気づいたこと・改善すること

```
・・・・・・・・・・・・・・・・・・・・・・・・・・・・・・・・・・・・・・・・・・・・



```

（設問2）

［対応のポイント］

☐ 現経営者が共同開発に参画した場合の影響をもとに解答を組み立てていること

　　☞ ☐できた　☐だいたいできた　☐あまりできなかった　☐できなかった

✏️ 気づいたこと・改善すること

```
・・・・・・・・・・・・・・・・・・・・・・・・・・・・・・・・・・・・・・・・・・・・



```

第2問

（設問1）

［対応のポイント］

☐ 在庫量の削減（結論）を明示できていること

☞ □できた　□だいたいできた　□あまりできなかった　□できなかった

✎ 気づいたこと・改善すること

```
• • • • • • • • • • • • • • • • • • • • • • • • • • • • • • • • • • •




```

（設問2）

［対応のポイント］

☐ CNC精密加工サービスとOEM製品の生産の関係（状況）を理解した上で解答していること

　　☞ □できた　□だいたいできた　□あまりできなかった　□できなかった

✎ 気づいたこと・改善すること

```
• • • • • • • • • • • • • • • • • • • • • • • • • • • • • • • • • • •




```

第3問

［対応のポイント］

☐ 戦略として"輸出"を明示していること

　　☞ □できた　□だいたいできた　□あまりできなかった　□できなかった

✎ 気づいたこと・改善すること

```
• • • • • • • • • • • • • • • • • • • • • • • • • • • • • • • • • • •




```

# 6 他人の答案を出題者側から評価してみる

　第1回目の取り組みでは、自分の解答を採点する前に、他人の解答を採点します。これは、採点者の立場を体験することで、採点基準をもとに適切に採点する作業の感覚を掴むためです。できるだけ採点基準に沿ってフェアに採点することを心がけましょう。　☆採点に関してはp.(14)(15)の例を参考に。

---

**第1問**　（配点35点）

（設問1）＜15点＞

**【解答例】**

| 木 | 材 | と | し | て | の | 見 | た | 目 | の | 美 | し | さ | が | 要 | 求 | さ | れ | る | た |
|---|---|---|---|---|---|---|---|---|---|---|---|---|---|---|---|---|---|---|---|
| め | 、 | 現 | 経 | 営 | 者 | が | 有 | す | る | デ | ザ | イ | ン | 力 | と | 、 | 自 | 然 | 素 |
| 材 | な | ら | で | は | の | 木 | 目 | の | 美 | し | さ | や | 色 | 合 | い | を | 実 | 現 | す |
| る | 職 | 人 | の | き | め | 細 | や | か | な | 仕 | 上 | げ | 技 | 術 | を | 活 | 用 | す | る。 |

**〔採点基準〕**①〜③各5点

① 経営資源(1)：現経営者が有するデザイン力
② 経営資源(2)：<u>自然素材ならではの木目の美しさや色合いを実現する</u>職人のきめ
　　　　　　　細やかな仕上げ技術

　※下線部の指摘がなく、職人の仕上げ技術のみの場合は3点

③ 要件・条件等：（木材としての）見た目の美しさが要求されること

**【採点およびコメントしてみよう】**

| 経 | 営 | 資 | 源 | は | 、 | ① | 木 | 目 | の | 美 | し | さ | や | そ | の | 色 | 合 | い | が |
|---|---|---|---|---|---|---|---|---|---|---|---|---|---|---|---|---|---|---|---|
| 定 | 評 | の | あ | る | 自 | 然 | 素 | 材 | 、 | ② | 効 | 率 | 的 | か | つ | 高 | 精 | 度 | で |
| 生 | 産 | で | き | る | Ｃ | Ｎ | Ｃ | 加 | 工 | 機 | 、 | ③ | き | め | 細 | や | か | な | 仕 |
| 上 | げ | 等 | の | 技 | 術 | を | 持 | っ | た | 職 | 人 | で | あ | る | 。 | | | | |

| 基準 | 点数 | コメント |
|---|---|---|
| ① | 点/5点 | |
| ② | 点/5点 | |
| ③ | 点/5点 | |
| 合計 | 点/15点 | |

（設問2）＜20点＞

**【解答例】**

| | | | | | | | | | | | | | | | | | | | |
|---|---|---|---|---|---|---|---|---|---|---|---|---|---|---|---|---|---|---|---|
| 現 | 経 | 営 | 者 | が | 共 | 同 | 開 | 発 | に | 専 | 任 | す | る | と | 、 | 1 | 名 | し | か |
| い | な | い | 設 | 計 | 担 | 当 | の | み | が | 企 | 画 | ・ | 図 | 面 | 作 | 成 | を | 担 | う |
| こ | と | に | な | る | た | め | 、 | こ | の | 者 | の | 負 | 荷 | の | 軽 | 減 | が | 課 | 題 |
| と | な | る | 。 | 対 | 応 | 策 | と | し | て | 、 | C | 社 | は | 特 | に | 支 | 障 | が | な |
| く | 木 | 材 | を | 調 | 達 | で | き | て | い | る | た | め | 、 | 慣 | 習 | 的 | に | 兼 | 任 |
| し | て | い | る | 調 | 達 | 業 | 務 | を | 別 | の | 者 | に | 担 | 当 | さ | せ | る | 。 | |

〔採点基準〕①④各5点、②③各3点、⑤⑥各2点

① 課題（結論）：設計担当の負荷の軽減

② ①の根拠等：1名しかいない設計担当のみが企画・図面作成を担うこと

③ ①②の前提：現経営者が共同開発に専任すること

④ 対応策：兼任している調達業務を別の者に担当させること

⑤ ④の補足：（調達業務の兼任は）慣習的であること

⑥ ④の前提：特に支障がなく木材を調達できていること

**【採点およびコメントしてみよう】**

| | | | | | | | | | | | | | | | | | | | |
|---|---|---|---|---|---|---|---|---|---|---|---|---|---|---|---|---|---|---|---|
| 設 | 計 | 担 | 当 | 者 | が | 行 | っ | て | い | る | 調 | 達 | 業 | 務 | を | 他 | の | 者 | に |
| 担 | 当 | さ | せ | 、 | 余 | 力 | を | 確 | 保 | す | る | こ | と | が | 課 | 題 | で | あ | る。 |
| 現 | 状 | で | は | 、 | 調 | 達 | を | 設 | 計 | 担 | 当 | 者 | が | 兼 | 務 | し | て | い | る |
| が | 設 | 計 | 担 | 当 | 者 | 以 | 外 | で | も | 対 | 応 | 可 | 能 | で | あ | る | 。 | | |
| | | | | | | | | | | | | | | | | | | | |
| | | | | | | | | | | | | | | | | | | | |

| 基準 | 点数 | コメント |
|------|------|---------|
| ① | 点/5点 | |
| ② | 点/3点 | |
| ③ | 点/3点 | |
| ④ | 点/5点 | |
| ⑤ | 点/2点 | |
| ⑥ | 点/2点 | |
| 合計 | 点/20点 | |

第2問 （配点40点）

（設問1） ＜20点＞

【解答例】

| O | E | M | 製 | 品 | の | 製 | 造 | を | 開 | 始 | し | た | 当 | 初 | は | 見 | 込 | 生 | 産 |
|---|---|---|---|---|---|---|---|---|---|---|---|---|---|---|---|---|---|---|---|
| だ | っ | た | た | め | 、 | 過 | 大 | な | 製 | 品 | 在 | 庫 | を | 抱 | え | た | 。 | 一 | 方、 |
| プ | ル | シ | ス | テ | ム | は | 出 | 荷 | し | た | 量 | の | み | を | 補 | 充 | 的 | に | 生 |
| 産 | す | る | 方 | 式 | の | た | め | 、 | 追 | 加 | 注 | 文 | へ | の | 即 | 納 | 体 | 制 | を |
| 維 | 持 | し | つ | つ | 、 | 在 | 庫 | 量 | を | 削 | 減 | で | き | る | か | ら | 。 | | |

〔採点基準〕①②各5点、③4点、④⑤各3点

① 理由（結論）：在庫量の削減（在庫水準の適正化等）

② ①の補足(1)：プルシステムは出荷した量のみを補充的に生産する方式（後工程から引き取られた量を補充すること等）であることの指摘

③ ①の補足(2)：即納体制の維持等

④ ①の前提(1)：OEM製品の製造を開始した当初は見込生産だったことの指摘

⑤ ①の前提(2)：過大な製品在庫の保有等

| O | E | M | 製 | 品 | に | つ | い | て | は | 、 | か | つ | て | 過 | 大 | な | 製 | 品 | 在 |
|---|---|---|---|---|---|---|---|---|---|---|---|---|---|---|---|---|---|---|---|
| 庫 | を | 抱 | え | て | し | ま | っ | た | こ | と | が | あ | る | た | め | 、 | プ | ル | シ |
| ス | テ | ム | の | 採 | 用 | に | よ | り | 即 | 納 | を | 維 | 持 | し | つ | つ | 在 | 庫 | 量 |
| を | 抑 | え | る | こ | と | が | で | き | る | と | 考 | え | た | か | ら | 。 | | | |
| | | | | | | | | | | | | | | | | | | | |

| 基準 | 点数 | コメント |
|:---:|:---:|---|
| ① | 点/5点 | |
| ② | 点/5点 | |
| ③ | 点/4点 | |
| ④ | 点/3点 | |
| ⑤ | 点/3点 | |
| 合計 | 点/20点 | |

（設問2）＜20点＞

【解答例】

| 既 | 存 | の | O | E | M | 製 | 品 | に | つ | い | て | 過 | 去 | の | 追 | 加 | 注 | 文 | の |
|---|---|---|---|---|---|---|---|---|---|---|---|---|---|---|---|---|---|---|---|
| 状 | 況 | を | 分 | 析 | し | 、 | C | N | C | 精 | 密 | 機 | 械 | 加 | 工 | サ | ー | ビ | ス |
| の | 引 | 合 | い | が | あ | っ | た | 際 | は | 、 | そ | の | 生 | 産 | 期 | 間 | 中 | に | お |
| け | る | 追 | 加 | 注 | 文 | の | 時 | 期 | 等 | を | 予 | 測 | し | 、 | 生 | 産 | ロ | ッ | ト |
| も | 柔 | 軟 | に | 設 | 定 | し | て | 最 | 低 | 限 | 度 | の | 追 | 加 | 生 | 産 | を | 事 | 前 |
| に | 行 | い | 、 | 供 | 給 | 先 | か | ら | の | ク | レ | ー | ム | を | 防 | ぐ | 。 | | |

〔**採点基準**〕①②③④⑥各3点、⑤5点

① 対応策(1)：既存のOEM製品の過去の追加注文の状況（時期、間隔等）の分析等
② 対応策(2)：（CNC精密機械加工サービスの）生産期間中における追加注文の時期等の予測
③ ②の補足：CNC精密機械加工サービスの引合いがあった際に②を行うこと
④ 対応策(3)：生産ロットの柔軟な設定
⑤ 対応策(4)（結論）：最低限度の追加生産を事前に行うこと

⑥　効果等：供給先からのクレームの防止

　　※問題点として指摘しても可

## 【採点およびコメントしてみよう】

| 問 | 題 | 点 | は | 、 | C | N | C | 精 | 密 | 加 | 工 | サ | ー | ビ | ス | の | 生 | 産 | 期 |
|---|---|---|---|---|---|---|---|---|---|---|---|---|---|---|---|---|---|---|---|
| 間 | に | よ | り | 、 | O | E | M | 製 | 品 | の | 生 | 産 | が | 影 | 響 | を | 受 | け | る |
| こ | と | で | あ | る | 。 | 対 | 応 | 策 | は | 、 | 個 | 別 | 受 | 注 | で | あ | る | C | N |
| C | 精 | 密 | 加 | 工 | サ | ー | ビ | ス | の | 引 | き | 合 | い | が | あ | っ | た | 時 | 点 |
| で | O | E | M | の | 出 | 荷 | 量 | の | 予 | 測 | を | 行 | い | 補 | 充 | 生 | 産 | に | 着 |
| 手 | す | る | 。 | | | | | | | | | | | | | | | | |

| 基準 | 点数 | コメント |
|---|---|---|
| ① | 点/3点 | |
| ② | 点/3点 | |
| ③ | 点/3点 | |
| ④ | 点/3点 | |
| ⑤ | 点/5点 | |
| ⑥ | 点/3点 | |
| 合計 | 点/20点 | |

第3問 （配点25点）

## 【解答例】

| 木 | 材 | 製 | 品 | の | 輸 | 出 | 拡 | 大 | に | 積 | 極 | 的 | な | 立 | 地 | 地 | 域 | の | 行 |
|---|---|---|---|---|---|---|---|---|---|---|---|---|---|---|---|---|---|---|---|
| 政 | 支 | 援 | の | も | と | 、 | 木 | 材 | 需 | 要 | が | 旺 | 盛 | な | ア | ジ | ア | 諸 | 国 |
| へ | の | 輸 | 出 | を | 目 | 指 | す | 。 | 国 | 際 | 空 | 港 | や | 世 | 界 | 規 | 模 | の | イ |
| ベ | ン | ト | で | 製 | 作 | 物 | が | 採 | 用 | さ | れ | た | 実 | 績 | と | 、 | 地 | 域 | 資 |
| 源 | で | あ | る | 無 | 垢 | 材 | の | 美 | し | さ | を | 実 | 現 | で | き | る | 職 | 人 | 技 |
| 術 | ・ | 機 | 械 | 加 | 工 | 技 | 術 | を | 生 | か | し | 、 | 海 | 外 | 向 | け | の | 高 | 付 |
| 加 | 価 | 値 | な | 自 | 社 | ブ | ラ | ン | ド | 製 | 品 | の | 開 | 発 | に | 取 | り | 組 | む 。 |

〔採点基準〕①5点、②③④⑤各3点、⑥⑦各4点

① 戦略（結論）：「輸出」の指摘

② ①の手段：（海外向けの）自社ブランド製品の開発

③ ①の補足：高付加価値（製品）であることの指摘

④ ①～③に生かせる強み(1)：国際空港や世界規模のイベントで製作物が採用された実績（知名度）

⑤ ①～③に生かせる強み(2)：地域資源である無垢材の美しさを実現できる職人技術・機械加工技術

　　※無垢材を生かせる内容として妥当であれば可

⑥ 経営環境(1)：<u>木材製品の輸出拡大に積極的な</u><u>立地地域の行政支援</u>

　　※下線部1つにつき2点

⑦ 経営環境(2)：<u>アジア諸国</u>で<u>木材需要が旺盛</u>となっていることの指摘

　　※下線部1つにつき2点

## 【採点およびコメントしてみよう】

| | | | | | | | | | | | | | | | | | | | |
|---|---|---|---|---|---|---|---|---|---|---|---|---|---|---|---|---|---|---|---|
| 今 | 後 | の | 経 | 営 | 戦 | 略 | と | し | て | 、 | C | 社 | の | 自 | 社 | ブ | ラ | ン | ド |
| 製 | 品 | の | 輸 | 出 | に | よ | る | 業 | 績 | 拡 | 大 | を | 助 | 言 | す | る | 。 | 輸 | 出 |
| 先 | は | 成 | 長 | 著 | し | い | ア | ジ | ア | 諸 | 国 | と | す | る | 。 | 高 | 付 | 加 | 価 |
| 値 | な | 木 | 材 | 製 | 品 | が | 生 | 産 | 可 | 能 | で | あ | る | と | い | う | C | 社 | の |
| 強 | み | を | 生 | か | し | 、 | 海 | 外 | 向 | け | の | 自 | 社 | ブ | ラ | ン | ド | 製 | 品 |
| を | 開 | 発 | し | て | 生 | 産 | 販 | 売 | す | る | こ | と | で | 、 | 売 | 上 | と | 利 | 益 |
| の | 拡 | 大 | を | 狙 | う | 。 | | | | | | | | | | | | | |

| 基準 | 点数 | コメント |
|:---:|:---:|:---|
| ① | 点/5点 | |
| ② | 点/3点 | |
| ③ | 点/3点 | |
| ④ | 点/3点 | |
| ⑤ | 点/3点 | |
| ⑥ | 点/4点 | |
| ⑦ | 点/4点 | |
| 合計 | 点/25点 | |

# 7 自分の答案を出題者側から評価してみる

　自分の解答を採点します。自分は出題者（採点者）であり、「答案は他人のもの」
という想定で評価しましょう。採点を通じて、解答の構成・組み立て、明示している
要素内容・表現などでの改善の余地を把握しましょう。

---

第1問 （配点35点）

（設問1）＜15点＞

| 基準 | 点数 | コメント |
|:---:|:---:|---|
| ① | 点/5点 | |
| ② | 点/5点 | |
| ③ | 点/5点 | |
| 合計 | 点/15点 | |

（設問2）＜20点＞

| 基準 | 点数 | コメント |
|:---:|:---:|---|
| ① | 点/5点 | |
| ② | 点/3点 | |
| ③ | 点/3点 | |
| ④ | 点/5点 | |
| ⑤ | 点/2点 | |
| ⑥ | 点/2点 | |
| 合計 | 点/20点 | |

第 2 問 （配点40点）

（設問 1 ） ＜20点＞

| 基準 | 点数 | コメント |
|---|---|---|
| ① | 点/5点 | |
| ② | 点/5点 | |
| ③ | 点/4点 | |
| ④ | 点/3点 | |
| ⑤ | 点/3点 | |
| 合計 | 点/20点 | |

（設問 2 ） ＜20点＞

| 基準 | 点数 | コメント |
|---|---|---|
| ① | 点/3点 | |
| ② | 点/3点 | |
| ③ | 点/3点 | |
| ④ | 点/3点 | |
| ⑤ | 点/5点 | |
| ⑥ | 点/3点 | |
| 合計 | 点/20点 | |

| 基準 | 点数 | コメント |
|---|---|---|
| ① | 点/5点 | |
| ② | 点/3点 | |
| ③ | 点/3点 | |
| ④ | 点/3点 | |
| ⑤ | 点/3点 | |
| ⑥ | 点/4点 | |
| ⑦ | 点/4点 | |
| 合計 | 点/25点 | |

# 8 最終的な確認

　取り組み前に設定したテーマの観点から、ここまでのフィードバック内容をすべて確認して、主要点を整理しておきましょう。

第1回

事例 Ⅲ

事例 IV

# テーマを設定（選択）する

以下のリストの中から該当するテーマを選びましょう。もちろん、リストにないテーマを設定してもかまいません。

**［今回のテーマ］** ☆少なくとも１つは選択しましょう。

☐ 実際の体験を通じて２次試験（事例IV）のことを知る（知見を増やす）

☐ 自分のマネジメント（80分の使い方、問題処理の優先度判断など）の改善の余地を特定する

☐ 自分の解答作成手順の改善の余地を特定する

☐ 自分の使える知識と技能の補強すべきところを特定する

🖊 自身で設定した具体的なテーマがあれば、理由とともに記録しておきましょう。

# 2 実際に取り組む

演習問題に取り組みます。実際に答案を作成してください。取り組み中に気づいたことや感じたことがあればメモしておきましょう。

---

D社は、地方都市郊外に立地する、資本金100百万円、売上高1,260百万円、従業員数30名の金型製作から金属加工までを手掛ける製造業である。D社は、精密加工の技術を有し、加工プロセス技術の開発から提案、生産まで一貫して対応できることで、取引先から高い評価を獲得してきた。D社の工場は5Sを徹底したものであると地域住民からも周知されており、地元の小中学生の工場見学先となることも多い。

製品製造のための設備には常に万全のコンディションが要求される。そのため、D社では最新鋭の設備を保有し維持管理についても入念に行っている。

D社の受注状況をみると、ここ数年は芳しくない年が続いている。これは、海外現地企業の技術力の向上により、比較的安価に発注できる海外企業に取引先を奪われているからである。設備の投資資金については、長期借入金を原資としているため、受注減少による設備の稼働率の低下がD社の利益の圧迫だけでなく財政状態にも影響を与えている。また、今後の受注に関しても主要取引先から受注単価を下げてほしいという要請があり、翌期以降の短期利益計画の見直しを行っている。

D社では新事業への進出により新たな取引先を開拓していくことを検討している。そのために、社長直轄の専門チームを結成し、新事業に関する需要予測等を行っている。D社社長はかねてから主要取引先の動向により自社の経営環境が大きく左右されることに危機感を抱いていたが、近年の自社の外部環境の急激な変化に対応するには、新事業の早急な立ち上げを行って事業を再構築する必要があると考えている。

また、現在各種機械、測定機をはじめ、タブレット、パソコン、プリンターなどのクライアントを1つのサーバーにつなぐような内部体制を検討している。このネットワーク上で稼働するシステムを用いて、受注データを入力するだけで、材料の注文から生産計画の策定、在庫管理、納品処理までを一括管理できるようにすることを目指していく。

D社および同業他社の当期の財務諸表は次のとおりである。

## 貸借対照表

（単位：百万円）

| | D社 | 同業他社 | | D社 | 同業他社 |
|---|---|---|---|---|---|
| 〈資産の部〉 | | | 〈負債の部〉 | | |
| 流動資産 | 315 | 445 | 流動負債 | 278 | 326 |
| 　現金・預金 | 80 | 200 | 　仕入債務 | 145 | 160 |
| 　売上債権 | 140 | 150 | 　短期借入金 | 120 | 140 |
| 　たな卸資産 | 60 | 70 | 　未払法人税等 | 3 | 6 |
| 　その他の流動資産 | 35 | 25 | 　その他の流動負債 | 10 | 20 |
| 固定資産 | 740 | 650 | 固定負債 | 465 | 400 |
| 　有形固定資産 | 720 | 630 | 　長期借入金 | 400 | 320 |
| 　　建物 | 260 | 210 | 　その他の固定負債 | 65 | 80 |
| 　　機械設備 | 110 | 75 | 　　負債合計 | 743 | 726 |
| 　　土地 | 300 | 280 | 〈純資産の部〉 | | |
| 　　その他の有形固定資産 | 50 | 65 | 資本金 | 100 | 100 |
| 　投資その他の資産 | 20 | 20 | 資本剰余金 | 40 | 50 |
| | | | 利益剰余金 | 172 | 219 |
| | | | 　　純資産合計 | 312 | 369 |
| 　　資産合計 | 1,055 | 1,095 | 負債・純資産合計 | 1,055 | 1,095 |

## 損益計算書

（単位：百万円）

| | D社 | 同業他社 |
|---|---|---|
| 売上高 | 1,260 | 1,400 |
| 売上原価 | 1,000 | 1,100 |
| 　売上総利益 | 260 | 300 |
| 販売費・一般管理費 | 230 | 240 |
| 　営業利益 | 30 | 60 |
| 営業外収益 | 1 | 1 |
| 営業外費用 | 14 | 13 |
| 　経常利益 | 17 | 48 |
| 特別損失 | 0 | 2 |
| 　税引前当期純利益 | 17 | 46 |
| 法人税等 | 5 | 13 |
| 　当期純利益 | 12 | 33 |

**第1問** （配点25点）

（設問1）

　D社と同業他社のそれぞれの当期の財務諸表を用いて経営分析を行い、同業他社と比較した場合のD社の課題を示す財務指標のうち重要と思われるものを3つ取り上げ、それぞれについて、名称を(a)欄に、計算した値を(b)欄に記入せよ。なお、(b)欄の値については、小数点第3位を四捨五入し、カッコ内に単位を明記すること。

（設問2）

　D社の財政状態および経営成績について、同業他社と比較した場合の特徴を80字以内で述べよ。

**第2問** （配点25点）

（設問1）

　D社は改善策を講じる前提として、現状の精査を行うこととした。そのために、改善策を実施しなかった場合の予測を立てることとした。予測では、翌期には受注量が当期よりも5％減少し、受注単価についても当期よりも2％低下するものとされる。製品1単位あたりの変動費率は当期においては50％であった。翌期における製品1単位あたりの変動費額、売上原価と販売費・一般管理費に含まれる固定費は当期と同じである。以上の条件より、翌期の予測営業利益額を計算せよ（損失の場合には金額の前に△を付すこと。単位：百万円）。

（設問2）

　（設問1）の数値をもとに、当期と翌期の損益分岐点比率を計算し、リスクへの対応力がどのように変化するといえるか説明せよ。なお、損益分岐点比率は％で表示し、最終的な解答における小数点第3位を四捨五入すること。

D社は新事業への進出による新たな取引先の開拓のために、2つの投資案を検討している。各投資案の損益予測等は次のとおりである。

＜投資案Ｘ＞ （単位：百万円）

| | 第1年度 | 第2年度 | 第3年度 | 第4年度 |
|---|---|---|---|---|
| 現金収入売上 | 70 | 120 | 140 | 140 |
| 現金支出費用 | 50 | 75 | 80 | 80 |

第1年度については、既存設備の余剰生産能力を利用して新事業用製品を生産する。第2年度期首に50百万円を投じて拡張投資を実施し、第2年度以降に新事業用製品を増産させる。拡張投資のための設備Ｔの耐用年数は5年間であり残存価額ゼロ、定額法で減価償却する。設備Ｔは第4年度末においては10百万円で売却できる見込みである。

＜投資案Ｙ＞ （単位：百万円）

| | 第1年度 | 第2年度 | 第3年度 | 第4年度 |
|---|---|---|---|---|
| 現金収入売上 | 145 | 200 | 310 | 330 |
| 現金支出費用 | 100 | 130 | 200 | 215 |

第1年度期首に100百万円を投じて拡張投資を実施し、第1年度から既存設備の余剰生産能力とあわせて新事業用製品を生産する。拡張投資のための設備Ｍの耐用年数は5年間であり残存価額ゼロ、定額法で減価償却する。設備Ｍは第4年度末においては帳簿価額で売却できる見込みである。

（設問1）

　各投資案の評価期間の各期において、既存事業（新事業以外の事業）で25百万円の税引前当期純損失が生じるものとして、各投資案を実行することによる各年の税引後増分キャッシュフロー（設備Tおよび設備Mの初期投資額を除く）を計算せよ（単位：百万円）。営業外損益項目の増減と運転資本の増減は考慮せず、法人税率は30％とする。欠損金の繰延控除も考慮しないものとする。

（設問2）

　各投資案は相互排他的であるとして、それぞれの投資案の正味現在価値を計算し、評価せよ（計算過程を明示し、最終的な解答における小数点以下第3位を四捨五入すること。単位：百万円）。なお、計算にあたっては投資額以外のキャッシュフローは各年度の期末に一括して発生するものと仮定し、投資の評価時点は第1年度期首とする。計算にはD社の目標資本コスト5％を適用し、次に示す現価係数を用いよ。

現価係数表

| 1年 | 0.9524 |
|---|---|
| 2 | 0.9070 |
| 3 | 0.8638 |
| 4 | 0.8227 |

**第4問**　（配点15点）

　D社では、材料の注文から生産計画の策定、在庫管理、納品処理までを一括管理できるようにするためにソフトウェアの導入を検討している。

（設問1）

　ソフトウェアの完成品を購入した場合の会計処理を50字以内で説明せよ。なお、このソフトウェアを購入することで将来の費用削減が確実であると考えられる。

（設問2）

　独自仕様の社内利用のソフトウェアを委託により制作した場合の会計処理を30字以内で説明せよ。なお、このソフトウェアは費用削減が確実であるとは認められないものとする。

# 3 問題文解釈の作業プロセスを検証する

　作業プロセスの確認は、問題ごとに、チェック項目をもとに行います。2次試験問題の処理における最大のポイントは、問題文の解釈です。以下の観点から確認し、改善が必要なところを洗い出しましょう。

---

第1問

☐ 設問1・2の内容を確認した時点で課題を特定し、そこから生じる財務的症状を3つ特定するとともに状況を記述する作業を想定した。

　☞ ☐できた　☐だいたいできた　☐あまりできなかった　☐できなかった

🖋 気づいたこと・改善すること

• • • • • • • • • • • • • • • • • • • • • • • • • • • • • • • • • • • •

---

第2問

☐ 設問1・2の内容を確認し、最終的に何を算出するのか正確に理解した。

　☞ ☐できた　☐だいたいできた　☐あまりできなかった　☐できなかった

☐ 問題の設定を理解し、最終的な数値の算出を行うまでの処理の計画を描いた。

　☞ ☐できた　☐だいたいできた　☐あまりできなかった　☐できなかった

🖋 気づいたこと・改善すること

• • • • • • • • • • • • • • • • • • • • • • • • • • • • • • • • • • • •

---

第3問

☐ 設問1・2の内容を確認し、最終的に何を算出するのか正確に理解した。

　☞ ☐できた　☐だいたいできた　☐あまりできなかった　☐できなかった

☐ 問題の設定を理解し、最終的な数値の算出を行うまでの処理の計画を描いた。
　　☞ ☐できた　☐だいたいできた　☐あまりできなかった　☐できなかった

🖊 気づいたこと・改善すること

┌─────────────────────────────────────────────┐
│ ● ● ● ● ● ● ● ● ● ● ● ● ● ● ● ● ● ● ● ● ● ● ● ● ● ● ● ● ● │
│                                             │
│                                             │
│                                             │
│                                             │
└─────────────────────────────────────────────┘

第4問

☐ ソフトウェアの会計処理に関する知識問題であることを理解した。
　　☞ ☐できた　☐だいたいできた　☐あまりできなかった　☐できなかった

🖊 気づいたこと・改善すること

┌─────────────────────────────────────────────┐
│ ● ● ● ● ● ● ● ● ● ● ● ● ● ● ● ● ● ● ● ● ● ● ● ● ● ● ● ● ● │
│                                             │
│                                             │
│                                             │
│                                             │
└─────────────────────────────────────────────┘

💡 作業のポイント

チェックするのは手段であり、目的は改善すべきところをはっきりさせることです。改善すべきところおよびそのための方策は、以下のように特定できます。

| 洗い出したこと | | 改善すること |
|---|---|---|
| メモしていない | → | メモすることを手順に加えて、練習する。 |
| そのようなことは考えなかった | → | 問題文の解釈の練習をする。 |
| そのようなことは浮かばなかった | → | 使いたい知識に加え、すっと使えるよう何度も出力する。 |

# 4 出題者の意図を確認する（知識を検証する）

解答より先に解説を読み、出題者の意図を理解します。

"自分の知識や考えと異なるところはどこか？"という観点から、出題者自身が書いた解説を読むことで、自分の知識や考え方の更新（補強と修正）を行いましょう。

解説

## 1. 事例の特徴と取り組み方

本事例は、製造業からの出題である。問われている論点は、CVP分析、設備投資の経済性計算、制度会計（ソフトウェア）である。ソフトウェアについては未学習かもしれないが、その他については頻出論点であり、確実に対応できる力を身につけておきたい。

本事例の問題数は4つ、設問数8か所と標準的な量である。本事例の復習を行うにあたっては、各論点の計算処理などを見返すのはもちろんであるが、時間配分のミスがなかったかを振り返ってほしい。もしも、1つの問題に時間をかけすぎた結果、他の問題が疎かになってしまった場合には、本試験でそのようなことにならないように、事前にある程度の計画を立てて問題に取り組むとよい。

■全体像

**第1問**

経営分析（同業他社比較）

・D社の課題を示すと考えられる財務指標
・財政状態および経営成績の特徴

**第2問**

CVP分析

・営業利益の予測
・損益分岐点比率

**第3問**

設備投資の経済性計算

・税引後増分CF
・正味現在価値

**第4問**

ソフトウェア

・自社利用のソフトウェア

## 2．答案作成プロセス

### ⑴　問題要求の確認

第1問 （配点25点）

　経営分析に関する問題である。同業他社と比較してD社の課題を示すと考えられる財務指標を抽出する必要がある。改善策が問われないパターンでは、事例企業の方向性・改善策が個別問題に振られる傾向があるため、問題本文のみならず、個別問題の設定（数値計算までは不要）を読み取った上で検討する必要がある。

第2問 （配点25点）

　CVP分析に関する問題である。各設問の関連性を見れば、（設問1）では、翌期の予測営業利益額、（設問2）では、損益分岐点比率が問われている。（設問2）の計算では、（設問1）で計算した数値を用いることになり、関連性があることがわかる。

　（設問1）では、当期の損益構造から、変動費や固定費等を計算する。そして、当該数値は（設問2）においても用いることになるため、慎重に取り組む必要がある。

第3問 （配点35点）

　設備投資の経済性計算に関する問題である。各設問の関連性を見れば、（設問1）では、各投資案を実行することによる各年の税引後増分キャッシュフロー、（設問2）では、各投資案の正味現在価値が問われている。（設問2）の計算では、（設問1）で計算した数値を用いることになり、関連性があることがわかる。

　（設問1）では、評価期間の最終年度に設備の売却に係る収入があり、既存事業の損失の額に対する節税効果も考慮するため、計算量が多い。しかし、個々の計算処理については決して難しいものではない。個々の計算処理の各段階で、ミスがないかを確認しながら解答要求数値に近づけていくというプロセスを確立していることが、計算量の多い問題では重要になる。

第4問 （配点15点）

　ソフトウェアに関する問題である。ソフトウェアは平成30年1次試験財務・会計第5問などで出題されている。ここでは、自社利用のソフトウェアについての知識を補完しておいてほしい。

### ⑵　事例の大枠の把握（問題本文および財務諸表を読んで理解する）

　　□問題本文

　　第1段落：D社の概要

　　第2段落：D社の生産等について

第3段落：D社の受注等について

第4段落：D社の今後の方向性

第5段落：D社のデータ管理について

第6段落：財務諸表への誘導


□財務諸表関連

・貸借対照表

・損益計算書


## 【財務諸表を俯瞰する】

　財務諸表を俯瞰する段階では、特徴的な項目に着目する。損益計算書に着目した場合、D社の売上高は同業他社よりも少ない。また、各段階の利益についても同業他社よりも少ない。利益率は一見しただけではわかりにくいが、収益性の悪さが想定される。

　貸借対照表に着目した場合、D社の総資産（総資本）は同業他社よりも少ない。内訳を確認すると、流動資産は少なく、固定資産は多い。固定資産の細目を見ると、有形固定資産が同業他社よりも大きく異なる（特に建物、機械設備が多い）。売上が少ないのに対して資産が多いため、効率性の悪さが想定される。負債の部、純資産の部に着目すると、負債合計は多く純資産合計は少ないため、安全性の悪さが想定される。


## (3)　解答作成

　問題要求および個別問題の設定など全体を俯瞰した上で、個々の問題の解答作成にとりかかる。事例Ⅳは、時間配分が重要であるため、問題本文に関連する問題なのか、関連しない個別問題なのかを見極め、個別問題に関しては、自身が得意と思われる問題から取り組むのが望ましい。


第1問

　経営分析に関する問題である。


（設問1）

　D社と同業他社の財務諸表を比較して、D社の課題を示す財務指標のうち重要と思われるものを3つ抽出し、財務指標の値を計算することが問われている。問題点が3つ問われている場合、原則として、収益性、効率性、安全性の視点から検討する。なぜならば、3つの視点から検討することで、多面的に分析することができるからである。

① 収益性

　D社は、設備の維持管理について入念に行っていることで、多くの費用負担が生じており、また、設備の投資資金については、長期借入金を原資としているため、支払利息の負担が大きい。一方で、安価な海外企業に受注を奪われ売上が低下しているため、収益性に問題があることが考えられる。

　上記のとおり、設備の投資資金については長期借入金を原資としているため、支払利息の影響も包括した指標である売上高経常利益率が解答候補として望ましいと考えられる。

② 効率性

　問題本文から、最新鋭の設備を保有しているが、受注減少により稼働率が低い状態で、設備に見合う売上を獲得できていないことが読み取れる。設備が新しいため貸借対照表上の未償却残高が大きく、また、設備が新しいにもかかわらず売上に繋がらない状態は、資産効率性に問題があると考えられる。したがって、有形固定資産回転率が解答候補となる。

③ 安全性

　財務諸表を俯瞰した際、D社の総資本は同業他社よりも少ない。内訳を確認すると、固定負債が同業他社より多く、安全性のうち借入依存度について問題を抱えている可能性がある。問題本文に、設備の投資資金については、長期借入金を原資としているとある。資金を借り入れることで最新鋭の設備に更新しているので、借入依存度が高い状態であるにもかかわらず、受注減少による利益の不足で内部留保が不足していることが考えられる。

　借入依存度の高さと内部留保が不足している状態を指摘する指標として、負債比率が候補となる（なお、自己資本比率で指摘することもできる）。

　財務指標の数値を計算して、数値面からも課題となる財務指標として妥当かどうかの裏付けを取る。

| 財務指標 | 数値 |
|---|---|
| ① 売上高経常利益率<br>（D社＜同業他社） | D社：$17 \div 1{,}260 \times 100 = 1.349 \cdots \fallingdotseq 1.35$（％） |
| | 同業：$48 \div 1{,}400 \times 100 = 3.428 \cdots \fallingdotseq 3.43$（％） |
| ② 有形固定資産回転率<br>（D社＜同業他社） | D社：$1{,}260 \div 720 = 1.75$（回） |
| | 同業：$1{,}400 \div 630 = 2.222 \cdots \fallingdotseq 2.22$（回） |
| ③ 負債比率<br>（D社＞同業他社） | D社：$743 \div 312 \times 100 = 238.141 \cdots \fallingdotseq 238.14$（％） |
| | 同業：$726 \div 369 \times 100 = 196.747 \cdots \fallingdotseq 196.75$（％） |

数値面から検討しても、課題を示す財務指標として妥当であると判断できるため、解答は以下のとおり決定される。

| | (a) | (b) |
|---|---|---|
| ① | 売上高経常利益率 | 1.35 （　％　） |
| ② | 有形固定資産回転率 | 1.75 （　回　） |
| ③ | 負債比率 | 238.14 （　％　） |

（設問2）

　D社の財政状態および経営成績の特徴が問われている。

　（設問1）で見たとおり、D社の収益性、効率性、安全性は悪い。解答にあたっては、（設問1）で見たD社の状態（設備投資や借入依存度の状況、受注の状況、費用の状況など）を80字以内にまとめて記述する。

【参考】代表的な財務指標および財務指標値

| | 財務指標 | 比較 | D社 | 同業他社 |
|---|---|---|---|---|
| 収益性 | 総資本経常利益率 | × | 1.61% | 4.38% |
| | 売上高総利益率 | × | 20.63% | 21.43% |
| | 売上高売上原価比率 | × | 79.37% | 78.57% |
| | 売上高営業利益率 | × | 2.38% | 4.29% |
| | 売上高販管費比率 | × | 18.25% | 17.14% |
| | 売上高経常利益率 | × | 1.35% | 3.43% |
| | 売上高営業外費用比率 | × | 1.11% | 0.93% |
| 効率性 | 総資本回転率 | × | 1.19回 | 1.28回 |
| | 売上債権回転率 | × | 9回 | 9.33回 |
| | 棚卸資産回転率 | ○ | 21回 | 20回 |
| | 有形固定資産回転率 | × | 1.75回 | 2.22回 |
| 安全性 | 流動比率 | × | 113.31% | 136.50% |
| | 当座比率 | × | 79.14% | 107.36% |
| | 固定比率 | × | 237.18% | 176.15% |
| | 固定長期適合率 | × | 95.24% | 84.53% |
| | 自己資本比率 | × | 29.57% | 33.70% |
| | 負債比率 | × | 238.14% | 196.75% |

（○：同業他社より優れている、×：同業他社より劣っている）

CVP分析に関する問題である。

【前提となる知識】
① 変動費率・固定費の計算
② 感度分析
③ 損益分岐点比率の計算

（設問1）

営業利益を計算するために、営業利益ベースでの損益分岐点分析を行う。

当期変動費：売上高1,260×0.5＝630

当期固定費：（売上原価1,000＋販管費230）−630＝600

翌期予測変動費：630×（ $\underset{受注量の減少}{1-0.05}$ ）＝598.5

翌期予測売上高：1,260×（ $\underset{受注量の減少}{1-0.05}$ ）×（ $\underset{受注単価の低下}{1-0.02}$ ）＝1,173.06

∴ 翌期予測営業利益

$\underset{売上高}{1,173.06}-\underset{変動費}{598.5}-\underset{固定費}{600}＝△25.44$ （百万円）

（設問2）

「損益分岐点売上高÷売上高」より当期と翌期の損益分岐点比率を計算する。

＜当期＞

損益分岐点売上高：S−0.5S−600＝0 　∴ 　S＝1,200

損益分岐点比率：1,200÷1,260×100＝95.238…≒95.24％

＜翌期＞

変動費率：598.5÷1,173.06＝598.5/1,173.06

損益分岐点売上高：S−598.5/1,173.06S−600＝0 　∴ 　S＝1,225

損益分岐点比率：1,225÷1,173.06×100＝104.427…≒104.43％

損益分岐点比率が高いか低いかにより、企業の収益獲得能力面での安全性が判断できる。損益分岐点が低ければ低いほど、企業はより少ない売上高で利益を得ることができる。損益分岐点比率が低い（高い）ということは、その企業が売上高の減少というリスクに強い（弱い）ということになる。D社では当期から翌期にかけて損益分岐点比率が高まるため、売上高の減少リスクへの対応力が弱まると判断することができる。

設備投資の経済性計算に関する問題である。

---

【前提となる知識】

① 税引後増分キャッシュフロー（CF）の計算

② 節税効果の認識

③ 正味現在価値の計算

---

（設問1）

　本設問においては、既存事業で25百万円の税引前当期純損失が生じている状態であることを前提として、各投資案を実行することによる各年の税引後増分CFの計算を行うことになる。

　既存事業が当期純損失である場合でも、投資による営業外損益項目の増減は問題設定により考慮しないため、新事業から生じる税引前の増分営業利益が25百万円を上回っていれば、会社全体として黒字化する。そのため、既存事業の損失の額につき、節税効果が生じることになり、投資を実行する前と比較して既存事業のキャッシュフローへも影響を与えることになる。したがって、投資を実行することによる税引後増分CFの額は、新事業から生じる税引後増分CFに既存事業の損失の額に対する節税効果を加算した額となる。

＜投資案Xの税引後増分CF＞

・設備Tの減価償却費：$50 \div 5 = 10$

・新事業から生じる税引前増分営業利益

　＝現金収入売上－現金支出費用－減価償却費

　　第1年度：$70 - 50 = 20$（注）

　　（注）第1年度は既存設備の余剰生産能力のみで新事業用製品を生産するので、減価償却費の増分は生じない。

　　第2年度：$120 - 75 - 10 = 35$

　　第3、4年度：$140 - 80 - 10 = 50$

　　新事業から生じる税引前増分営業利益が、第1年度においては既存事業の当期純損失の額を下回っているため、法人税の影響を考慮しない。一方で、第2年度以降は各年において既存事業の当期純損失の額を上回っているため、法人税の影響を考慮して計算することになる。

【補足】

　第4年度については、会社全体として黒字化するかの判断において、厳密には税引前増分営業利益から設備Tの売却損の10百万円を控除した40百万円を用いるべきであるが、いずれにしても黒字化するため上記の式では省略している。

・新事業から生じる各年の税引後増分CF

　　　第1年度：20

　　　（注）上記のとおり法人税の影響を考慮しないため、現金収入と現金支出の差額が増分CFとなる。

　　　第2年度：$35 \times (1 - 0.3) + 10 = 34.5$

　　　第3年度：$50 \times (1 - 0.3) + 10 = 45$

　　　第4年度：$50 \times (1 - 0.3) + 10 + \underline{(10 + 3)} = 58$（注）
　　　　　　　　　　　　　　　　　　　設備売却関連収入

　　　（注）第4年度は設備Tを売却するため、10百万円の売却収入と売却損に係る節税効果を加算する。

　　　　　第4年度末の帳簿価額：$50 - (10 \times 3) = 20$

　　　　　売却損：$20 - 10 = 10$

　　　　　売却損に係る節税効果：$10 \times 0.3 = 3$

・既存事業の損失の額に対する節税効果

　　　第2年度以降において既存事業に25百万円の損失がある場合には、新事業の営業利益すべてに課税がされるわけではなく、既存の事業活動による損失25百万円を減らした利益額に課税がされる。よって、この損失に係る税額分のCFの流出がなくなり、損失$25 \times$税率$0.3 = 7.5$百万円がCF上加算される。

・投資案Xを実行することによる各年の税引後増分CF

　　　新事業から生じる各年の税引後増分CFの額に、既存事業の損失の額に対する節税効果を加算した額となる。

　　　第1年度：$\underline{20}$（百万円）

　　　第2年度：$34.5 + 7.5 = \underline{42}$（百万円）

　　　第3年度：$45 + 7.5 = \underline{52.5}$（百万円）

　　　第4年度：$58 + 7.5 = \underline{65.5}$（百万円）

┌─────────────────────────────────────────────────────────────────────┐
**【補足】各期の法人税額から増加するCFを計算する場合**

　増加する各期のCFについて、「現金収入－現金支出」から「法人税支払い額」を差し引くことで、それぞれのケースのCFを計算することができる。

**＜第１年度＞**

　当年度においては損失が計上されるため、法人税は発生しないと考える。したがって、増加CFは「70－50＝20（百万円）」となる。

**＜第２年度＞**

　当年度の税引前当期純利益が10（120－75－10－25）百万円であるため、法人税額は3（10×0.3）百万円となる。したがって、第２年度の増加CFは「120－75－3＝42（百万円）」となる。

**＜第３年度＞**

　当年度の税引前当期純利益が25（140－80－10－25）百万円であるため、法人税額は7.5（25×0.3）百万円となる。したがって、第３年度の増加CFは「140－80－7.5＝52.5（百万円）」となる。

**＜第４年度＞**

　当年度の税引前当期純利益が15（140－80－10－10－25）百万円であるため、法人税額は4.5（15×0.3）百万円となる。したがって、第４年度の増加CFは「140－80＋売却収入10－4.5＝65.5（百万円）」となる。
└─────────────────────────────────────────────────────────────────────┘

**＜投資案Yの税引後増分CF＞**

・設備Mの減価償却費：100÷5＝20

・新事業から生じる税引前増分営業利益
　　＝現金収入売上－現金支出費用－減価償却費
　　　第１年度：145－100－20＝25
　　　第２年度：200－130－20＝50
　　　第３年度：310－200－20＝90
　　　第４年度：330－215－20＝95

　第１年度においては、新事業と既存事業を合わせて利益０になるため、法人税の影響を考慮しない。一方で、第２年度以降は各年において、新事業から生じる税引前の増分営業利益が既存事業の当期純損失を上回っているため、法人税の影響を考慮して計算することになる。

・新事業から生じる各年の税引後増分CF
　　　第１年度：145－100＝45

第 2 年度：$50 \times (1 - 0.3) + 20 = 55$

第 3 年度：$90 \times (1 - 0.3) + 20 = 83$

第 4 年度：$95 \times (1 - 0.3) + 20 + \underset{\text{売却収入}}{20} = 106.5$（注）

（注）第 4 年度は設備Mを帳簿価額で売却するため、第 4 年度末の帳簿価額
の20百万円の売却収入を加算する。

第 4 年度末の帳簿価額：$100 - (20 \times 4) = 20$

・既存事業の損失の額に対する節税効果

第 2 年度以降の各年度において損失25×税率0.3＝7.5百万円がCF上加算される。

・投資案Yを実行することによる各年の税引後増分CF

第 1 年度：45（百万円）

第 2 年度：$55 + 7.5 = 62.5$（百万円）

第 3 年度：$83 + 7.5 = 90.5$（百万円）

第 4 年度：$106.5 + 7.5 = 114$（百万円）

（設問 2）

＜投資案Xの正味現在価値＞

税引後増分CFの現在価値合計から設備Tの投資額を差し引くことで算出する。
なお、設備Tは第 2 年度期首（≒第 1 年度末）に取得するため、期間 1 年の現価
係数を乗じて計算する。

$20 \times 0.9524 + 42 \times 0.9070 + 52.5 \times 0.8638 + 65.5 \times 0.8227 - 50 \times 0.9524$

$= 108.75835 \fallingdotseq 108.76$（百万円）

＜投資案Yの正味現在価値＞

税引後増分CFの現在価値合計から設備Mの投資額を差し引くことで算出する。

$45 \times 0.9524 + 62.5 \times 0.9070 + 90.5 \times 0.8638 + 114 \times 0.8227 - 100$

$= 171.5072 \fallingdotseq 171.51$（百万円）

＜評価＞

投資案Xの正味現在価値108.76 ＜ 投資案Yの正味現在価値171.51

∴ 正味現在価値が大きく、正である投資案Yを採用すべきである。

ソフトウェアに関する問題である。

---

**【前提となる知識】**

① 自社利用のソフトウェアの会計処理

---

ソフトウェアとは、コンピュータを機能させるように指令を組み合わせて表現したプログラム等をいう。ソフトウェア制作費は、その制作目的により、将来の収益との対応関係が異なることなどから、制作目的別に会計処理する。

（設問1）

将来の収益獲得または費用削減が確実である自社利用のソフトウェアについては、将来の収益との対応等の観点から、その取得に要した費用を資産として計上し、その利用期間にわたり償却を行うべきと考えられる。

したがって、ソフトウェアを用いて外部に業務処理等のサービスを提供する契約が締結されている場合や完成品を購入した場合には、将来の収益獲得または費用削減が確実と考えられるため、当該ソフトウェアの取得に要した費用を資産（無形固定資産）として計上し、その利用期間にあたり償却を行うことになる。

（設問2）

独自仕様の社内利用のソフトウェアを自社で制作する場合または委託により制作する場合には、将来の収益獲得または費用削減が確実であると認められる場合を除き、費用として処理することになる。

よって、ソフトウェアを委託により制作した場合には、ソフトウェアの制作費を取得時の期間費用として計上することになる。

✏️ 自分の知識や考えと異なるところは？

・・・・・・・・・・・・・・・・・・・・・・・・・・・・・・・・・・・・

## 1次試験と2次試験の違い④

　1次試験は解答群の中から解答を選び、2次試験は解答を記述します。これは数値の算出処理が求められる事例Ⅳでは、決定的な違いをもたらします。この違いは、具体例を見ればただちにわかります。

　今回の第2問（設問1）を1次試験のように多肢選択式にしてみました。

第2問（配点25点）

（設問1）

　D社は改善策を講じる前提として、現状の精査を行うこととした。そのために、改善策を実施しなかった場合の予測を立てることとした。予測では、翌期には受注量が当期よりも5％減少し、受注単価についても当期よりも2％低下するものとされる。製品1単位あたりの変動費率は当期においては50％であった。翌期における製品1単位あたりの変動費額、売上原価と販売費・一般管理費に含まれる固定費は当期と同じである。翌期の予測営業利益額として最も適切なものを下記の解答群から選べ。

［解答群］

　ア　△630　百万円

　イ　△25.44　百万円

　ウ　598.5　百万円

　エ　1,173.06　百万円

　この形式にした場合、2次試験問題の処理とどこがどう違ってくるでしょう？問題が理解でき、必要な処理を行い解答が算出できた場面を思い浮かべてみましょう。算出した結果は△25.44。イとバッチリ一致します。知識のエラー（算出式が異なる）であれば別ですが、計算過程におけるエラーがあれば、小数点以下まで含めて選択肢と一致することはまず考えられません。ということで、ただちに「正解だな」と確信し、イをマークするでしょう。

　これが2次試験ではできません。**自分の算出結果を比べるものがありません**から。処理に自信があったとしても、"比べるもの"がないので確信がもてません。よって、日頃から事例Ⅳの問題処理を行う際には、解答ではなく解答作成プロセスに力点を置く必要があります。

　具体的なポイントは以下のとおりです。

・計算処理に着手する前に、最終的な解答が算出できるまでの処理ステップを計画する。

・エラーが発生するリスクがある処理ステップでは、確認処理も計画に含めておく。

・処理途中の算出結果（数値）を確認するために、どこにどういうかたちでメモするかについても計画時に決めておく。

　以上のことを練習するため、自宅で問題処理を行う場合、「すぐに答え合わせをしない」ことを徹底しましょう。試験場で答え合わせはできません。

# 5 作業全体を検証する

作業の結果としてできあがる解答の要件を自分の解答がどの程度満たしているのか検証します。検証は問題ごとに設定された［対応のポイント］に基づいて行いましょう。その上で、作業プロセス全体を振り返り、改善の余地がどこにあるかを検討しましょう。

-------------------------------------------------------------------------

第1問

（設問1）

［対応のポイント］

☐ 指標3つはスムーズに特定できた。

　　☞ ☐できた　☐だいたいできた　☐あまりできなかった　☐できなかった

☐ 指標計算は確認処理も含めスムーズにできた。

　　☞ ☐できた　☐だいたいできた　☐あまりできなかった　☐できなかった

☐ 指標の名称および算出した値に誤りがない（解答例以外の指標は解説で確認）。

　　☞ ☐できた　☐だいたいできた　☐あまりできなかった　☐できなかった

✐ 気づいたこと・改善すること

```
┌─────────────────────────────────────────────────┐
│ • • • • • • • • • • • • • • • • • • • • • • • • • │
│                                                 │
│                                                 │
│                                                 │
│                                                 │
│                                                 │
└─────────────────────────────────────────────────┘
```

（設問2）

［対応のポイント］

☐ 財政状態および経営成績の記述はスムーズにできた。

　　☞ ☐できた　☐だいたいできた　☐あまりできなかった　☐できなかった

☐「借入により導入した設備に見合った売上が獲得できていないこと」を核に編集していること。

　　☞ ☐できた　☐だいたいできた　☐あまりできなかった　☐できなかった

✏️ 気づいたこと・改善すること

```
• • • • • • • • • • • • • • • • • • • • • • • • • • • • • • • •




```

第2問

［対応のポイント］

☐ 設問1・2ともにスムーズに処理できた。

　　☞ ☐できた　☐だいたいできた　☐あまりできなかった　☐できなかった

✏️ 気づいたこと・改善すること

```
• • • • • • • • • • • • • • • • • • • • • • • • • • • • • • • •




```

第3問

［対応のポイント］

☐ 設問1はスムーズに処理できた。

　　☞ ☐できた　☐だいたいできた　☐あまりできなかった　☐できなかった

☐ 投資案XのNPVをスムーズに処理できた。

　　☞ ☐できた　☐だいたいできた　☐あまりできなかった　☐できなかった

✏️ 気づいたこと・改善すること

```
• • • • • • • • • • • • • • • • • • • • • • • • • • • • • •




```

［対応のポイント］

☐ 記述している（空欄でない）こと。

☆知識がないからといって諦めず記述しておくことがポイント

  ☞ ☐できた　☐だいたいできた　☐あまりできなかった　☐できなかった

✎ 気づいたこと・改善すること

---

# 他人の答案を出題者側から評価してみる

　第1回目の取り組みでは、自分の解答を採点する前に、他人の解答を採点します。これは、採点者の立場を体験することで、採点基準をもとに適切に採点する作業の感覚を掴むためです。できるだけ採点基準に沿ってフェアに採点することを心がけましょう。　☆採点に関してはp.(14)(15)の例を参考に。

---

**第1問**　（配点25点）

（設問1）　＜15点：(a)各3点、(b)各2点　※(a)欄が不正解の場合には、(b)欄も不正解とする＞

**【解答例】**

|   | (a) | (b) |
|---|---|---|
| ① | 売上高経常利益率 | 1.35（　%　） |
| ② | 有形固定資産回転率 | 1.75（　回　） |
| ③ | 負債比率 | 238.14（　%　） |

**【③の別解】**

|   |   |   |
|---|---|---|
| ③ | 自己資本比率 | 29.57（　%　） |

**【採点およびコメントしてみよう】**

|   | (a) | (b) |
|---|---|---|
| ① | 売上高経常利益率 | 1.35（　%　） |
| ② | 有形固定資産回転率 | 1.75（　%　） |
| ③ | 負債比率 | 29.57（　%　） |

| 項目 | 点数 | コメント |
|---|---|---|
| ① | 点/5点 | |
| ② | 点/5点 | |
| ③ | 点/5点 | |
| 合計 | 点/15点 | |

（設問2）＜10点＞

**【解答例】**

| | | | | | | | | | | | | | | | | | | | |
|---|---|---|---|---|---|---|---|---|---|---|---|---|---|---|---|---|---|---|---|
| 最 | 新 | 鋭 | 設 | 備 | 導 | 入 | の | 原 | 資 | と | な | っ | た | 長 | 期 | 借 | 入 | 金 | へ |
| の | 依 | 存 | 度 | が | 高 | い | 上 | 、 | 受 | 注 | が | 少 | な | い | こ | と | に | よ | り |
| そ | の | 設 | 備 | に | 見 | 合 | っ | た | 売 | 上 | を | 獲 | 得 | す | る | こ | と | が | で |
| き | て | お | ら | ず | 、 | 維 | 持 | 管 | 理 | や | 利 | 息 | の | 負 | 担 | も | 大 | き | い 。 |

〔採点基準〕①②各2点、③④各3点

① D社の有形固定資産の特徴が正しく指摘されている

② ①が効率的に使用できていないことが正しく指摘されている

③ D社の（売上に対する）費用負担が正しく指摘されている

④ D社の資金調達構造が正しく指摘されている

**【採点およびコメントしてみよう】**

| | | | | | | | | | | | | | | | | | | | |
|---|---|---|---|---|---|---|---|---|---|---|---|---|---|---|---|---|---|---|---|
| 借 | 入 | が | 大 | き | い | た | め | 利 | 息 | の | 支 | 払 | い | 負 | 担 | が | 重 | い | 。 |
| そ | の | 上 | 十 | 分 | な | 売 | り | 上 | げ | を | 確 | 保 | で | き | て | い | な | い | た |
| め | 収 | 益 | 性 | と | 効 | 率 | 性 | に | も | 課 | 題 | が | あ | る | 。 | | | | |
| | | | | | | | | | | | | | | | | | | | |

| 基準 | 点数 | コメント |
|---|---|---|
| ① | 点/2点 | |
| ② | 点/2点 | |
| ③ | 点/3点 | |
| ④ | 点/3点 | |
| 合計 | 点/10点 | |

第2問 （配点25点）

（設問1）＜10点＞

**【模範解答】**

△25.44（百万円）

## 【採点およびコメントしてみよう】

| 25.44（百万円） |
|---|

| 項目 | 点数 | コメント |
|---|---|---|
|  | 点/10点 |  |

（設問2） ＜15点＞

## 【解答例】

> 損益分岐点比率は、当期は95.24％であり、翌期は104.43％である。当期から翌期にかけて損益分岐点比率が高まるため、売上高の減少リスクへの対応力が弱まるといえる。

## 〔採点基準〕①～③各5点

① 当期の損益分岐点比率が正しい

② 翌期の損益分岐点比率が正しい

③ 売上高の減少リスクへの影響が正しく指摘されている

## 【採点およびコメントしてみよう】

> 当期の損益分岐点比率は95.24％であり、翌期は104.43％である。ハイリスクな状態になる。

| 基準 | 点数 | コメント |
|---|---|---|
| ① | 点/5点 |  |
| ② | 点/5点 |  |
| ③ | 点/5点 |  |
| 合計 | 点/15点 |  |

（設問1） ＜24点：各3点×8＞

## 【解答例】

（単位：百万円）

|  | 第1年度 | 第2年度 | 第3年度 | 第4年度 |
|---|---|---|---|---|
| 投資案X | 20 | 42 | 52.5 | 65.5 |
| 投資案Y | 45 | 62.5 | 90.5 | 114 |

## 【採点およびコメントしてみよう】

|  | 第1年度 | 第2年度 | 第3年度 | 第4年度 |
|---|---|---|---|---|
| 投資案X | 20 | 42 | 42.5 | 65.5 |
| 投資案Y | 45 | 62.5 | 90.5 | 113 |

| 項目 | 点数 | コメント |
|---|---|---|
| 投資案X第1年度 | 点/3点 |  |
| 投資案X第2年度 | 点/3点 |  |
| 投資案X第3年度 | 点/3点 |  |
| 投資案X第4年度 | 点/3点 |  |
| 投資案Y第1年度 | 点/3点 |  |
| 投資案Y第2年度 | 点/3点 |  |
| 投資案Y第3年度 | 点/3点 |  |
| 投資案Y第4年度 | 点/3点 |  |
| 合計 | 点/24点 |  |

第1回 事例 IV

（設問２）＜11点＞

**【解答例】**

●投資案Xの正味現在価値
$20 \times 0.9524 + 42 \times 0.9070 + 52.5 \times 0.8638 + 65.5 \times 0.8227 - 50 \times 0.9524$
$= 108.75835 \fallingdotseq 108.76$（百万円）
●投資案Yの正味現在価値
$45 \times 0.9524 + 62.5 \times 0.9070 + 90.5 \times 0.8638 + 114 \times 0.8227 - 100$
$= 171.5072 \fallingdotseq 171.51$（百万円）
●評価
投資案Xの正味現在価値108.76 ＜ 投資案Yの正味現在価値171.51
∴　正味現在価値が大きく、正である投資案Yを採用すべきである。

〔採点基準〕①②各４点、③３点

① 投資案Xの正味現在価値が正しい

② 投資案Yの正味現在価値が正しい

③ 投資評価が正しい（正味現在価値が大きく、正である投資案Yを採用すべきで
　あることが指摘されている）

**【採点およびコメントしてみよう】**

正味現在価値は、XよりYのほうが大きいので、Yを採用する。

| 基準 | 点数 | コメント |
|---|---|---|
| ① | 点/4点 | |
| ② | 点/4点 | |
| ③ | 点/3点 | |
| 合計 | 点/11点 | |

第4問 （配点15点）

（設問1） ＜10点＞

【解答例】

| 当 | 該 | ソ | フ | ト | ウ | ェ | ア | の | 取 | 得 | に | 要 | し | た | 費 | 用 | を | 無 | 形 |
|---|---|---|---|---|---|---|---|---|---|---|---|---|---|---|---|---|---|---|---|
| 固 | 定 | 資 | 産 | と | し | て | 計 | 上 | し | 、 | そ | の | 利 | 用 | 期 | 間 | に | わ | た |
| り | 償 | 却 | を | 行 | う | 。 | | | | | | | | | | | | | |

〔採点基準〕①②各5点

① 取得時の資産計上（無形固定資産として計上）の説明が正しい

② 利用期間にわたり償却されることが指摘されている

【採点およびコメントしてみよう】

| 取 | 得 | に | 要 | し | た | 費 | 用 | を | 無 | 形 | 固 | 定 | 資 | 産 | と | し | て | 計 | 上 |
|---|---|---|---|---|---|---|---|---|---|---|---|---|---|---|---|---|---|---|---|
| す | る | 。 | | | | | | | | | | | | | | | | | |

| 基準 | 点数 | コメント |
|---|---|---|
| ① | 点/5点 | |
| ② | 点/5点 | |
| 合計 | 点/10点 | |

（設問2） ＜5点＞

【解答例】

| 当 | 該 | ソ | フ | ト | ウ | ェ | ア | の | 制 | 作 | 費 | を | そ | の | 期 | の | 費 | 用 | と |
|---|---|---|---|---|---|---|---|---|---|---|---|---|---|---|---|---|---|---|---|
| し | て | 計 | 上 | す | る | 。 | | | | | | | | | | | | | |

〔採点基準〕①5点

① 期間費用とすることが指摘されている

【採点およびコメントしてみよう】

| 費 | 用 | と | し | て | 計 | 上 | す | る | 。 | | | | | | | | | | |
|---|---|---|---|---|---|---|---|---|---|---|---|---|---|---|---|---|---|---|---|
| | | | | | | | | | | | | | | | | | | | |

| 基準 | 点数 | コメント |
|---|---|---|
| ① | 点/5点 | |

# 自分の答案を出題者側から評価してみる

　自分の解答を採点します。自分は出題者（採点者）であり、「答案は他人のもの」という想定で評価しましょう。採点を通じて、解答の構成・組み立て、明示している要素内容・表現などでの改善の余地を把握しましょう。

---

第1問　（配点25点）

（設問1）　＜15点：(a)各3点、(b)各2点

※(a)欄が不正解の場合には、(b)欄も不正解とする＞

| 項目 | 点数 | コメント |
|---|---|---|
| ① | 点/5点 | |
| ② | 点/5点 | |
| ③ | 点/5点 | |
| 合計 | 点/15点 | |

（設問2）　＜10点＞

| 基準 | 点数 | コメント |
|---|---|---|
| ① | 点/2点 | |
| ② | 点/2点 | |
| ③ | 点/3点 | |
| ④ | 点/3点 | |
| 合計 | 点/10点 | |

第1回
事例IV

第2問 (配点25点)

（設問1）＜10点＞

| 項目 | 点数 | コメント |
|---|---|---|
|  | 点/10点 |  |

（設問2）＜15点＞

| 基準 | 点数 | コメント |
|---|---|---|
| ① | 点/5点 |  |
| ② | 点/5点 |  |
| ③ | 点/5点 |  |
| 合計 | 点/15点 |  |

第3問 (配点35点)

（設問1）＜24点：各3点×8＞

| 項目 | 点数 | コメント |
|---|---|---|
| 投資案X第1年度 | 点/3点 |  |
| 投資案X第2年度 | 点/3点 |  |
| 投資案X第3年度 | 点/3点 |  |
| 投資案X第4年度 | 点/3点 |  |
| 投資案Y第1年度 | 点/3点 |  |
| 投資案Y第2年度 | 点/3点 |  |
| 投資案Y第3年度 | 点/3点 |  |
| 投資案Y第4年度 | 点/3点 |  |
| 合計 | 点/24点 |  |

（設問 2 ） ＜11点＞

| 基準 | 点数 | コメント |
|---|---|---|
| ① | 点/4点 | |
| ② | 点/4点 | |
| ③ | 点/3点 | |
| 合計 | 点/11点 | |

第 4 問 （配点15点）

（設問 1 ） ＜10点＞

| 基準 | 点数 | コメント |
|---|---|---|
| ① | 点/5点 | |
| ② | 点/5点 | |
| 合計 | 点/10点 | |

（設問 2 ） ＜ 5 点＞

| 基準 | 点数 | コメント |
|---|---|---|
| ① | 点/5点 | |

# 8 最終的な確認

取り組み前に設定したテーマの観点から、ここまでのフィードバック内容をすべて確認して、主要点を整理しておきましょう。

第 **2** 回

事例 **I**

# テーマを設定（選択）する

　以下のリストの中から該当するテーマを選びましょう。もちろん、リストにないテーマを設定してもかまいません。

---

**[今回のテーマ]**　☆少なくとも１つは選択しましょう。

- [ ] 実際の体験を通じて２次試験（事例Ⅰ）のことを知る（知見を増やす）

- [ ] 自分のマネジメント（80分の使い方、問題処理の優先度判断など）の改善の余地を特定する

- [ ] 自分の解答作成手順の改善の余地を特定する

- [ ] 自分の使える知識と技能の補強すべきところを特定する


　✏ 自身で設定した具体的なテーマがあれば、理由とともに記録しておきましょう。

# 2 実際に取り組む

演習問題に取り組みます。実際に答案を作成してください。
取り組み中に気づいたことや感じたことがあればメモしておきましょう。

----

　A社は、資本金8,000万円、売上高約20億円のナッツを中心とした世界中の木の実を用いた製品の製造販売を行う企業である。近畿地方に本社と物流センター、首都圏、北九州に営業所を構え、従業員数は165名（正規社員120名、非正規社員45名）である。創業は1950年代後半であり、製品の原材料となるナッツそのものは、国内ではほとんど栽培されていないアーモンド、カシューナッツ、ヘーゼルナッツという世界三大ナッツやマカダミアナッツなどを中心に、世界各国の生産者から仕入れている。

　ナッツは5000年以上昔から愛され続けてきた種実類に分類されている中の「木の実」であり、固い殻や皮に包まれた食用の果実や種子の総称である。ナッツを食用とした歴史は古く、もともとは保存食や贈呈品などとして重宝されてきた食べ物である。現在では、菓子やパンはもちろん、料理にも多様な使われ方をするようになり、栽培も世界のさまざまな地域で可能になっているものの、日本国内において栽培可能なものはクルミなどの一部を除き、決して多くはない。そのため、A社のようなナッツを用いた製品を製造する企業の多くは海外からの輸入によって調達している。

　A社は、日本国内にナッツを普及させたパイオニア企業の1社である。今から約60年前という時代に、取引先となる生産者を確保するのは容易なことではなかったが、世界各国の生産者のもとに足を運び、取引先を開拓してきた。当初はアーモンドやマカダミアナッツなどが中心であったが、現在では日本においては比較的珍しいブラジルナッツなども取り扱い、合わせて8種類のナッツを原材料とし、これまでに数多くの製品を世に送り出してきている。従業員はナッツに対する情熱に溢れた者が多くなっている。

　現在のA社は、業界内においても中堅に位置する事業規模となり、それなりの組織規模となってきたが、ナッツ専業に近いメーカーということもあり、企画・開発部門、品質管理部門、購買部門、営業部門、生産部門、総務部門で構成される機能別組織である。このように部門化した形態ではあるものの、部門を超えたコミュニケーションを図る文化がある。また、数年前には社内提案制度も導入されている。

　A社は創業以来、食品を取り扱う事業者として確かな品質のものを提供することを第一とする経営姿勢で事業を展開してきており、今日に至るまで社内にDNAとして引き継がれている。そのために重要になるのがナッツの栽培である。ナッツの栽培には、農地を確保して樹を植え、結実し収穫が可能となるまで、少なくとも5年以上という長い歳月を要し、多くの手間を要することも少なくない。また、その品種ごとに栽培方法や栽培状況が異なる。先進国において管理された状態で栽培されることが多

いアーモンドなどもある一方、発展途上国での栽培が進むカシューナッツ、そして、ほとんど野生に近い状態で育つブラジルナッツなど、その環境はさまざまである。また、地域情勢や気象状況などの外的要因も樹の育成に影響を及ぼす。そのため、A社は自社の工場における品質管理だけでなく、購買担当者に加えて品質管理担当者も海外の生産者のもとに赴き、製品品質の維持・向上のための話し合いを行っている。生産者と共にあらゆる現象についての検証を行い、その年収穫されたナッツの品質傾向に対応した製品づくりを行っている。また、このように互いの存続のためにも要望を妥協なく出し合う一方、公正な取引を徹底し、関係を構築してきている。

そして、創業からこれまでの長い歴史を経る中で、それぞれのナッツの素材の味を最大限引き出すための数多くのロースト法を開発してきた。工場に多くの加工機械設備を導入しているのも、生産効率の観点よりもそれぞれのナッツに合わせた風味や食感を追求したいという職人魂ゆえであるといえる。

A社の品質向上に対する取り組みは、第三者からも評価を獲得しており、ISO9001に加え、3年ほど前には信頼性の高い食品安全管理を実践するためのマネジメントシステムであるFSSC 22000の認証も取得している。また、ナッツを通した食文化の創造を事業領域として長年歩んできたことから、7、8年ほど前にはATO（アメリカ大使館農産物貿易事務所）から米国産農産物や食品の輸出拡大に貢献した企業として、「米国農産物の殿堂入り（U.S. Agriculture Hall of Fame）」の表彰も受けている。このような対外的な評価を得てきたことは、企業としての価値を高めたのはもちろん、働く従業員にとっても誇りである。

2代目であるA社長の就任は1990年代初頭であり、大手の食品メーカーにおける数年の勤務を経て、20代半ば過ぎにA社に入社している。早い段階から父である創業社長の経営を間近で見てきたこともあり、それまでの30年以上の事業展開によって培ってきたものをさらに発展させるべく、今日まで歩んできた。気づけば、自らが就任してからも約30年という時が流れたことになる。

その歩みを振り返れば、前半期は、新たな成長の形を模索していった時期であるといえる。経営環境は決して楽観視できるようなものではなかったが、そのような中でも新たなことに積極的に取り組んでいった。中でも、ナッツを健康食として食べるという市場を開拓していったことは、さらなる成長の大きな要因となった。ちょうど、消費者の食に対する安心・安全意識が高まりを見せていた上、健康ブームが生じていた。多くのナッツは硬い殻に覆われるなど、何らかの外皮で保護されているために、可食部の核や実の部分は、害虫や直接的な農薬散布などから比較的安全に守られている。また、必須栄養素を過不足なく補える食品であるパーフェクトフードであるとされる。このような認知が広がり、ナッツを体によいものであると考えて食べるというニーズも生じていた。一方で、健康などに対する意識はあっても、ナッツはお菓子やつまみという認識である人々もまだまだ多く、その価値を認識できていない人々も多

かった。Ａ社は、ナッツの啓発・食育のセミナーやイベントの開催に力を入れ、健康面を訴求した新製品開発の強化を図っていった。このような取り組みが功を奏し、新たなナッツの食べ方が広がっていった。

そして、後半期は組織体制や組織管理など、社内の管理体制の整備にも力を入れる方針を掲げ、事業規模の拡大と事業基盤の強化を図っていった時期といえる。組織体制の整備や職務のある程度の標準化や公式化に加え、成果を評価や報酬に反映させることができる人事制度も整備してきた。

現在のＡ社は安定成長期にあるといえる。Ａ社長はこれまで、事業規模の拡大に応じた組織づくりに励み、より高い水準で品質管理が行える体制もできてきていると感じている。しかしながら、これまでの歩みを振り返った上で今後の長期的な成長・発展を考えると、今一度、開拓スピリットやチャレンジ精神を強化していくことが課題になると感じている。

第1問 （配点20点）

　A社が、ナッツを用いた製品を中心に製造販売を行う事業者として、今日に至るまで競争優位性を維持してきている最大の要因は何か。A社が取り扱っている製品特性の視点から100字以内で述べよ。

第2問 （配点20点）

　A社は、1990年代のバブル崩壊によって厳しい経営環境に置かれながらも、当時の経営環境に対応して生き残ってきている。新たな市場の開拓に成功して乗り越えてきたが、その成功の背景にはどのような要因があったか。120字以内で述べよ。

第3問 （配点20点）

　A社長は、マカダミアナッツから抽出されるマカダミア油を用いた化粧品やスキンケア製品を展開することを検討したが、見送ることにした。それは、どのような理由によるものであったと考えられるか。100字以内で述べよ。

第4問 （配点20点）

　A社は、同業他社と比較しても従業員の離職率を低水準に保っている。これはどのような要因によるものであるか。100字以内で述べよ。

第5問 （配点20点）

　これまでの企業努力により、現在のA社は安定成長期にあるといえる。しかしながら、A社長は、今後の長期的な成長・発展のために、開拓スピリットやチャレンジ精神の維持・強化を図っていきたいと考えている。そのためには、どのようなことに取り組むべきか。中小企業診断士として、100字以内で助言せよ。

# 3 問題文解釈の作業プロセスを検証する

作業プロセスの確認は、問題ごとに、チェック項目をもとに行います。2次試験問題の処理における最大のポイントは、問題文の解釈です。以下の観点から確認し、改善が必要なところを洗い出しましょう。

---

### 第1問

☐ ナッツを用いた製品の製造販売で優位に立つ要件を特定しようと考えた。

☞ ☐できた　☐だいたいできた　☐あまりできなかった　☐できなかった

☐ 「製品特性の視点から」とあるので、上記要件は、製品特性と関係することを想定した。

☞ ☐できた　☐だいたいできた　☐あまりできなかった　☐できなかった

☐ 競争優位性の「維持」であり、"確立"ではないので、"継続的に行ってきたこと"が結論になると想定した。

☞ ☐できた　☐だいたいできた　☐あまりできなかった　☐できなかった

☐ 「最大の要因」なので、「最大の要因は、○○である。具体的には、……」といった構成で組み立てることを想定した。

☞ ☐できた　☐だいたいできた　☐あまりできなかった　☐できなかった

✏ 気づいたこと・改善すること

```



```

### 第2問

☐ 新たな市場の開拓に成功した「背景」にある要因であるから、新たな市場の開拓の余地の存在（ニーズの形成など）を想定した。

☞ ☐できた　☐だいたいできた　☐あまりできなかった　☐できなかった

☐ 解答は「1990年代」に生じたと思われることに限定されることを認識した。

☞ ☐できた　☐だいたいできた　☐あまりできなかった　☐できなかった

✎ 気づいたこと・改善すること

●●●●●●●●●●●●●●●●●●●●●●●●●●●●●●●●●●●●●●●●●●●●●●

第3問

☐「検討したが、見送ることにした」ということは、メリットはあるもののデメリット（リスク）のほうが大きいと判断したからであろうと考えた。

☞ ☐できた　☐だいたいできた　☐あまりできなかった　☐できなかった

☐「マカダミア油を用いた化粧品やスキンケア製品の展開」の特徴（A社の既存事業との違い）を特定する必要性を認識した。

☞ ☐できた　☐だいたいできた　☐あまりできなかった　☐できなかった

☐「マカダミア油を用いた化粧品やスキンケア製品の展開」を加えることがA社の経営に与える影響を想定する必要性を認識した。

☞ ☐できた　☐だいたいできた　☐あまりできなかった　☐できなかった

✎ 気づいたこと・改善すること

●●●●●●●●●●●●●●●●●●●●●●●●●●●●●●●●●●●●●●●●●●●●●●

第4問

☐「離職率が低水準」ということは、従業員にとって魅力がある職場、それによる従業員の意識といった内容であろうと想定した。

☞ ☐できた　☐だいたいできた　☐あまりできなかった　☐できなかった

☐「低水準に保っている」要因なので、施策や変化ではなく"継続している状態"を想定した。

☞ ☐できた　☐だいたいできた　☐あまりできなかった　☐できなかった

✐ 気づいたこと・改善すること

┌─────────────────────────────────────────────┐
│ • • • • • • • • • • • • • • • • • • • • • • • • • • • • │
│                                             │
│                                             │
│                                             │
│                                             │
└─────────────────────────────────────────────┘

---

□ 第5問

☐「維持・強化」という設定なので、開拓スピリットやチャレンジ精神は現状十分にあると読み取った。

　☞ ☐できた　☐だいたいできた　☐あまりできなかった　☐できなかった

☐ これまでのA社に開拓スピリットやチャレンジ精神が形成・維持されてきた経緯や理由を確認する必要性を認識した。

　☞ ☐できた　☐だいたいできた　☐あまりできなかった　☐できなかった

✐ 気づいたこと・改善すること

┌─────────────────────────────────────────────┐
│ • • • • • • • • • • • • • • • • • • • • • • • • • • • • │
│                                             │
│                                             │
│                                             │
│                                             │
└─────────────────────────────────────────────┘

💡 作業のポイント

チェックするのは手段であり、目的は改善すべきところをはっきりさせることです。改善すべきところおよびそのための方策は、以下のように特定できます。

| 洗い出したこと | 改善すること |
|---|---|
| メモしていない | → メモすることを手順に加えて、練習する。 |
| そのようなことは考えなかった | → 問題文の解釈の練習をする。 |
| そのようなことは浮かばなかった | → 使いたい知識に加え、すっと使えるよう何度も出力する。 |

# 4 　出題者の意図を確認する（知識を検証する）

　解答より先に解説を読み、出題者の意図を理解します。

　"自分の知識や考えと異なるところはどこか？" という観点から、出題者自身が書いた解説を読むことで、自分の知識や考え方の更新（補強と修正）を行いましょう。

---

解説

## １．事例の特徴と取り組み方

　今回の事例では、ナッツを中心とした世界中の木の実を用いた製品の製造販売業を取り上げた。本事例の問題数は５問であり、各問題要求は、「要因」「要因」「理由」「要因」「取り組み」である。

　事例Ⅰは、組織・人事がテーマであるため、"組織" や "人事" に絡んだ出題が必ずあるが、それに加えて、過去や現状のＡ社について分析させる問題や、戦略や事業構造、業界構造などに関する問題が出題されることになる。本事例はその点では、戦略面、経営環境、組織面、人事面など、幅広い観点を取り扱う出題内容となっている。

　事例Ⅰでは、問題要求の解釈時点で解答内容や問題本文から読み取るべき要素などを想定しておくことの重要性が高い。また、場合によっては問題要求だけで一般的な知識を想起し、解答の方向性をイメージすることが必要な設問もある。今回、演習中に問題要求の解釈がうまく行えなかった場合、特にそれによって解答の方向性が大きく外れてしまった場合には、あらためて本事例の問題要求を見て、どのようなことを頭に思い浮かべることができればよかったかを振り返ってほしい。

## ２．答案作成プロセス

⑴　問題要求の確認

　まずは問題要求を確認し、何が問われているのかを明確にした上で、問題本文を確認していくプロセスが望ましい。特に事例Ⅰの問題要求は、他の事例と比較しても、出題者が何を解答させようとしているかをこの時点で想定する（解釈する）ことの重要性が高い。なぜなら、そもそも "何が問われているのか" がわかりにくく、解釈によって記述する要素が変わってくるリスクが最も高い事例だからである。よって、問題要求を解釈する段階で、知識を加味して具体的な解答を想定する、問題本文を読み取る際の着眼点を設定する、解答にあたっての制約条件に注意する、解答の構成要素を描く、といったことを行った上で、明確な目的意識を持って問題本文の読み取りを行うことが必要になる。

第１問　（配点20点）

　直接の問題要求は「要因」である。意味合いとしては、原因や条件となった要素の

ことである。原因と似た言葉であるが、一般には要素が1つではない場合に用いられることが多い。そして、そのうちのいくつかの要素を指して、要因という言葉を使うのが一般的である。本試験の問題要求において、このあたりの表現をどこまで厳密に用いているかは定かでない面はあるが、よく出題される問題要求に関しては、基本的な言葉の意味合いは認識しておいてもよいだろう。

そして、本問は「最大の」ということであるので、最終的な結論は1つになる解答構成にする必要がある。明らかに複数の結論を列挙するような解答構成にしてしまうと、要求（指示）に答えていないことになり、場合によってはまったく加点されない（0点になる）可能性もある。このような指示をするということは、出題者には相当な意図があると考えて対応するべきである。また、問題本文には要因として考えられる内容が複数書かれていることが想定される。それらの中から、文字通り最大のものを読み取って記述することが求められる。

そして、「競争優位性を維持」ということであるので、言い換えればA社の強みに準ずる要素が結論になる可能性が高いであろう。また、「維持」「今日に至るまで」ということは、現在の競争優位の要因となっているのはもちろん、文脈的にはそれなりの期間において競争優位の要因になってきた要素であると考えるべきである。

さらには、「製品特性の視点から」ということなので、A社の製品特性と関連した内容ということになる。よって、A社の製品特性についても見定める必要があり、そのことが、A社の競争優位の要因に関連しているはずである。逆にいえば、A社の競争優位の要因であると考えられる内容であっても、製品特性との関連性が低いのであれば、それは本問において出題者が求めている解答内容ではないということである。

文頭には「ナッツを用いた製品を中心に製造販売を行う事業者として」とある。これは、単なる枕詞である可能性もあるが、あくまで本問で問われているのは“ナッツの製造販売を行うにあたっての競争優位の要因”である。仮にA社がナッツ以外の事業において競争優位を築いていたとしても、それは本問の解答要素ではない（この観点については、結果としてはそれほど気にする必要はないが、問題本文の描かれ方によっては注意すべきであるため、問題要求解釈の時点では踏まえておきたい）。

上述したように、本問はいわゆる“制約条件”が多い。よって、しっかりと遵守した解答を組み立てていくことの重要性が高い。

### 第2問 （配点20点）

直接の問題要求は第1問同様「要因」である。そして、「成功の背景にある要因」ということである。この「背景」という表現は、過去の本試験においても何度か問題要求の文中に書かれている文言である。これは、本問を例に考えると、単なる“成功要因”を問うているのではないと解釈したい。“成功要因”という解釈の場合、“A社が実施したこと”などが解答要素となる。しかしながら、これは背景ではない。“成

功できたのは背景にどのようなことがあったからなのか”が求められている。具体的には“内部環境”も可能性はあるが、特に“外部環境”が問われている可能性が高い。特に本問の場合には、「当時の経営環境に対応して生き残ってきている」という記述もあるためなおさらである。よって、“成功することができた背景となる要因は、その当時の外部環境がこのような状況であったこと”といったことになる。この設問は、問題要求の解釈によって、解答要素が変わってしまう可能性がある。あらためて要求解釈はしっかりとトレーニングをしていきたい。

　さて、具体的には、「新たな市場の開拓に成功」ということである。「新たな」であるので、それ以前のA社が対象としていなかった市場ということになる。よって、開拓のためにA社として実施したこと（アクション）があるはずであり（少なくとも解答の結論ではないが）、その実施したことが功を奏するような背景（外部環境）があった、という構造である可能性が高い。より具体的には、“市場の状況”が解答要素として最も可能性が高そうである。文頭には「1990年代のバブル崩壊によって厳しい経営環境に置かれながらも」とあるので、そのような中でも市場に機会があったということかもしれない。いずれにしても、このように具体的な時期が示されているため、この点を踏まえて問題本文を確認していくことになる。


第3問　（配点20点）
　直接の問題要求は「理由」である。理由は、人間の意図が介在する根拠（なぜ、そうしたのかなど）の場合に用いられるのが通常である。同じような言葉に“原因”があるが、原因は、人間意図が介在しない事象の根拠（なぜ、そうなったのかなど）の場合に用いられることになる。

　そして、本問は「それ」という指示語が書かれている。よって、この指示語が何を指しているかは、注意して読み取る必要がある。本問であれば、端的には「見送ることにした」理由ということになる。具体的には、「マカダミア油を用いた化粧品やスキンケア製品を展開することを見送ることにした」理由である。解答要素として考えられるのは、まずは事例Ⅰなので、A社の強みが活かせない事業だった、強みが維持・強化しにくい事業だったといった点、また、新たな事業を行わなかった理由なので、既存事業との関連性が低く、シナジー効果が見込めない（ここにも強みは関連する）、経営資源が分散する、といったことである。これらのことは問題要求の解釈時点で想定したい。整理すると、①事例Ⅰでは強みを踏まえて解答を検討することが多いこと、②事例Ⅰでは、複数の事業を展開するケースが多く、その際には、既存事業と新規事業との関連性、経営資源、といったことが過去の本試験においてもテーマになっている、ということである。

　また、本問には「検討したが」とある。つまり、A社としては検討したわけなので、当然、この事業の良さもあるはずである。よって、解答の構成要素として、“見送っ

た理由"だけでなく、"実施することによる良さ"も含めておくほうが無難であろう。具体的には、"○○といったメリットはあるものの、△△というデメリットが大きかったから"といった文章構成にするということである。

| 第4問 | （配点20点）

　直接の問題要求は第1問、第2問同様「要因」である。具体的には、「離職率を低水準に保っている」要因ということであり、要求自体はシンプルである。一般に離職率が低い状況を考えると、仕事にやりがいがある、人間関係が良好、待遇がよいなど、一言でいえばモチベーションが高い要因があるというのが解答要素になる可能性は高いであろう。あるいは、A社における業務は"企業特殊的能力"が求められる（A社以外では活用しにくい）能力であること、といったことも考えられる。この場合、離職して他社に行く場合、それまでに培ってきた経験が他社では活かしにくいため、離職しにくい、といったことになる。

　また、「同業他社と比較しても」ということであるので、仮に同業他社についての記述が問題本文にあれば、その状況を裏返したのがA社の状況という形の根拠の示され方をしている可能性もある。

| 第5問 | （配点20点）

　直接の問題要求は「取り組み（どのようなことに取り組むべきか）」である。「取り組み」という問われ方であるので、多様な内容が考えられる。ただし、事例Ⅰは組織・人事に関する事例である。そして、本問は本事例唯一の助言問題である。よって、基本的には、組織・人事の観点からの取り組みを記述していくという認識を持っておく必要がある。

　そして、具体的には「開拓スピリットやチャレンジ精神の維持・強化を図るための取り組み」である。一般に、このために必要であると考えられることとしては、挑戦を推奨する文化を醸成する、組織や人事の制度として導入する（権限を与える、挑戦を評価する制度とするなど）、A社として開拓やチャレンジが必要になる事業にトライする（ただし、これだけだと戦略面の内容となり、組織・人事にはならない）、といったことは想定できるとよい。

　また、「今後の長期的な成長・発展のため」ということであるので、仮に問題本文に今後の長期的な成長・発展のための要件が示されていれば、それが本問の解答根拠となる。また、この文脈だと、今すぐに問題となるわけではないが、先のことを考えると開拓スピリットやチャレンジ精神の維持・強化が必要、といったニュアンスも感じられる。

　さらに、「現在のA社は安定成長期にある」とある。現状は「安定成長期」であるが、「開拓スピリットやチャレンジ精神の維持・強化」が必要ということである。つ

まり、「安定」はしているものの、この状況に安住してはならないという考えがA社長の中にある、といった状況なのかもしれない。

### (2) 事例の大枠の把握（問題本文を読んで理解する）

本事例は問題本文が2頁半であり、多めの分量である。よって、情報の読み取りに時間を要する可能性がある。問題本文については、解答を検討する中で何度も読み返すことになるが、最初の読み取りの際に、ある程度A社の方向性については掴んでおきたい。そのために、事例Iの場合には"A社の課題"や"A社の強み"が何であるかを意識することが有効な場合が多い。理由は、"A社の課題"はどこかの設問で解決することになるため、それはA社の方向性であるし、A社の方向性を描くのに役立つからである。

　第1段落　A社の概要
　第2段落　ナッツについての概要
　第3段落　A社創業時の状況とA社が用いるナッツについて
　第4段落　A社の組織について
　第5段落　ナッツの生産者とA社の関係性、品質に対する考えなど
　第6段落　A社の生産の概要
　第7段落　第三者からの認証
　第8段落　2代目社長就任の状況
　第9段落　2代目社長の前半期
　第10段落　2代目社長の後半期
　第11段落　今後の課題

### (3) 解答作成

本事例は問題本文の記述量は多め、設問数（5問）、解答箇所（5か所）、制限字数（520字）は標準的である。

時制でいえば、第1問〜第4問で過去から現在のことについて問われており、第5問で今後のことについて問われている。

今回は、問題本文の読み取りに労力を要する。これ1つとっても難易度を上げる要因となるが、各設問についても、それぞれに難しさがある。以下、設問ごとに見ていく。

第1問は、根拠は明示されており、何も書けないということはない。根拠の候補となる要素が多いが、問題要求の制約条件をしっかりと意識して読み取れば、絞り込んでいくことは可能である。その意識が希薄な状態で読み取ると、第4問の根拠との重複も感じ、かなり対応に苦慮することになる。第2問は、解答根拠となる段落を把握

することは容易である。しかしながら、「背景」という問題要求をどのように解釈するかが重要であり、ここを誤ると、解答の方向性は捉えているものの、記述する要素がずれ、十分な得点にならない可能性が生じる。第3問は、問題本文にほとんど根拠がない。ただし、事例Ⅰではよく見られる出題内容である。よって、事例Ⅰのパターン知識の有無により、対応が変わることになる。第4問は、解答根拠として妥当であると想定される要素はそれなりに見出せる。ただし、それぞれが決定的ではないため、100字に何を記述するかは迷うかもしれない。このようなときには、徹底的に複数の結論を並べて記述する対応が有効である。第5問は、本事例唯一の助言問題である。問題本文の根拠に乏しいため、一般的な知識も加味し、第4問同様複数の結論を記述していきたい。

今回の演習は、事例Ⅰで要求されるさまざまな知識や対応スキルが試される題材となっており、難易度は高い。ただし、これらは本試験を見据えた際にそれぞれ非常に重要なものであるため、今回は十分な対応ができていなくても、特にどの観点が不足していたのか、その原因をしっかりと振り返ってみてほしい。

### 第1問

まず、A社の競争優位性の要因として関連しそうな要素は、問題本文にかなり多く書かれている。最大の要因として何を結論とすべきか、また、それをどの要素を用いて記述するべきかなど、相当な解答パターンが考えられる。よって、解答がまったく書けないということはないが、出題者の意図を正確に捉えるのは容易ではなく、難問といってよい。さしあたって関連しそうな要素をざっと挙げると以下のような内容である。

第1段落

「製品の原材料となるナッツそのものは、国内ではほとんど栽培されていないアーモンド、カシューナッツ、ヘーゼルナッツという世界三大ナッツやマカダミアナッツなどを中心に、世界各国の生産者から仕入れている。」

第2段落

「そのため、A社のようなナッツを用いた製品を製造する企業の多くは海外からの輸入によって調達している。」

第3段落

「A社は、日本国内にナッツを普及させたパイオニア企業の1社である。今から約60年前という時代に、取引先となる生産者を確保するのは容易なことではなかったが、世界各国の生産者のもとに足を運び、取引先を開拓してきた。当初はアーモンドやマカダミアナッツなどが中心であったが、現在では日本においては比較的珍しいブラジルナッツなども取り扱い、合わせて8種類のナッツを原材料とし、これまでに数多くの製品を世に送り出してきている。従業員はナッツに対する情熱に溢れた者が多くな

っている。」

第5段落

「A社は創業以来、食品を取り扱う事業者として確かな品質のものを提供することを第一とする経営姿勢で事業を展開してきており、今日に至るまで社内にDNAとして引き継がれている。そのために重要になるのがナッツの栽培である。（中略）そのため、A社は自社の工場における品質管理だけでなく、購買担当者に加えて品質管理担当者も海外の生産者のもとに赴き、製品品質の維持・向上のための話し合いを行っている。生産者と共にあらゆる現象についての検証を行い、その年収穫されたナッツの品質傾向に対応した製品づくりを行っている。また、このように互いの存続のためにも要望を妥協なく出し合う一方、公正な取引を徹底し、関係を構築してきている。」

第6段落

「そして、創業からこれまでの長い歴史を経る中で、それぞれのナッツの素材の味を最大限引き出すための数多くのロースト法を開発してきた。工場に多くの加工機械設備を導入しているのも、生産効率の観点よりもそれぞれのナッツに合わせた風味や食感を追求したいという職人魂ゆえであるといえる。」

第7段落

「A社の品質向上に対する取り組みは、第三者からも評価を獲得しており、ISO9001に加え、3年ほど前には信頼性の高い食品安全管理を実践するためのマネジメントシステムであるFSSC 22000の認証も取得している。また、ナッツを通した食文化の創造を事業領域として長年歩んできたことから、7、8年ほど前にはATO（アメリカ大使館農産物貿易事務所）から米国産農産物や食品の輸出拡大に貢献した企業として、「米国農産物の殿堂入り（U.S. Agriculture Hall of Fame）」の表彰も受けている。このような対外的な評価を得てきたことは、企業としての価値を高めたのはもちろん、働く従業員にとっても誇りである。」

第11段落

「より高い水準で品質管理が行える体制もできてきていると感じている。」

当然ながら、すべてを解答するわけにはいかない。よって、あらためて問題要求に忠実に解答する意識をしっかりと持ち、記述内容を見定めていきたい。

注意したい制約条件は、「最大の」という点はもちろんであるが、「競争優位性の維持」「今日に至るまで」「製品特性の視点」である。

まずは「製品特性の視点」という点で見ていくと、第5段落に、「確かな品質のものを提供することを第一とする経営姿勢で事業を展開（中略）今日に至るまで社内にDNAとして引き継がれている（中略）重要になるのがナッツの栽培」と、品質の観点が示されている。さらに、「自社の工場における品質管理だけでなく、購買担当者に加えて品質管理担当者も海外の生産者のもとに赴き、製品品質の維持・向上のため

の話し合い（中略）ナッツの品質傾向に対応した製品づくり（中略）互いの存続のためにも要望を妥協なく出し合う一方、公正な取引を徹底し、関係を構築」とある。つまり、品質において重要なのはナッツの栽培であるということであり、これは、A社社内だけの品質向上努力だけではないということと、栽培、つまり原材料が品質において重要であるというのは「製品特性」でもある。

　そして、品質という点で見れば、第6段落に「それぞれのナッツの素材の味を最大限引き出すための数多くのロースト法を開発（中略）それぞれのナッツに合わせた風味や食感を追求」、第7段落に「品質向上に対する取り組みは、第三者からも評価を獲得」といった記述もあり、A社として非常に力を入れていることがうかがえる。また、第11段落に「より高い水準で品質管理が行える体制もできてきている」とあるため、「今日に至るまで」という制約にも合致している。

　その他の視点でも検討してみると、第3段落の「日本国内にナッツを普及させたパイオニア企業」、つまり、先発参入によって優位性を築いてきたという視点、「比較的珍しいブラジルナッツ」を取り扱っているという視点、「これまでに数多くの製品を世に送り出してきている」という視点、第7段落の「ナッツを通した食文化の創造を事業領域として長年歩んできた（中略）米国農産物の殿堂入り（U.S. Agriculture Hall of Fame）」の表彰」という視点などは、競争優位性の要因として十分妥当性がある。しかしながら、「最大の要因」という本問の要求を踏まえると、総合的には優先順位が下がると考えられる。

　また、「従業員はナッツに対する情熱に溢れた者が多く」（第3段落）「職人魂」（第6段落）「働く従業員にとっても誇り」（第7段落）といった、A社社内の従業員についての記述も見られる。もちろん、これらも競争優位の要因になる要素であるが、製品特性とは少し離れた内容であることや、競争優位性という要求を踏まえた際に、本事例の場合には、このような組織の要因よりも、より直接的な要因である要素が書かれているため、やはり優先順位は下がることになる。

　以上から、結論は、「製品品質」の観点とし、製品特性は「原材料であるナッツの品質が重要である」という点を骨子として構成するのが最も妥当であると考えられる。

| 第2問 |

　本問の根拠を特定するにあたっては、まずは第8段落から踏まえる。

第8段落

　「2代目であるA社長の就任は1990年代初頭であり、大手の食品メーカーにおける数年の勤務を経て、20代半ば過ぎにA社に入社している。」

　本問は、1990年代のバブル崩壊後ということであるので、上記第8段落から、A社

長就任後ということになる。ここを踏まえると、本問の根拠は続く第9段落であることがわかる。

第9段落
　「中でも、ナッツを健康食として食べるという市場を開拓していったことは、さらなる成長の大きな要因となった。（中略）A社は、ナッツの啓発・食育のセミナーやイベントの開催に力を入れ、健康面を訴求した新製品開発の強化を図っていった。このような取り組みが功を奏し、新たなナッツの食べ方が広がっていった。」

　まず、本問で開拓に成功した市場は、「健康食として食べるという市場」ということでよいであろう。そして、そのためにA社は「ナッツの啓発・食育のセミナーやイベントの開催」「健康面を訴求した新製品開発の強化」を行っている。よって、これらが功を奏する背景を見定めることになる。
　以下が中心的な内容である。

第9段落
　「ちょうど、消費者の食に対する安心・安全意識が高まりを見せていた上、健康ブームが生じていた。」

　上記の外部環境があることで、A社が行ったことが功を奏し、市場開拓に成功した、ということである。
　そして、このことと、A社が取り扱っているナッツをより一層紐付ける内容としては以下がある。

第9段落
　「多くのナッツは硬い殻に覆われるなど、何らかの外皮で保護されているために、可食部の核や実の部分は、害虫や直接的な農薬散布などから比較的安全に守られている。また、必須栄養素を過不足なく補える食品であるパーフェクトフードであるとされる。このような認知が広がり、ナッツを体によいものであると考えて食べるというニーズも生じていた。一方で、健康などに対する意識はあっても、ナッツはお菓子やつまみという認識である人々もまだまだ多く、その価値を認識できていない人々も多かった。」

　ナッツは、安全性が高く、健康食であることを認識している人々が存在している。また、ナッツがそのような食品であることを認識していなくても、健康に対する意識がある人々が存在している。つまり、食に対する安心・安全意識の高まり、健康ブー

ムが生じても、Ａ社が市場開拓に成功するためには、消費者がナッツを求めるように
ならなければならない。そのためにＡ社としてはアクションを起こしたわけだが、そ
れが功を奏する人々は確実に存在していた、ということが背景としてあったというこ
とである。

第3問

　問題本文には、マカダミアナッツ、マカダミア油といったことについてはほとんど
書かれていない。よって、本問は問題要求の解釈時点でいかに解答構成が想定できる
かが重要な設問になる。そうすると、Ａ社の既存事業とこの「マカダミア油を用いた
化粧品やスキンケア製品」の違いや関連性がポイントになる。
　よって、その観点で問題本文の記述を確認していく。

第3段落

「当初はアーモンドやマカダミアナッツなどが中心であったが、現在では日本にお
いては比較的珍しいブラジルナッツなども取り扱い、合わせて8種類のナッツを原材
料とし、これまでに数多くの製品を世に送り出してきている。」

　まず、マカダミアナッツ自体は、上記第3段落の文脈（当初は）から、創業期から
Ａ社として取り扱っていることが示唆されている。本問は「Ａ社長」が主語になって
いるため（創業社長ではなく）、本問において化粧品やスキンケア製品を展開するこ
とを検討した段階では、当然マカダミアナッツはすでに取り扱っている状況である。
よって、事業としてまったく関連性がないというわけではない。少なくとも「マカダ
ミアナッツから抽出されるマカダミア油」は、新たに調達先を探したりしなくても、
手に入る状況である。よって、この調達、あるいは原材料の観点では、親和性が高く、
仮に、この事業を行うことで、マカダミア油を無駄なく使えるということであれば、
範囲の経済性の効果が得られるとも考えられる（未利用資源の有効活用）。このあた
りは、問題要求の解釈時点でも想定したように、メリットの面であると考えられる。
　そして、このようなメリットはありながらも見送った理由であるが、問題要求の解
釈時点で想定したことを含めて以下に着目する。

第7段落

「ナッツを通した食文化の創造を事業領域として長年歩んできたことから」

　つまり、化粧品やスキンケア製品の展開は、Ａ社の事業領域に合致しないことが読
み取れる。これは、第1問、第2問でも見てきたように、Ａ社は「食」という観点で、
さまざまな企業努力をしてきている。よって、たとえ原材料に共通する面があったと

しても、A社が定めている事業領域とは異なる事業を展開することは、競争優位の構築が困難であることや、経営資源の分散といったことが懸念されることは想定される。そうなれば、既存事業への影響も生じる可能性がある。結果としてA社長としては見送る決断をしたわけなので、このような点を懸念したというのが理由として考えられる。

第4問

問題本文には、A社の従業員のモチベーション向上に寄与しそうな内容が数多く示されている。

第3段落

「A社は、日本国内にナッツを普及させたパイオニア企業の1社である。（中略）従業員はナッツに対する情熱に溢れた者が多くなっている。」

第4段落

「部門を超えたコミュニケーションを図る文化がある。また、数年前には社内提案制度も導入されている。」

第6段落

「工場に多くの加工機械設備を導入しているのも、生産効率の観点よりもそれぞれのナッツに合わせた風味や食感を追求したいという職人魂ゆえであるといえる。」

第7段落

「また、ナッツを通した食文化の創造を事業領域として長年歩んできたことから、7、8年ほど前にはATO（アメリカ大使館農産物貿易事務所）から米国産農産物や食品の輸出拡大に貢献した企業として、「米国農産物の殿堂入り（U.S. Agriculture Hall of Fame）」の表彰も受けている。このような対外的な評価を得てきたことは、企業としての価値を高めてきたことはもちろん、働く従業員にとっても誇りである。」

　　問題本文全体を踏まえると、本問は、これらの要素を複数記述していく対応が望ましい。特に事例Ⅰの場合には、結論を複数示す対応が可能な設問に関しては、そのような対応をすることが有効な場合が多い点は認識しておきたい。

　　なお、「社内提案制度」については、次の第5問に関連するが、「開拓スピリットやチャレンジ精神の維持・強化」が課題であるというA社長の認識を踏まえると、「社内提案制度」は、現状ではそこまで機能しているわけではないことも考えられる。その観点から、優先度を下げ、解答例では採用していない。

第5問

　　本問に直接関連する記述は以下であるが、問題要求から読み取れることにプラスの

情報は見出せない。

第11段落

「しかしながら、これまでの歩みを振り返った上で今後の長期的な成長・発展を考えると、今一度、開拓スピリットやチャレンジ精神を強化していくことが課題になると感じている。」

そこで、問題要求の解釈で想定したことも踏まえて他の箇所を解釈していく。

第4段落

「また、数年前には社内提案制度も導入されている。」

第4問の解説でも少し触れたように、「社内提案制度」は開拓やチャレンジに親和性のある施策であると考えられる。そうすると、このような制度は導入したが、これだけでは十分ではないといったことが想定される。

そして、現状のA社の組織の状況は以下から読み取れる。

第10段落

「そして、後半期は組織体制や組織管理など、社内の管理体制の整備にも力を入れる方針を掲げ、事業規模の拡大と事業基盤の強化を図っていった時期といえる。組織体制の整備や職務のある程度の標準化や公式化に加え、成果を評価や報酬に反映させることができる人事制度も整備してきた。」

後半期と書かれているこの約15年の期間においては、社内管理体制の整備に力を入れてきたということである。そして、その際には「方針を掲げた」ことが示されている。確かに、新たなことを社内に導入していく際に、経営トップがその方針を明確に掲げ、それを発信するということは重要なことである。そして、「成果を評価や報酬に反映させることができる人事制度も整備」ということであり、このことは、本問で問われている開拓やチャレンジとある意味では親和性があるといえる。成果を出すためには開拓やチャレンジする気持ちは重要であろう。ただ、一方で、開拓やチャレンジといった要素には、リスクがある。つまり、このような精神を組織内に醸成するには、"失敗を恐れずに挑戦する"といったことも重要である。そうすると、成果だけでなく、挑戦することそのもの、取り組むこと自体を評価するということも有効である。そして、このように人事制度に変化を生み出すのであれば、上述した経営トップがその方針を明確に掲げるということの必要性が高くなると考えられる。

本問は解答するための根拠がかなり乏しいため、難易度は高い。上述した観点に加

え、一般的な知識で想起できることで本事例に当てはめても妥当性があるものがあれば、それも含めて複数の結論を記述する対応が好ましいといえる。

　解答例では、「目標管理制度による主体性の一層の強化」を盛り込んでいるが、これ以外でも妥当性があれば得点対象となる。

✏️ 自分の知識や考えと異なるところは？

# 5 作業全体を検証する

作業の結果としてできあがる解答の要件を自分の解答がどの程度満たしているのか検証します。検証は問題ごとに設定された［対応のポイント］に基づいて行いましょう。その上で、作業プロセス全体を振り返り、改善の余地がどこにあるかを検討しましょう。

---

[第1問]

［対応のポイント］

☐ 複数の結論を列挙していないこと

例）最大の要因は、①品質向上への取り組み、②取引先の開拓、③×××

☞ ☐できた　☐だいたいできた　☐あまりできなかった　☐できなかった

☐ 製品特性を明示していること

☞ ☐できた　☐だいたいできた　☐あまりできなかった　☐できなかった

☐ 継続的な取り組み内容になっていること

☞ ☐できた　☐だいたいできた　☐あまりできなかった　☐できなかった

✎ 気づいたこと・改善すること

· · · · · · · · · · · · · · · · · · · · · · · · · · · · · · · · · · · · ·

[第2問]

［対応のポイント］

☐ 「ニーズの存在」「ニーズの高まり」の少なくともどちらか一方が含まれていること

☞ ☐できた　☐だいたいできた　☐あまりできなかった　☐できなかった

☐ 背景となる要因以外のことを含めていないこと

例）啓発・食育のセミナーやイベントの開催に力を入れたこと

健康面を訴求した新製品開発の強化を図っていったこと

☞ ☐できた　☐だいたいできた　☐あまりできなかった　☐できなかった

✏ 気づいたこと・改善すること

・・・・・・・・・・・・・・・・・・・・・・・・・・・・・・・・・・・・・・・・

第3問

［対応のポイント］

☐ 新たな事業そのものに起因する理由と新たな事業を加えることに起因する理由の
両方を指摘していること

☞ ☐できた　☐だいたいできた　☐あまりできなかった　☐できなかった

✏ 気づいたこと・改善すること

・・・・・・・・・・・・・・・・・・・・・・・・・・・・・・・・・・・・・・・・

第4問

［対応のポイント］

☐ 3つ以上の要因を含んでいること

☞ ☐できた　☐だいたいできた　☐あまりできなかった　☐できなかった

✏ 気づいたこと・改善すること

・・・・・・・・・・・・・・・・・・・・・・・・・・・・・・・・・・・・・・・・

第5問

[対応のポイント]

☐ 3つ以上の取り組みを含んでいること

　　☞ ☐できた　☐だいたいできた　☐あまりできなかった　☐できなかった

✎ 気づいたこと・改善すること

# 6 自分の答案を出題者側から評価してみる

自分の解答を採点します。自分は出題者（採点者）であり、「答案は他人のもの」という想定で評価しましょう。採点を通じて、解答の構成・組み立て、明示している要素内容・表現などでの改善の余地を把握しましょう。

---

第1問 （配点20点）

〔解答例〕

| 原 | 材 | 料 | で | あ | る | ナ | ッ | ツ | の | 品 | 質 | に | よ | っ | て | 製 | 品 | 品 | 質 |
|---|---|---|---|---|---|---|---|---|---|---|---|---|---|---|---|---|---|---|---|
| が | 大 | き | く | 左 | 右 | さ | れ | る | と | い | う | 特 | 性 | を | 踏 | ま | え | 、 | 世 |
| 界 | 各 | 国 | の | 生 | 産 | 者 | を | 取 | 引 | 先 | と | し | て | 開 | 拓 | し | た | 上 | で |
| 強 | 固 | な | 関 | 係 | を | 構 | 築 | し | 、 | 協 | 力 | し | て | 原 | 材 | 料 | お | よ | び |
| A | 社 | 製 | 品 | の | 品 | 質 | 向 | 上 | に | 取 | り | 組 | ん | で | き | た | こ | と | 。 |

〔採点基準〕①8点、②③各3点、④6点

① 最大の要因：（協力して）原材料およびA社製品の品質向上に取り組んできたこと

※「確かな品質のものを提供することを第一とする経営姿勢で事業を展開（社内にDNAとして引き継がれている）」でもOK（8点）

※「品質向上に対して第三者からも評価を獲得」は①の代替として6点

※「高い水準で品質管理が行える体制」は①の代替として6点

② ①の要因：（取引先と）強固な関係を構築してきたこと

※「要望を妥協なく出し合う一方、公正な取引を徹底」でもOK（3点）

③ ②の要因：世界各国の生産者を取引先として開拓してきたこと

④ 製品特性：原材料であるナッツの品質によって製品品質が大きく左右されること

※「ナッツの栽培が重要であること」でもOK（6点）

※「日本国内にナッツを普及させたパイオニア企業であること」は、②または③の代替として3点

※「従業員はナッツに対する情熱に溢れた者が多い」は、②または③の代替として1点

※「ナッツの品質傾向に対応した製品づくり」は、②または③の代替として3点

※「それぞれのナッツの素材の味を最大限引き出すための数多くのロースト法を開発」は、②または③の代替として2点

※「それぞれのナッツに合わせた風味や食感を追求」は、②または③の代替として2点

※「従業員が誇りを持っている」は、②または③の代替として1点

| 基準 | 点数 | コメント |
|---|---|---|
| ① | 点/8点 | |
| ② | 点/3点 | |
| ③ | 点/3点 | |
| ④ | 点/6点 | |
| 合計 | 点/20点 | |

第2問 （配点20点）

〔解答例〕

| 食 | に | 対 | す | る | 安 | 心 | ・ | 安 | 全 | 意 | 識 | の | 高 | ま | り | に | 加 | え | 、 |
|---|---|---|---|---|---|---|---|---|---|---|---|---|---|---|---|---|---|---|---|
| 健 | 康 | ブ | ー | ム | が | 生 | じ | て | い | た | 。 | そ | の | た | め | 、 | ナ | ッ | ツ |
| が | パ | ー | フ | ェ | ク | ト | フ | ー | ド | で | あ | り | 、 | 安 | 全 | 性 | の | 高 | い |
| 食 | 品 | で | あ | る | こ | と | を | 認 | 識 | し | て | い | る | 人 | 々 | の | 顕 | 在 | ニ |
| ー | ズ | の | 高 | ま | り | に | 加 | え | 、 | そ | れ | を | 認 | 識 | す | れ | ば | 購 | 入 |
| す | る | と | い | う | 潜 | 在 | ニ | ー | ズ | が | 存 | 在 | し | て | い | た | こ | と | 。 |

〔採点基準〕①②各5点、③④各3点、⑤4点

① 背景にある要因(1)：(ナッツに対する) 顕在ニーズが高まっていたこと
　※「健康を考えてナッツを食べるというニーズが生じていた」でもOK（5点）
② 背景にある要因(2)：(ナッツに対する) 潜在ニーズが存在していたこと
　※「新たなナッツの食べ方が広がっていった」でもOK（5点）
　※「健康に対する意識はあっても、ナッツにその価値を認識できていない人々も多かった」は②の代替として2点
③ ①②の要因(1)（製品の特徴）：ナッツがパーフェクトフードであること
④ ①②の要因(2)（製品の特徴）：ナッツが安全性の高い食品であること
⑤ ①②の要因(3)（外部環境の変化）：食に対する安心・安全意識の高まりに加え、健康ブームが生じていたこと

| 基準 | 点数 | コメント |
|------|------|----------|
| ① | 点/5点 | |
| ② | 点/5点 | |
| ③ | 点/3点 | |
| ④ | 点/3点 | |
| ⑤ | 点/4点 | |
| 合計 | 点/20点 | |

第3問 （配点20点）

〔解答例〕

| 原 | 材 | 料 | の | 有 | 効 | 活 | 用 | は | 見 | 込 | ま | れ | る | が | 、 | A | 社 | の | 事 |
|---|---|---|---|---|---|---|---|---|---|---|---|---|---|---|---|---|---|---|---|
| 業 | 領 | 域 | と | は | 異 | な | り | 、 | ノ | ウ | ハ | ウ | や | 設 | 備 | な | ど | 新 | た |
| な | 経 | 営 | 資 | 源 | が | 必 | 要 | に | な | る | 。 | そ | の | た | め | 、 | 競 | 争 | 優 |
| 位 | 構 | 築 | が | 困 | 難 | な | こ | と | に | 加 | え | 、 | 経 | 営 | 資 | 源 | が | 分 | 散 |
| し | 、 | 全 | 社 | と | し | て | の | 競 | 争 | 力 | 低 | 下 | を | 懸 | 念 | し | た | か | ら | 。 |

〔採点基準〕 ①②各4点、③④⑤⑥各3点

① 理由(1)：競争優位構築が困難であることを懸念したから
② 理由(2)：全社としての競争力低下を懸念したから
③ ②の要因：経営資源が分散すること
④ ①②③の要因(1)：A社の事業領域とは異なること

　※「ドメイン（事業領域）が広がってしまう、曖昧になる」といった表現でも
　　OK（3点）

⑤ ①②③の要因(2)：ノウハウや設備など新たな経営資源が必要になること
⑥ 検討した理由：原材料の有効活用は見込まれること

　※「従業員の賛同が得られにくい」といった内容は、③〜⑤いずれかの代替とし
　　て3点

　※「強みである品質水準の維持が困難になる」といった内容は、②または③の代
　　替として3点

　※「ロースト技術が活かせない」は、③〜⑤いずれかの代替として3点

| 基準 | 点数 | コメント |
|------|------|---------|
| ① | 点/4点 | |
| ② | 点/4点 | |
| ③ | 点/3点 | |
| ④ | 点/3点 | |
| ⑤ | 点/3点 | |
| ⑥ | 点/3点 | |
| 合計 | 点/20点 | |

第4問 （配点20点）

〔解答例〕

| 部 | 門 | を | 超 | え | た | コ | ミ | ュ | ニ | ケ | ー | シ | ョ | ン | を | 図 | る | 土 | 壌 |
|---|---|---|---|---|---|---|---|---|---|---|---|---|---|---|---|---|---|---|---|
| が | あ | り | 、 | 従 | 業 | 員 | 間 | の | 協 | 力 | 意 | 識 | が | 高 | い | こ | と | 。 | ナ |
| ッ | ツ | を | 国 | 内 | に | 広 | め | た | パ | イ | オ | ニ | ア | 企 | 業 | の | 一 | 員 | と |
| し | て | 情 | 熱 | が | あ | る | こ | と | 。 | 事 | 業 | 内 | 容 | に | 社 | 会 | 的 | 意 | 義 |
| を | 感 | じ | 、 | 誇 | り | を | 持 | っ | て | い | る | こ | と | 、 | な | ど | で | あ | る | 。 |

〔採点基準〕①②④⑥各3点、③⑤各4点

① 要因(1)：従業員間の協力意識が高いこと
② ①の要因：部門を超えたコミュニケーションを図る土壌があること
③ 要因(2)：情熱があること
④ ③の要因：ナッツを国内に広めたパイオニア企業の一員であること
⑤ 要因(3)：誇りを持っていること
⑥ ⑤の要因：事業内容に社会的意義を感じていること

※「職人魂を有している」は、①～⑥いずれかの代替として2点

※「対外的な評価を得てきたこと」は、①～⑥いずれかの代替として2点

※「帰属意識が高い」は①～⑥いずれかの代替として2点

※「組織体制の整備」「人事制度の整備」といった内容は、①～⑥いずれかの代替として2点

| 基準 | 点数 | コメント |
|:---:|:---:|:---|
| ① | 点/3点 | |
| ② | 点/3点 | |
| ③ | 点/4点 | |
| ④ | 点/3点 | |
| ⑤ | 点/4点 | |
| ⑥ | 点/3点 | |
| 合計 | 点/20点 | |

第5問 （配点20点）

〔解答例〕

| 挑 | 戦 | を | 推 | 奨 | す | る | 方 | 針 | を | 明 | 確 | に | 発 | 信 | す | る | こ | と | 。 |
|---|---|---|---|---|---|---|---|---|---|---|---|---|---|---|---|---|---|---|---|
| 目 | 標 | 管 | 理 | 制 | 度 | を | 導 | 入 | し | 、 | 主 | 体 | 性 | の | 一 | 層 | の | 強 | 化 |
| を | 図 | る | こ | と | 。 | 成 | 果 | だ | け | で | な | く | 、 | 取 | り | 組 | み | 内 | 容 |
| を | 評 | 価 | す | る | な | ど | 、 | 会 | 社 | の | 方 | 針 | と | 評 | 価 | や | 報 | 酬 | な |
| ど | の | 制 | 度 | と | の | 整 | 合 | 性 | を | と | る | こ | と | 、 | な | ど | で | あ | る | 。 |

〔採点基準〕①7点、②④各4点、③2点、⑤3点

① 取り組み(1)：挑戦を推奨する方針を明確に発信すること
② 取り組み(2)：主体性の一層の強化を図ること
③ ②の具体例：目標管理制度の導入
④ 取り組み(3)：会社の方針と評価や報酬などの制度との整合性をとること
⑤ ④の具体例：（成果だけでなく）取り組み内容を評価する

　※ 「開拓スピリットやチャレンジ精神の維持・強化」につながる「組織・人事」
　　の観点の取り組みは、内容に応じて加点する。

| 基準 | 点数 | コメント |
|---|---|---|
| ① | 点/7点 | |
| ② | 点/4点 | |
| ③ | 点/2点 | |
| ④ | 点/4点 | |
| ⑤ | 点/3点 | |
| 合計 | 点/20点 | |

# 7 最終的な確認

取り組み前に設定したテーマの観点から、ここまでのフィードバック内容をすべて確認して、主要点を整理しておきましょう。

第 **2** 回

事例 **II**

# 1 テーマを設定（選択）する

　以下のリストの中から該当するテーマを選びましょう。もちろん、リストにないテーマを設定してもかまいません。

-------------------------------------------------------------------

**[今回のテーマ]** ☆少なくとも１つは選択しましょう。

☐ 実際の体験を通じて２次試験（事例Ⅱ）のことを知る（知見を増やす）

☐ 自分のマネジメント（80分の使い方、問題処理の優先度判断など）の改善の余地を特定する

☐ 自分の解答作成手順の改善の余地を特定する

☐ 自分の使える知識と技能の補強すべきところを特定する

✎ 自身で設定した具体的なテーマがあれば、理由とともに記録しておきましょう。

# 2 実際に取り組む

　演習問題に取り組みます。実際に答案を作成してください。取り組み中に気づいたことや感じたことがあればメモしておきましょう。

---

　B社は、地方都市X市に位置する酒造業である。B社社長を含め従業員は15名である。B社は120年余り前に創業し、現社長は5代目である。B社はX市でとれる米と、近隣を流れる一級河川を由来とする超軟水である地下水を使用し、代々伝わる伝統的な製法を守りつつ、時代に合った味わいになるように変化を重ねながら酒造りを続けてきた。日本酒は冬に1年分の酒を造ることが多かったが、B社では空調管理を徹底することで、年間を通して醸造することができる「四季醸造」を実現している。

　日本酒は、酒税法の分類では「清酒」に含まれる。清酒は、米と米麹、水を原料として発酵させ濾した酒である。原料を発酵させた状態のものを「もろみ」と呼び、それを濾したものが清酒となる。もろみのまま出荷される濁酒は一般的に「どぶろく」などと呼ばれ、濾した搾りかすは「酒かす」と呼ばれている。海外では清酒は「SAKE」として定着しており、欧米やアジアの文化が成熟した国々を中心にブームとなっている。日本からの輸出はここ10年以上毎年過去最多を更新する勢いとなっている。清酒造りは事実上新規参入が認められていなかったが、3年前に輸出専用として酒造を行う者に限定して新たな清酒製造免許が交付されるようになり、異業種参入や小規模な新規開業者なども増加し、大手メーカー、中小の老舗酒蔵などと合わせてその競争も激しくなっている。

　X市は水と緑に囲まれた自然豊かな土地でありながら、大都市圏から電車で1時間強とアクセスも良く、泉質の良い温泉、近隣の寺社や城の見学、山林散策などを目的とした観光客が多く訪れている。数年前まではインバウンド客も多く見られたが、新型コロナウイルス感染症の影響により、今はその姿が見られない。しかし、直近では外国人観光客の入国が段階的に緩和されてきており、再び多くのインバウンド客が訪れるようになることを地元自治体や住民も待ち遠しく思っているところである。国内各地からは中高年層を中心とした観光客が訪れている。ブランド和牛が有名であり、四季それぞれに楽しめるキノコ類や野菜を使った伝統料理なども多く存在する。

　また5年ほど前からX市には昭和初期に建てられた古民家を利用したいわゆる「民泊」や、農家が農業体験と合わせて宿泊サービスを提供する「農家民宿」などが増加している。最近では、物販やサービス提供においてすっかり定着した感のある定期購買方式（いわゆる「サブスク」）で宿泊サービスを提供している旅行業者も現れている。X市の民泊や農家民宿は、当初は中高年層に人気であったが、最近は若年層に浸透した「昭和レトロ」ブームの影響もあり、X市にも20代を中心とした若年女性グループが多く訪れるようになった。若年層には、体験したことのない古い建物での暮ら

しや、当地の健康的な食事、自然と触れ合う農業体験などが新鮮に感じられるようである。B社の近隣にある代々親交が深い野菜農家でも農家民泊を行っており、農作業の体験サービスを行っている。宿泊客には、X市に古くから伝わるうどんやだんごを振る舞っていて好評であり、SNSへの投稿なども見られている。

　日本の酒文化を伝承していくことを使命と考えているB社社長は、10年ほど前から酒の歴史や原料、製法を学び、仕込みの一部を体験できる「日本酒塾」を定期的に開講している。B社には酒造りを学びに外国から来た従業員もいるため、インバウンド客も積極的に受け入れ、日本酒のことを深く学びたい全国から訪れる日本人とともに人気を博していた。「日本酒塾」の開催を機に、B社では酒造り体験用の一升瓶約100本分の日本酒が製造できる小容量タンクを複数増設した。もともと試験醸造用に一升瓶200本分程度の小容量タンクを保有しており、これは他の酒蔵でも珍しくないが、増設した小容量タンクはそれよりも小さい。参加者には自分で書いたラベルを貼った一升瓶を、諸外国を含めて後日発送していたが、現在は感染症の影響を受け当地での開催から座学のみのオンライン講座に切り替えている。外国人の参加者は稀であるが、B社社長や杜氏が丁寧に説明を行っており参加者には大変好評である。

　B社社長は、より多くの人に日本酒を楽しんでもらうために、原料へのこだわりや酒造りの技術の絶えざる向上とともに、取引先の酒販店の意見や、地元の生産者から食材についての情報を聴くようにしている。日本酒には、精米時に米を多く削り香りを高めた吟醸酒、米をそれほど削らずに香りを抑えて料理の味を引き立たせる普通酒、またそれぞれに醸造アルコールを加えた本醸造系、醸造アルコールを加えない純米系など多様なタイプがあるが、B社ではいくつものタイプの日本酒を製造しており、多様な料理や飲酒場面に合うようなバリエーションが提供できているのではないか、と考えている。削った米は「ぬか」として近隣の畜産業者に提供したり、米粉として菓子製造業者に提供したりしている。米粉は小麦粉と比較して独特な食感や風味、低カロリーなどの特徴を有しており、最近注目を浴びている。B社社長は同じ米を原料とした、米粉によるおかきをつまみにして日本酒を飲むことを日々の楽しみの1つとしている。

　B社の日本酒は、酒類卸、地元の酒販店や宿泊施設への直接販売、自社ECサイトを通して出荷している。酒類卸を通した飲食店への販売は利益率は高くないものの、安定した出荷量や売上確保に貢献しやすい。また、直接販売は利益率は高いものの、需要動向により、出荷量や売上が安定しない面もある。ECサイトを開設する際には、特に地元の酒販店から競合することを恐れて批判的な意見もあったが、試験的に販売した結果ほとんどの購入者は遠方の顧客だったため、今では了承を得ることができている。ECサイトでの購入者は、X市でB社の日本酒に触れた経験のある者のリピート購入が占める割合が多い。感染症まん延以降の売上は業務用の販売が大きく低下したものの、酒販店やECサイトの売上は伸びており、全体としては微減にとどまって

いる。Ｂ社のホームページには、酒造りの製法、会社の歴史、原材料のこだわり、ＥＣサイトへのリンク、アクセスなどが掲載されている。

　最近では、取引先の酒類卸から個性ある酒を用意したいという飲食店が多いと聞くようになった。飲食店は競争が激しく差別化要素を見出すのに苦労している店が多く、特に規模が小さい店ではその傾向が強いようである。また、全国的に若者の酒離れや日本酒離れの傾向が見られる一方、食事や酒を深く知って楽しみたいという人々は増加している。

　ここ数年は感染症の影響もあり経営環境が大きく変化しているが、接触の回避も緩和してきて国内観光客は回復傾向にあり、インバウンド客の再来の兆しも見えてきた。Ｂ社社長は、将来的には補助金なども活用して事業拡大やさらなる酒文化の伝承を目指したい意向であるが、当面は業績回復に向けできることをしっかり行い、この環境を乗り越えていく覚悟を持っている。

第1問 （配点20点）

　現在のB社の経営環境について、SWOT分析を行い、それぞれについて30字以内で説明せよ。

第2問 （配点20点）

　新型コロナウイルス感染症の影響もあり、B社の業務用製品の売上が減少している。これを回復するための取り組みについて、100字以内で助言せよ。

第3問 （配点20点）

　B社社長は、今後も酒文化を伝承していくことを使命と考えている。そのためには新たな顧客層の開拓が必要となる。B社はどのようにして、開拓を行うべきか。100字以内で助言せよ。

第4問 （配点40点）

（設問1）

　B社社長はX市の事業者として、X市に貢献しつつ自社の売上を回復させていきたいと考えている。これを実現するための製品戦略を、ターゲットを明確にして80字以内で助言せよ。

（設問2）

　設問1で解答した製品について、B社が持続的に販売していくためにはどのような取り組みを行っていくべきか。100字以内で助言せよ。

# 3 問題文解釈の作業プロセスを検証する

作業プロセスの確認は、問題ごとに、チェック項目をもとに行います。2次試験問題の処理における最大のポイントは、問題文の解釈です。以下の観点から確認し、改善が必要なところを洗い出しましょう。

----

第1問

☐ SWOTそれぞれの内容は、後続の問題との関係で特定する作業を想定した。

　☆SWOTそれぞれと施策の関係

　S（強み）：現在のB社の売上に貢献している内部資源で、今後の施策に生かすこと

　W（弱み）：現在のB社の売上増を邪魔している内部のことで、今後の施策で解決すること

　O（機会）：今後の施策に生かす外部環境（変化）

　T（脅威）：今後の施策でその影響を回避・縮小する外部環境（変化）

　☞ ☐できた　☐だいたいできた　☐あまりできなかった　☐できなかった

☐ 制限字数が「30字以内」なので、要素の数は1つか2つであると想定した。

　☞ ☐できた　☐だいたいできた　☐あまりできなかった　☐できなかった

✏ 気づいたこと・改善すること

第2問

☐ 「業務用製品」に限定していることから、それ以外の製品のことを解答に含めてはいけないことを認識した。

　☞ ☐できた　☐だいたいできた　☐あまりできなかった　☐できなかった

☐ 「取り組み」内容を特定する根拠は、業務用の領域においてB社製品で対応可能なニーズの存在であることを想定した。

　☞ ☐できた　☐だいたいできた　☐あまりできなかった　☐できなかった

✎ 気づいたこと・改善すること

┌─────────────────────────────────────────────────────────┐
│ ● ● ● ● ● ● ● ● ● ● ● ● ● ● ● ● ● ● ● ● ● ● ● ● ● ● ● ● ● ● │
│                                                         │
│                                                         │
│                                                         │
│                                                         │
│                                                         │
└─────────────────────────────────────────────────────────┘

第3問

☐ 現在はB社の酒（あるいは酒全般）をまったく購入しないが、B社の酒で対応できるニーズがあることを想定した。

　　☞ ☐できた　☐だいたいできた　☐あまりできなかった　☐できなかった

☐ "ターゲット層を明確にして" という指示はないが、上記ニーズを持っている人たちが特定の層であり、それが根拠として示されている場合は、解答に含めることを想定した。

　　☞ ☐できた　☐だいたいできた　☐あまりできなかった　☐できなかった


✎ 気づいたこと・改善すること

┌─────────────────────────────────────────────────────────┐
│ ● ● ● ● ● ● ● ● ● ● ● ● ● ● ● ● ● ● ● ● ● ● ● ● ● ● ● ● ● ● │
│                                                         │
│                                                         │
│                                                         │
│                                                         │
│                                                         │
└─────────────────────────────────────────────────────────┘

第4問

（設問1）

☐ 「X市に貢献しつつ自社の売上回復」なので、X市のニーズ（課題）とB社製品で対応可能な事業者もしくは消費者のニーズが根拠になることを想定した。

　　☞ ☐できた　☐だいたいできた　☐あまりできなかった　☐できなかった

☐ 要求は「製品戦略」と「ターゲット」なので、それ以外のこと（販売チャネル、プロモーションなど）を解答に含めてはいけないことを認識した。

　　☞ ☐できた　☐だいたいできた　☐あまりできなかった　☐できなかった

✐ 気づいたこと・改善すること

━━━━━━━━━━━━━━━━━━━━━━━━━━━━━━━━━━━━━━

（設問2）

☐ 「持続的に販売していく」とは、①（製造）販売が持続する、②売上が持続する、

のどちらか一方、あるいは両方の可能性があることを想定した。

☞ ☐できた　☐だいたいできた　☐あまりできなかった　☐できなかった

✐ 気づいたこと・改善すること

━━━━━━━━━━━━━━━━━━━━━━━━━━━━━━━━━━━━━━

💡 作業のポイント

チェックするのは手段であり、目的は改善すべきところをはっきりさせることです。改善すべきところおよびそのための方策は、以下のように特定できます。

| 洗い出したこと | | 改善すること |
|---|---|---|
| メモしていない | → | メモすることを手順に加えて、練習する。 |
| そのようなことは考えなかった | → | 問題文の解釈の練習をする。 |
| そのようなことは浮かばなかった | → | 使いたい知識に加え、すっと使えるよう何度も出力する。 |

解答より先に解説を読み、出題者の意図を理解します。

"自分の知識や考えと異なるところはどこか？"という観点から、出題者自身が書いた解説を読むことで、自分の知識や考え方の更新（補強と修正）を行いましょう。

----

解説

## 1．事例の特徴と取り組み方

今回の事例は、酒造業がテーマとなっている。事例Ⅱでは、我々の生活に密着した小売業、製造小売業、サービス業などが事例企業となることが多い。他の事例と比較して、事例企業のイメージが湧きやすい特徴があるが、それ故に問題の設定にかかわらず自らのイメージに寄せた解釈や解答づくりをしてしまうことも多い。あくまでも試験の鉄則は、出題者が設定した解答に近づくことである。

また、事例を解くにあたっては、すべての問題に対して十分な検討を行って、満足な解答を作成するほどの時間は与えられない。80分では思うような解答づくりは困難であること、それゆえに、できる問題で少しずつでも得点を重ねることが重要となり、得点可能性が高い問題から解答することが必要となる。解答内容だけでなく、時間配分や問題の取り組み順なども、本事例を通して振り返ってほしい。

## 2．答案作成プロセス

⑴　問題要求の確認

最初に、問題要求を確認し、問題本文から読み取りたい（内容を特定したい）情報を想定したい。また、問題間の関連や、各問題の解答の構成要素などを検討したい。

第1問（配点20点）

直接の問題要求は「SWOT分析」である。SWOT分析とは、Strength（強み）、Weakness（弱み）の内部資源の観点、およびOpportunity（機会）、Threat（脅威）の外部環境の観点から、企業の置かれている環境を分析し、戦略構築を行うためのフレームワークである。

第1問で環境分析を行う意味合いは、ここでとらえた環境を踏まえて、第2問以降で経営戦略やマーケティング戦略に関する助言を行うということである。そのため、第2問以降で活かすことができる強みや克服すべき弱み、および乗じるべき機会や意識すべき脅威などを指摘するような意識をもって解答づくりに取り組みたい。

2次試験でSWOT分析が問われた際の各項目の字数は、30字または40字となっており、多くの要素を盛り込むことが難しい。それぞれ1つまたは2つ程度の要素を簡潔な修飾を添えて記述していく。

**第2問**（配点20点）

　要求は、「業務用製品の売上回復策」である。新型コロナウイルス感染症の影響という外部環境変化が示されているので、その影響を緩和させるような対策をとるのか、あるいは感染症とは直接は関係しない方向性の取り組みとするのか、解答づくりの際に意識しておきたい。

　B社の業務用製品を確認し、減少している状況を確認する必要がある。取引先のニーズを踏まえて新製品を開発するのか、既存製品の売り方を工夫するのか、などを検討する。

**第3問**（配点20点）

　リード文には、「新たな顧客層の開拓」の必要性が示されている。「今後も酒文化を伝承していくこと」が使命であり、目的である。現状の顧客層のままでは、酒文化の伝承が危ぶまれる事態が想定されるため、現在の顧客層や伝承のために必要となる顧客層を問題本文から特定したい。一般的に、新規顧客層を獲得するためには新たな製品やサービスの開発が必要となる。また、製品が認知されていない場合には、認知度を上げる必要がある。問題本文から開拓すべき顧客層を特定し、そのニーズを確認する。

**第4問**（配点40点）

（設問1）

　要求は、「X市に貢献しつつ自社の売上を回復させるための製品戦略およびターゲット」である。X市への貢献の観点から、X市の企業や自治体、団体などとの協業の可能性を検討したい。協業相手は、関係構築ができていて、資源補完できる相手を選択する。B社の売上回復について、第2問や第3問との切り分けに注意して売上向上につながる要素を選択したい。X市への貢献との関連性も考慮しながらターゲットを特定する必要がある。また、本問は2つの設問構成となっており、両者は密接に関連するため同時並行で検討を進めることが理想的である。設問2の解答を導くことができるような解答となることに留意して、設問1の解答要素を検討していく。

（設問2）

　要求は、「持続的に販売していくための取り組み」である。前述のとおり、設問1と同時並行で検討する必要がある。「取り組み」という問いは多様な方向性を含むため、施策の方向性を特定しづらいが、設問1でターゲットと製品を解答することを考えれば、設問2では、コミュニケーション戦略、プロモーション戦略、販売戦略などが問われているものと想定したい。

　コミュニケーション戦略としては、新たな顧客との接点づくりや、顧客への情報発

信、双方向のやりとりなどが方向性となり得る。プロモーション戦略としては、販売促進を中心とした具体的な施策が求められる。また、販売戦略としては、販売手法、販売経路などが対象となる。

## (2) 事例の大枠の把握（問題本文を読んで理解する）

本事例は問題本文が2頁半であり、ボリュームは標準的である。

第1段落　B社の概要
第2段落　日本酒の概要
第3段落　X市について
第4段落　農家民泊について
第5段落　B社の取り組みについて
第6段落　B社の酒造りや原材料について
第7段落　B社の販売経路について
第8段落　最近の顧客環境について
第9段落　今後について

## (3) 解答作成

解答箇所（8か所）、解答の制限字数（500字）となっており、近年の本試験と比較して、解答のボリュームは若干多い。「得点見込みが高く、編集もしやすい（解答編集に手間取る可能性が低い）問題」から順に処理していく方針を採用したい。

第1問

強みを確認する。

第1段落

「X市でとれる米と、近隣を流れる一級河川を由来とする超軟水である地下水を使用し、代々伝わる伝統的な製法を守りつつ、時代に合った味わいになるように変化を重ねながら酒造りを続けてきた。」

B社の強みとして、酒造りに適した立地や、代々伝わる伝統的な製法が挙げられる。ほかにも「四季醸造」（第1段落）、「日本酒塾の開催」（第5段落）、「ECサイトのリピート購入」（第7段落）など、強みに該当しそうな根拠も示されているが、特別に全国の酒造業に対して優位性が高いとはいえないかもしれない。本試験においても強みといえそうな要素は数多く示される傾向にあり、現実的には（試験対策としては）、複数の要素を盛り込んでおいたほうが、0点の解答をつくってしまうリスクを回避で

きるといえる。

次に、弱みを確認する。

第7段落

「B社の日本酒は、酒類卸、地元の酒販店や宿泊施設への直接販売、自社ECサイトを通して出荷している。酒類卸を通した飲食店への販売は利益率は高くないものの、安定した出荷量や売上確保に貢献しやすい。（中略）感染症まん延以降の売上は業務用の販売が大きく低下したものの、酒販店やECサイトの売上は伸びており、全体としては微減にとどまっている。」

　過去の本試験では、弱みの指摘がSWOTの中でも難しくなっている。本事例では、安定した売上確保に貢献する業務用販売の減少を弱みとしている。業務用販売は、酒類卸を通して行われており、B社は、特別に拡販につながる行動をとっている様子が見られない。解答としては、"減少する業務用製品に対するマーケティング活動の不足"という側面で解答をすることも可能である。

次に、機会を確認する。

第8段落

「最近では、取引先の酒類卸から個性ある酒を用意したいという飲食店が多いと聞くようになった。飲食店は競争が激しく差別化要素を見出すのに苦労している店が多く、特に規模が小さい店ではその傾向が強いようである。また、全国的に若者の酒離れや日本酒離れの傾向が見られる一方、食事や酒のことを深く知って楽しみたいという人々は増加している。」

　機会としては、日本酒の需要として、飲食店の業務用ニーズ、消費者の需要変化が示されている。これらの変化に対応できれば、B社の売上は向上する可能性がある。

次に、脅威を確認する。

第2段落

「海外では清酒は「SAKE」として定着しており、欧米やアジアの文化が成熟した国々を中心にブームとなっている。」

第5段落

「日本の酒文化を伝承していくことを使命と考えているB社社長は、10年ほど前から酒の歴史や原料、製法を学び、仕込みの一部を体験できる「日本酒塾」を定期的に

開講している。B社には酒造りを学びに外国から来た従業員もいるため、インバウンド客も積極的に受け入れ、日本酒のことを深く学びたい全国から訪れる日本人とともに人気を博していた。（中略）現在は感染症の影響を受け当地での開催から座学のみのオンライン講座に切り替えている。外国人の参加者は稀であるが、B社社長や杜氏が丁寧に説明を行っており参加者には大変好評である。」

新型コロナウイルスの影響により、インバウンド客が減少しているため、海外で需要が増加している恩恵を享受することができなくなっている。B社の売上のみが低下するのであれば、"弱み"として表現すべき点であるが、業界全体における売上低下要因と考えられるため、マクロ環境的な表現を用いて脅威として指摘したい。

第8段落

「また、全国的に若者の酒離れや日本酒離れの傾向が見られる一方、食事や酒を深く知って楽しみたいという人々は増加している。」

また、若者の酒離れや日本酒離れは直接的に脅威となる事象である。

第2問
業務用製品の既存取引先のニーズに着目し、問題本文を確認する。

第8段落

「最近では、取引先の酒類卸から個性ある酒を用意したいという飲食店が多いと聞くようになった。飲食店は競争が激しく差別化要素を見出すのに苦労している店が多く、特に規模が小さい店ではその傾向が強いようである。」

第6段落

「B社ではいくつものタイプの日本酒を製造しており、多様な料理や飲酒場面に合うようなバリエーションが提供できているのではないか、と考えている。」

第5段落

「「日本酒塾」の開催を機に、B社では酒造り体験用の一升瓶約100本分の日本酒が製造できる小容量タンクを複数増設した。もともと試験醸造用に一升瓶200本分程度の小容量タンクを保有しており、これは他の酒蔵でも珍しくないが、増設した小容量タンクはそれよりも小さい。参加者には自分で書いたラベルを貼った一升瓶を、諸外国を含めて後日発送していた」

第9段落

「ここ数年は感染症の影響もあり経営環境が大きく変化しているが、接触の回避も緩和してきて国内観光客は回復傾向にあり、インバウンド客の再来の兆しも見えてき

た。B社社長は将来的には補助金なども活用して事業拡大やさらなる酒文化の伝承を目指したい意向であるが、当面は業績回復に向けできることをしっかり行い、この環境を乗り越えていく覚悟を持っている。」

飲食店の「個性ある酒」「差別化要素」というニーズが確認できる。今までは酒類卸経由の注文に応じて出荷していれば、安定した出荷量を確保できていたが、感染症の影響を受け、今までどおりの売り方では同様の出荷量を確保することが難しくなった。B社は、多様な日本酒造りが可能であるが、個々の飲食店のニーズを踏まえて酒造りを行っているわけではないので、ここに売上回復の余地が感じられる。特に、小規模店への個別ニーズに対応することは、他の酒蔵でも容易ではないであろう。

ここで目を引くのは、小容量タンクの存在である。B社の小容量タンクは一升瓶100本分の生産が可能である。一升瓶100本が小規模飲食店の需要に適した数量かどうかについて特定するまでの根拠は示されていないが、まったく検討に値しない数量とは考えられない。それぞれの飲食店で提供する料理に合ったオリジナルの日本酒を製造、提供できれば、間違いなく飲食店の差別化要素となる。

小容量タンクについては、「日本酒塾」の体験用として増設した経緯がある。観光客が戻ってきた際には、再度体験用として活用する可能性が考えられるが、第9段落にあるように、今後必要となる場合には再投資などを行う可能性があり、当面の業績回復が優先であるので、有効活用の方向を示すことに問題はない。

また、B社では「自作のラベル」の提供も行っている。小規模飲食店の独自のラベル作成が可能であることも、飲食店にとっては魅力であろう。

第3問

新規顧客層について、問題本文を確認する。

第4段落

「また5年ほど前からX市には昭和初期に建てられた古民家を利用したいわゆる「民泊」や、農家が農業体験と合わせて宿泊サービスを提供する「農家民宿」などが増加している。（中略）X市の民泊や農家民宿は、当初は中高年層に人気であったが、最近は若年層に浸透した「昭和レトロ」ブームの影響もあり、X市にも20代を中心とした若年女性グループが多く訪れるようになった。若年層には、体験したことのない古い建物での暮らしや、当地の健康的な食事、自然と触れ合う農業体験などが新鮮に感じられるようである。B社の近隣にある代々親交が深い野菜農家でも農家民泊を行っており、農作業の体験サービスを行っている。宿泊客には、X市に古くから伝わるうどんやだんごを振る舞っていて好評であり、SNSへの投稿なども見られている。」

第6段落

「削った米は「ぬか」として近隣の畜産業者に提供したり、米粉として菓子製造業者に提供したりしている。米粉は小麦粉と比較して独特な食感や風味、低カロリーなどの特徴を有しており、最近注目を浴びている。B社社長は同じ米を原料とした、米粉によるおかきをつまみにして日本酒を飲むことを日々の楽しみの1つとしている。」

第7段落

「ECサイトでの購入者は、X市でB社の日本酒に触れた経験のある者のリピート購入者が占める割合が多い。」

第8段落

「また、全国的に若者の酒離れや日本酒離れの傾向が見られる一方、食事や酒を深く知って楽しみたいという人々は増加している。」

　全国的な若者の日本酒離れは、酒文化伝承に対する大きな課題となる。B社が若年層と接点を持つことを試みたい。関係が深い近隣の農家民宿には健康的な食事もニーズに持つ若年女性が訪れており、この層との繋がりを持つことを検討する。

　宿泊客は、特製のうどん、だんごに対して好意的な反応を示している。うどん、だんごに関しては、B社は米粉の提供をきっかけとすることができそうである。

　これらの接点をつくったとしても、B社の日本酒を試してもらわない限り日本酒離れの解決には至らない。よって、B社はこの宿泊客に対して日本酒の試飲などを行う必要がある。B社社長は、日本酒塾で原料や酒の知見を伝えるノウハウを持っているため、これを活かして日本酒の魅力を若年女性層に伝えたい。

　若年女性層はSNS発信を行っている旨も示されているため、日本酒に触れることでこれらの魅力を拡散してくれる可能性が考えられる。解答の結論としては、宿泊客が自宅に戻った後にECサイトでリピート購入すること、クチコミによる新規顧客の獲得など、問題要求の「新たな顧客層の開拓」に直接結びつく要素まで盛り込みたい。

第4問

（設問1）

　X市の関係しそうな要素、製品戦略およびターゲットについて、問題本文を確認する。

第8段落

「また、全国的に若者の酒離れや日本酒離れの傾向が見られる一方、食事や酒を深く知って楽しみたいという人々は増加している。」

第3段落

「国内各地からは中高年層を中心とした観光客が訪れている。ブランド和牛が有名

であり、四季それぞれに楽しめるキノコ類や野菜を使った伝統料理なども多く存在する。」

第6段落

「B社社長は、より多くの人に日本酒を楽しんでもらうために、原料へのこだわりや酒造りの技術の絶えざる向上とともに、取引先の酒販店の意見や、地元の生産者から食材についての情報を聴くようにしている。日本酒には、精米時に米を多く削り香りを高めた吟醸酒、米をそれほど削らずに香りを抑えて料理の味を引き立たせる普通酒、またそれぞれに醸造アルコールを加えた本醸造系、醸造アルコールを加えない純米系など多様なタイプがあるが、B社ではいくつものタイプの日本酒を製造しており、多様な料理や飲酒場面に合うようなバリエーションが提供できているのではないか、と考えている。」

X市への貢献およびB社の売上向上を実現させるためには、四季それぞれのX市の特産品と多様な食事に合うB社の日本酒をセットにして販売することが望ましい。日本酒と食事との相性、X市の特産品をよく知るB社社長だからこそできるマッチングである。ターゲットとしては増加している全国の食事や酒を深く知って楽しみたいという人々への販売を期待したい。

（設問2）

プロモーション戦略について、問題本文を確認する。

第4段落

「最近では、物販やサービス提供においてすっかり定着した感のある定期購買方式（いわゆる「サブスク」）で宿泊サービスを提供している旅行業者も現れている。」

第5段落

「日本の酒文化を伝承していくことを使命と考えているB社社長は、10年ほど前から酒の歴史や原料、製法を学び、仕込みの一部を体験できる「日本酒塾」を定期的に開講している。（中略）現在は、感染症の影響を受け当地での開催から座学のみのオンライン講座に切り替えている。外国人の参加者は稀であるが、B社社長や杜氏が丁寧に説明を行っており参加者には大変好評である。」

継続的に販売していきたいことや、X市の農水産物は四季それぞれの魅力があることを考慮すれば、望ましい販売方式は「定期購買方式（いわゆる「サブスク」）」である。サブスク（サブスクリプション）とは、一定期間の利用料金を支払うことにより、期間内の商品やサービスを購入、利用できる販売方式のことである。

また、B社は「日本酒塾」を開講することで、オンラインで日本酒の知識や魅力を

伝える手段、ノウハウを有している。それを生産者とともに活用して、商品の魅力を伝えていくことにより、食事や酒を深く知って楽しみたいという人々のニーズを満たすことが販売促進につながる。単純に商品を販売するだけではなく、食べながらその食品や酒についての話を聞くことができるような仕組みづくりが有効となろう。

これらにより、一定のサブスク期間（たとえば四季が一巡する１年間）の売上確保はできるかもしれないが、サブスクは、解約されずに継続（更新）してもらうことが事業の継続性のために重要となる。オンライン上で双方向のコミュニケーションが実現すれば、単純な商品購入と比較して顧客愛顧（ロイヤルティ）の向上の効果が期待でき、中長期的な商品購入の可能性が高まる。

これらによりＸ市への貢献およびＢ社の売上向上を図っていくことが、Ｂ社社長の思いへの助言となる。

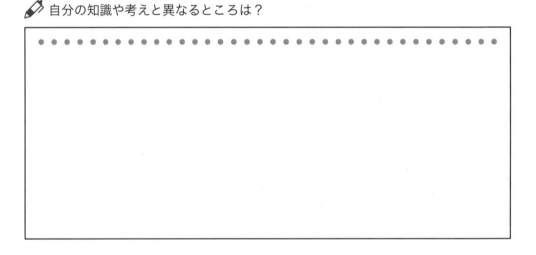 自分の知識や考えと異なるところは？

## 5 作業全体を検証する

　作業の結果としてできあがる解答の要件を自分の解答がどの程度満たしているのか検証します。検証は問題ごとに設定された［対応のポイント］に基づいて行いましょう。その上で、作業プロセス全体を振り返り、改善の余地がどこにあるかを検討しましょう。

---

第1問

［対応のポイント］

☐ 4つの解答欄すべて記述できていること

　　☞ ☐できた　☐だいたいできた　☐あまりできなかった　☐できなかった

✐ 気づいたこと・改善すること

```
• • • • • • • • • • • • • • • • • • • • • • • • • • • • • • • •




```

第2問

［対応のポイント］

☐ "個性のある酒を用意したい" という飲食店のニーズを核に解答を組み立てていること

　　☞ ☐できた　☐だいたいできた　☐あまりできなかった　☐できなかった

✐ 気づいたこと・改善すること

```
• • • • • • • • • • • • • • • • • • • • • • • • • • • • • • • •




```

第3問

［対応のポイント］

☐ 顧客層（ターゲット）として、民宿の宿泊客である若年女性を対応づけできていること

☞ □できた　□だいたいできた　□あまりできなかった　□できなかった

✎ 気づいたこと・改善すること

```
・・・・・・・・・・・・・・・・・・・・・・・・・・・・・・・・・・・・・・・・・・・・・・・・・・・・・・・・
```

第4問

（設問1）

［対応のポイント］

□「全国で増加する食事や酒を深く知って楽しみたい」ニーズを対応づけていること
　　☞ □できた　□だいたいできた　□あまりできなかった　□できなかった

✎ 気づいたこと・改善すること

```
・・・・・・・・・・・・・・・・・・・・・・・・・・・・・・・・・・・・・・・・・・・・・・・・・・・・・・・・
```

（設問2）

［対応のポイント］

□定期購買方式（サブスク）を対応づけていること
　　☞ □できた　□だいたいできた　□あまりできなかった　□できなかった

✎ 気づいたこと・改善すること

```
・・・・・・・・・・・・・・・・・・・・・・・・・・・・・・・・・・・・・・・・・・・・・・・・・・・・・・・・
```

# 6 自分の答案を出題者側から評価してみる

　自分の解答を採点します。自分は出題者（採点者）であり、「答案は他人のもの」という想定で評価しましょう。採点を通じて、解答の構成・組み立て、明示している要素内容・表現などでの改善の余地を把握しましょう。

---

**第1問** （配点20点）

① 【S】 ＜5点＞

〔解答例〕

| 代 |々 | 伝 | わ | る | 伝 | 統 | 的 | な | 製 | 法 | と | 、 | 上 | 質 | な | 米 | と | 水 | に |
| 恵 | ま | れ | た | 好 | 立 | 地 | 。 | | | | | | | | | | | | |

〔採点基準〕①3点、②2点

　① 強み(1)：代々伝わる伝統的な製法

　② 強み(2)：上質な米と水に恵まれた好立地

| 基準 | 点数 | コメント |
|---|---|---|
| ① | 点/3点 | |
| ② | 点/2点 | |
| 合計 | 点/5点 | |

② 【W】 ＜5点＞

〔解答例〕

| 安 | 定 | し | た | 売 | 上 | 確 | 保 | に | 貢 | 献 | す | る | 業 | 務 | 用 | 製 | 品 | の | 売 |
| 上 | が | 減 | 少 | し | て | い | る | こ | と | 。 | | | | | | | | | |

〔採点基準〕①3点、②2点

　① 弱み：業務用製品の売上が減少していること

　② ①の補足：（業務用製品が）安定した売上確保に貢献すること

| 基準 | 点数 | コメント |
|---|---|---|
| ① | 点/3点 | |
| ② | 点/2点 | |
| 合計 | 点/5点 | |

③【O】＜5点＞

〔解答例〕

| 個 | 性 | を | 求 | め | る | 飲 | 食 | 店 | や | 、 | 酒 | を | 深 | く | 知 | っ | て | 楽 | し |
|---|---|---|---|---|---|---|---|---|---|---|---|---|---|---|---|---|---|---|---|
| み | た | い | 消 | 費 | 者 | の | 増 | 加 | 。 | | | | | | | | | | |

〔採点基準〕①3点、②2点

① 機会⑴：個性を求める飲食店の増加

② 機会⑵：酒を深く知って楽しみたい消費者の増加

| 基準 | 点数 | コメント |
|---|---|---|
| ① | 点/3点 | |
| ② | 点/2点 | |
| 合計 | 点/5点 | |

④【T】＜5点＞

〔解答例〕

| イ | ン | バ | ウ | ン | ド | 客 | が | 減 | 少 | し | た | こ | と | と | 若 | 者 | の | 酒 | 離 |
|---|---|---|---|---|---|---|---|---|---|---|---|---|---|---|---|---|---|---|---|
| れ | や | 日 | 本 | 酒 | 離 | れ | 現 | 象 | 。 | | | | | | | | | | |

〔採点基準〕①3点、②2点

① 脅威⑴：インバウンド客が減少したこと

② 脅威⑵：若者の酒離れや日本酒離れ現象

| 基準 | 点数 | コメント |
|---|---|---|
| ① | 点/3点 | |
| ② | 点/2点 | |
| 合計 | 点/5点 | |

第2問 (配点20点)

〔解答例〕

| 取 | 引 | 先 | の | 酒 | 類 | 卸 | を | 通 | し | て | 、 | 個 | 性 | を | 求 | め | る | 飲 | 食 |
|---|---|---|---|---|---|---|---|---|---|---|---|---|---|---|---|---|---|---|---|
| 店 | に | 対 | し | 、 | オ | リ | ジ | ナ | ル | の | 日 | 本 | 酒 | を | 開 | 発 | す | る | 提 |
| 案 | を | 行 | う | 。 | 小 | 容 | 量 | タ | ン | ク | を | 活 | 用 | し | て | 小 | 規 | 模 | 店 |
| に | も | 対 | 応 | し | 、 | 個 | 々 | の | 店 | の | 要 | 望 | に | 合 | わ | せ | た | 酒 | 造 |
| り | や | 、 | オ | リ | ジ | ナ | ル | の | ラ | ベ | ル | 作 | 成 | を | 行 | う | 。 | | |

〔採点基準〕①6点、②4点、③④各3点、⑤⑥各2点

① 施策：オリジナルの日本酒を開発する提案を行う

② ターゲット：個性を求める飲食店

③ ①②の補足（販売経路）：取引先の酒類卸を通して行う

④ ①の補足（活用資源）：小容量タンクを活用して小規模店にも対応する

⑤ ①の具体的内容(1)：個々の要望に合わせた酒造りを行う

⑥ ①の具体的内容(2)：オリジナルのラベル作成などを行う

| 基準 | 点数 | コメント |
|---|---|---|
| ① | 点/6点 | |
| ② | 点/4点 | |
| ③ | 点/3点 | |
| ④ | 点/3点 | |
| ⑤ | 点/2点 | |
| ⑥ | 点/2点 | |
| 合計 | 点/20点 | |

〔解答例〕

| 農 | 家 | 民 | 宿 | に | 米 | 粉 | を | 提 | 供 | し | 、 | 宿 | 泊 | 客 | で | あ | る | 健 | 康 |
|---|---|---|---|---|---|---|---|---|---|---|---|---|---|---|---|---|---|---|---|
| 志 | 向 | の | 若 | 年 | 女 | 性 | に | 対 | し | 、 | 米 | 粉 | を | 原 | 料 | と | し | た | う |
| ど | ん | や | だ | ん | ご | と | 日 | 本 | 酒 | の | 試 | 食 | 、 | 飲 | 食 | 会 | を | 行 | う。 |
| SN | S | 投 | 稿 | を | 促 | し | 、 | 宿 | 泊 | 客 | の | EC | サ | イ | ト | か | ら | の | 購 |
| 入 | や | 拡 | 散 | 効 | 果 | に | よ | る | 新 | 規 | 顧 | 客 | 獲 | 得 | を | 期 | 待 | す | る。 |

〔**採点基準**〕①②各5点、③④各2点、⑤⑥各3点

① 施策：米粉を原料としたうどんやだんごと日本酒の試食、試飲会を行う

② ターゲット：（農家民宿の）宿泊客である健康志向の若年女性

③ ①の補足(1)：農家民宿に米粉を提供する

④ ①の補足(2)：SNS投稿を促す

⑤ 全体の期待効果(1)：宿泊客のECサイトからの購入

⑥ 全体の期待効果(2)：拡散効果による新規顧客獲得

| 基準 | 点数 | コメント |
|---|---|---|
| ① | 点/5点 | |
| ② | 点/5点 | |
| ③ | 点/2点 | |
| ④ | 点/2点 | |
| ⑤ | 点/3点 | |
| ⑥ | 点/3点 | |
| 合計 | 点/20点 | |

第4問 （配点40点）

（設問1） ＜15点＞

〔解答例〕

| 全 | 国 | で | 増 | 加 | す | る | 食 | 事 | や | 酒 | を | 深 | く | 知 | っ | て | 楽 | し | み |
|---|---|---|---|---|---|---|---|---|---|---|---|---|---|---|---|---|---|---|---|
| た | い | 人 | 々 | に | 対 | し | 、 | X | 市 | の | 農 | 水 | 産 | 物 | の | 生 | 産 | 者 | 等 |
| と | 連 | 携 | し | 、 | 季 | 節 | ご | と | の | X | 市 | の | 特 | 産 | 品 | と | そ | れ | に |
| 合 | う | 日 | 本 | 酒 | を | 見 | つ | く | ろ | っ | て | セ | ッ | ト | で | 提 | 供 | す | る | 。 |

〔採点基準〕①②各6点、③3点

① 製品戦略：季節ごとのX市の特産品とそれに合う日本酒を見つくろって、セットで提供する

② ターゲット：全国で増加する食事や酒を深く知って楽しみたい人々

③ ①の補足：X市の農水産物の生産者等と連携する

| 項目 | 点数 | コメント |
|---|---|---|
| ① | 点/6点 | |
| ② | 点/6点 | |
| ③ | 点/3点 | |
| 合計 | 点/15点 | |

（設問2） ＜25点＞

〔解答例〕

| 季 | 節 | ご | と | に | 商 | 品 | を | 発 | 送 | す | る | 定 | 期 | 購 | 買 | 方 | 式 | を | 採 |
|---|---|---|---|---|---|---|---|---|---|---|---|---|---|---|---|---|---|---|---|
| 用 | し | 、 | 商 | 品 | 発 | 送 | に | 合 | わ | せ | オ | ン | ラ | イ | ン | で | 食 | 事 | 会 |
| を | 開 | 催 | す | る | 。 | B | 社 | 社 | 長 | と | 生 | 産 | 者 | が | 商 | 品 | を | 説 | 明 |
| し | 、 | 参 | 加 | 者 | か | ら | の | 質 | 問 | を | 受 | け | る | な | ど | 双 | 方 | 向 | の |
| や | り | と | り | を | 行 | っ | て | 顧 | 客 | の | 愛 | 顧 | を | 向 | 上 | さ | せ | る | 。 |

〔採点基準〕①8点、②⑥各5点、③④各2点、⑤3点

① 取り組み(1)：季節ごとに商品を発送する定期購買方式（サブスク）を採用する

② 取り組み(2)：商品発送に合わせオンラインで食事会を開催する

③ ②の補足(1)：B社社長と生産者が商品を説明する

④ ②の補足(2)：参加者からの質問を受ける
⑤ ②③④の補足：双方向のやりとりを行う
⑥ 全体の期待効果：顧客の愛顧を向上させる

| 基準 | 点数 | コメント |
|---|---|---|
| ① | 点/8点 | |
| ② | 点/5点 | |
| ③ | 点/2点 | |
| ④ | 点/2点 | |
| ⑤ | 点/3点 | |
| ⑥ | 点/5点 | |
| 合計 | 点/25点 | |

# 最終的な確認

取り組み前に設定したテーマの観点から、ここまでのフィードバック内容をすべて確認して、主要点を整理しておきましょう。

第 2 回

事例 III

# 1 テーマを設定（選択）する

　以下のリストの中から該当するテーマを選びましょう。もちろん、リストにないテーマを設定してもかまいません。

---

**[今回のテーマ]**　☆少なくとも１つは選択しましょう。

☐ 実際の体験を通じて２次試験（事例Ⅲ）のことを知る（知見を増やす）

☐ 自分のマネジメント（80分の使い方、問題処理の優先度判断など）の改善の余地を特定する

☐ 自分の解答作成手順の改善の余地を特定する

☐ 自分の使える知識と技能の補強すべきところを特定する

✎ 自身で設定した具体的なテーマがあれば、理由とともに記録しておきましょう。

# 実際に取り組む

演習問題に取り組みます。実際に答案を作成してください。取り組み中に気づいたことや感じたことがあればメモしておきましょう。

---

【C社の概要】

　C社は、主に水道管等で用いられる水道用のバルブを製造、販売する中小企業である。資本金は4,000万円で、従業員数は50名である。組織は、総務部、設計部、生産管理部、製造部、出荷部、営業部で構成されている。バルブとは、液体や気体の配管など流体が通る系統において流れの方向・圧力・流量の制御を行うための開閉する仕組みを持つ機器で、「弁」とも呼ばれる。C社は、安全性、安定性、耐久性、耐食性等に優れたバルブのメーカーとして取引先に評価されている。

　現在のC社は、地方都市の工業団地に立地している。同じ工業団地内には、ソレノイドメーカーやプリント基板部品実装メーカーなど多数の企業が立地している。ソレノイドとは、電磁力を利用して電気エネルギーを直線運動の機械的エネルギーに変換する電気部品のことである。プリント基板部品実装とは、プリント基板の表面に電子部品をはんだ付けすることで、基板実装、表面実装とも呼ばれる。電子部品がはんだ付けされたプリント基板は、制御回路などとして機能する。

　C社は、鋳鉄製の水道用の配管継手のメーカーとして創業した。配管継手とは、配管パイプの管と管をつなぎ合わせることで、管を導いたり、方向を変えたり、管路を合流・分岐させたり、管の太さを変えたり、流れを止めたりする部品である。当時扱っていた継手の種類は、主にエルボ、チーズ、ソケットである。

　創業当時のC社は、地元自治体の水道局向けの受注生産が中心で、競合も少なく、納期にも余裕があった。当時は受注順に生産していたが、そうすると、たとえばエルボ→チーズ→ソケット→エルボ→チーズ→ソケットと順に生産する場合、段取り替え作業が5回生じることになる。

　やがて地域の人口が増えるに伴い水道用の配管継手の競合も増えて受注競争が激化し、C社の業績は悪化した。そこで、C社社長は、コスト削減とリードタイム短縮を製造部に指示し、製造部が改善活動に努めた結果、業績の回復に成功した。

　業績は回復したものの、配管継手は構造が単純で加工が容易な単体部品である。C社は収益向上のために、それまで蓄積してきた鋳造技術を生かし、水道用のバルブの開発に取り組んだ。バルブは構造も加工も複雑で組立も必要な機能部品であるため、配管継手よりも収益性が高い。

　C社は、バルブメーカーに勤めていて、バルブの設計経験が豊富な技術者を設計部門の責任者に迎えて、設計技術力の強化を図った。その後は水道用のバルブメーカーとして現在に至る。なお、C社が製造するバルブの駆動方式は、手動式弁（Manual

Inline Valve）である。現在、カタログに掲載している標準品と、顧客からの引合い
に基づいて個別に生産する特注品を扱っている。

【生産の概要】

　C社では、生産管理部が生産計画作成および進捗管理等を行い、製造部がバルブの
製造を行い、出荷部が梱包・出荷、在庫管理を行っている。バルブの製造工程は、原
材料調達工程、鋳造工程、機械加工工程、一次検査工程、製品組立工程、最終検査工
程からなる。鋳造工程では、圧力を保持する弁箱や弁蓋といった部品については立体
形状に加工する必要があることから、鋳造加工により製造する。機械加工工程では、
NC工作機械を用いて接合部分のフランジやネジの成形を行う。製品組立工程では、
社内加工品と外注部品類で製品を組み立てる。一次検査工程・最終検査工程では、目
視検査、耐圧検査、動作試験などを行う。

　主な標準品は玉形弁、仕切弁、ボール弁、バタフライ弁等であり、C社は繰り返し
受注生産を行っている。一方、特注品は、バルブの設計から開始して、鋳造金型を製
作し、実際の製造に着手する。最近、特注品の受注量は、標準品の受注量に比べて伸
びが鈍化している。

　設計部は、標準品の新製品や特注品について、CADを用いて設計業務を行う。特
注品は、顧客から営業部に引合いがあると、営業担当者と設計担当者が客先を訪れて
仕様等の打ち合わせを行い、その後は設計担当者が詳細設計を行う。設計担当につい
ては、その時点で業務に余裕がある部員に割り当てている。各部員は、過去の設計デー
タを保存しており、過去に似たような仕様の設計をしていればその設計データを活
用することができる。設計部は、各自の設計データをファイルサーバーで共有してお
り、そのサーバーには設計部員であれば誰でもアクセスできるが、ファイル名の命名
ルールがなく、またフォルダ構成も各自任せのため、過去に似たような設計をしてい
ても、設計した本人でないとその設計データを探すのに時間がかかったり、新たに設
計したりするといった事態も生じている。営業部は、最近、納期に対する顧客の満足
度が下がっていると感じている。

【取引の概要】

　C社の主な取引先は、一戸建て建設会社、自治体水道局、水道施設工事会社である
が、受注は横ばい状態が続いていた。そこで、C社の営業部は新規の取引先の開拓に
取り組み、標準品の販路として、製造業の資材調達向けのECサイトとの取引に成功
した。また、特注品については、マンションや商業施設のデベロッパーとの取引に成
功した。

　ECサイトで販売する標準品は、品切れが発生すると失注につながるおそれがある。
営業部は、ECサイトの販売状況を見て生産管理部に生産オーダーを行うが、品切れ

を回避する目的で、実際の販売量よりも多い生産オーダーを行っている。その結果、C社全体としての標準品の在庫量は増加傾向にある。

　近年、感染症対策の観点から、直接手を蛇口に触れないで水道をオン・オフする自動水栓の需要が伸びている。自動水栓には、自動式弁（Automatic valve）であるソレノイド弁が組み込まれており、手の動きをセンサーが感知して、即座にソレノイド弁が開閉する仕組みとなっている。なお、ソレノイド弁の構造は、大きくソレノイド部、バルブ部、制御回路部の3つからなる。

第1問 （配点20点）
　水道用のバルブを製造、販売するC社の強みを80字以内で述べよ。


第2問 （配点20点）
　C社では、過去に製造部の改善活動により、業績を回復させたことがある。どのような改善を行い、どのように業績を回復させたかについて、100字以内で述べよ。


第3問 （配点20点）
　C社の標準品の生産において生じている在庫問題を解決するための社内対応策について、120字以内で述べよ。


第4問 （配点20点）
　C社の特注品の製造、販売に関する課題とその社内対応策について、120字以内で述べよ。


第5問 （配点20点）
　C社の今後の戦略について、それを実現するための具体的対応策とともに140字以内で助言せよ。

# 3 問題文解釈の作業プロセスを検証する

　作業プロセスの確認は、問題ごとに、チェック項目をもとに行います。2次試験問題の処理における最大のポイントは、問題文の解釈です。以下の観点から確認し、改善が必要なところを洗い出しましょう。

------------------------------------------------------------

第1問

☐ 制限字数が80字なので、強みは複数（2つ）で構成されることを想定した。
　　☞ ☐できた　☐だいたいできた　☐あまりできなかった　☐できなかった

☐ 「水道用バルブ」の製品（製造、販売）の特徴を確認する必要性を認識した。
　　☞ ☐できた　☐だいたいできた　☐あまりできなかった　☐できなかった

✐ 気づいたこと・改善すること

```
● ● ● ● ● ● ● ● ● ● ● ● ● ● ● ● ● ● ● ● ● ● ● ● ● ● ● ● ● ● ● ● ● ● ● ● ● ●




```

第2問

☐ 「改善活動による業績の回復」なので、製造コスト削減およびコスト、品質、納期改善による受注増、といったことを想定した。
　　☞ ☐できた　☐だいたいできた　☐あまりできなかった　☐できなかった

☐ 業績回復の状況に加え、悪化の状況やその要因も確認する必要性を認識した。
　　☞ ☐できた　☐だいたいできた　☐あまりできなかった　☐できなかった

✐ 気づいたこと・改善すること

```
● ● ● ● ● ● ● ● ● ● ● ● ● ● ● ● ● ● ● ● ● ● ● ● ● ● ● ● ● ● ● ● ● ● ● ● ● ●




```

☐ 「社内対応策」なので、取引先は一切解答に含めてはいけないことを認識した。
   ☞ ☐できた　☐だいたいできた　☐あまりできなかった　☐できなかった

☐ 「標準品」「在庫問題」ということなので、標準品は見込み生産であり、在庫は製品在庫であることを想定した。
   ☞ ☐できた　☐だいたいできた　☐あまりできなかった　☐できなかった

☐ 「在庫問題」の具体的状況と改善の余地を特定する必要性を認識した。
   ☞ ☐できた　☐だいたいできた　☐あまりできなかった　☐できなかった

✎ 気づいたこと・改善すること

```
• • • • • • • • • • • • • • • • • • • • • • • • • • • • • • •



```

☐ 「社内対応策」なので、取引先は一切解答に含めてはいけないことを認識した。
   ☞ ☐できた　☐だいたいできた　☐あまりできなかった　☐できなかった

☐ 特注品の製造・販売の望ましい状態とそれを実現するための要件を特定する必要性を認識した。
   ☆課題は、望ましい状態やそれを実現するための要件と現状のギャップを埋める方向であるという知識が前提となる。
   ☞ ☐できた　☐だいたいできた　☐あまりできなかった　☐できなかった

✎ 気づいたこと・改善すること

```
• • • • • • • • • • • • • • • • • • • • • • • • • • • • • • •



```

☐ 第3問、第4問と異なり「具体的対応策」なので（社内対応策ではないので）、他

社との連携、協業を前提にした解答である可能性が高いと想定した。

☞ □できた　□だいたいできた　□あまりできなかった　□できなかった

□ 今後に向けた機会を特定する必要性を認識した。

　☆事例Ⅲの企業の戦略は、Ｃ社の強みを機会に生かす方向であるという知識が前提となる。

　　　☞ □できた　□だいたいできた　□あまりできなかった　□できなかった

✏️ 気づいたこと・改善すること

第2回　事例Ⅲ

💡 作業のポイント

チェックするのは手段であり、目的は改善すべきところをはっきりさせることです。改善すべきところおよびそのための方策は、以下のように特定できます。

| 洗い出したこと | 改善すること |
|---|---|
| メモしていない | → メモすることを手順に加えて、練習する。 |
| そのようなことは考えなかった | → 問題文の解釈の練習をする。 |
| そのようなことは浮かばなかった | → 使いたい知識に加え、すっと使えるよう何度も出力する。 |

# 出題者の意図を確認する（知識を検証する）

解答より先に解説を読み、出題者の意図を理解します。

"自分の知識や考えと異なるところはどこか？"という観点から、出題者自身が書いた解説を読むことで、自分の知識や考え方の更新（補強と修正）を行いましょう。

解説

## 1. 事例の特徴と取り組み方

本事例のC社は、水道用のバルブの製造、販売を行っている。「水道用のバルブ」は、身近な例でいえば水道の蛇口で用いられており、見たことがない、という人は少ないと思われる。しかし、本事例では、品種等で専門的な用語が用いられ、製品のイメージがしにくくなっている。とはいえ、本試験も同じであるが、その業種や製品固有の専門的な用語については問題本文に説明が記述されることが多く、また説明が記述されない場合は、用語そのものの理解は解答に不要ということが多い。本事例で、専門的な用語に惑わされて解答できなかった場合は、本試験に向けての教訓としてとらえてほしい。

さて、事例Ⅲは、通常、設問ベースを含めて解答箇所が5か所になることが多い。そして、最初の問題（第1問または第1問（設問1））と最後の問題が経営戦略系、中間の問題が生産管理系（問題点→改善策等）となるのがオーソドックスなパターンである。本事例も、その構成を踏襲している。

## 2. 答案作成プロセス

### ⑴ 問題要求の確認

まず、問題要求を確認する。この段階では問題要求自体（何を聞かれているのか）の確認も重要であるが、配点や制限字数も確認したい。さらに、難易度の把握（対応のしやすさ等）の目安や問題間の関連の確認も、ある程度はこの段階で済ませておきたい。そして、問題本文の大枠を確認してから微調整を行うという手順になる。

第1問 （配点20点）

水道用のバルブを製造、販売するC社の「強み」を答えることが問題要求であり、事例Ⅲの最初の問題としては、オーソドックスな問題要求である。

事例Ⅲは"生産・技術"の事例であるから、まずは技術面の強みを確認し、それが見つからない場合は生産面（一貫生産体制等）の強みを確認する、という手順になる。

特に難しい問題要求ではないが、本問の条件は、「水道用のバルブの製造・販売」である。したがって、仮にC社が、「水道用のバルブ」以外の製品を取り扱っていた場合、その製品のみに適用できる「強み」は、本問の対象外であることに注意したい。

第2問 （配点20点）

　C社が、過去に行った製造部の「改善活動」の内容と、それによる「業績の回復」の内容を答えることが問題要求である。やや変則的な問題要求であるが、時系列としては「過去」の事象であるため、できる限り多くの得点を確保したい問題である。

　さて、業績を回復させたということは、業績が低迷したり悪化したりしていた時代があるはずである。「業績の回復」であるから、売上や受注の減少、収益性の低下等が考えられる。したがって、まずはその当時の状況を、問題本文から確認したい。

　次に、「製造部」の改善活動であるから、QCDを改善させたことが考えられる。したがって、QCDの観点から、業績が低迷・悪化していた当時の状況を、問題本文から確認したい。

第3問 （配点20点）

　C社の標準品の生産において生じている在庫問題を解決するための「社内対応策」を答えることが問題要求である。「問題点と改善策」ではなく、問題要求上は、「社内対応策」しか要求されていないため、"問題点"自体を把握する必要はあるものの（注：本問では、問題要求に「在庫問題」と明示されている）、解答の骨子は「対応策」であることに注意したい。

　「在庫問題」が生じているということは、標準品は"見込生産"である可能性が高い（通常、受注生産は受注確定後に生産するため、在庫問題が生じるおそれは低い）。標準品の生産面で何かしらの問題があって、それによって在庫問題が発生しているという因果関係であるから、まずは標準品の生産状況を確認したい。

第4問 （配点20点）

　C社の特注品の製造、販売に関する「課題」とその「社内対応策」を答えることが問題要求である。第3問と異なり、本問は「特注品」を対象としている。特注品＝特別な注文品という意味であるから、特注品は受注生産（あるいは個別生産）である可能性が高い（顧客の要望に基づいて生産するはずのため）。したがって、まずは特注品の生産状況を確認したい。

　さて、本問も「社内対応策」という問題要求である。したがって、他社と連携せず、C社内で実現できる対応策を考えたい。

　なお、本問で要求されているのは「課題」であるから、「問題点」を解答しないように注意したい。

　　例）　問題点：納期遅延（納期を守れない）
　　　　　課　題：納期遵守（納期を守る）

**第5問** （配点20点）

　C社の今後の「戦略」について、それを実現するための「具体的対応策」とともに助言することが問題要求である。

　まず、「戦略」であるから、基本となるのはSWOT分析である。本事例では第1問でC社の強みを答えているため、その強みを活用できる戦略を考えたい。

　次に、"経営戦略"のセオリーは、"機会（O）"と"強み（S）"の適合である。問題本文に何かしらの"機会"に関する記述があれば、それは本問の根拠の可能性が高い。したがって、機会からアプローチすると、解答をまとめやすいだろう。

　さて、「具体的対応策」については、第3・4問と異なり、本問では「社内対応策」とされていない。したがって、他社との連携が排除されていないため、問題本文に妥当な連携先があれば、それも本問の根拠となり得る。したがって、連携先を探すというアプローチも、本問では有効であろう。

(2)　事例の大枠の把握（問題本文を読んで理解する）

　問題要求を踏まえて、問題本文を確認する。本事例の問題本文は、図表はないものの2頁強程度あり、本試験の標準的なボリュームよりもやや多い。したがって、問題本文の読み取りにもある程度の時間が必要になることを想定しておきたい。

**【C社の概要】**

　第1段落　C社の概要（業種、資本金額、従業員数、会社組織、バルブの説明）

　第2段落　C社の立地の説明、ソレノイド・プリント基板の説明

　第3段落　創業当時の取扱い製品等

　第4段落　創業当時の生産形態等

　第5段落　過去の業績回復について

　第6段落　水道用のバルブの開発について

　第7段落　設計技術力の強化、現在の取扱い製品等

**【生産の概要】**

　第8段落　生産管理部・製造部・出荷部の業務内容、バルブの製造工程の説明

　第9段落　標準品および特注品の製造概要

　第10段落　設計部の業務内容・現状

**【取引の概要】**

　第11段落　主要取引先および新規取引先について

　第12段落　標準品の在庫問題について

　第13段落　自動水栓への需要増等

### (3) 解答作成

　本事例は全5問構成で小設問に分かれている問題がなく、配点も一律20点である。配点上の重みが変わらないため、問題間の関連性が低ければ、問題順に解答せず、解きやすい問題から解いても構わない。ただし、第1問以外の問題は制限字数が100字以上であり、トータルで560字あるため、解答編集に時間がかかることも想定しておきたい。

第1問

　セオリーどおり"技術面"からC社の強みを探すと、以下の記述については比較的容易に着目できただろう。

第6段落

　「C社は収益向上のために、それまで蓄積してきた鋳造技術を生かし、水道用のバルブの開発に取り組んだ。」

第7段落

　「C社は、バルブメーカーに勤めていて、バルブの設計経験が豊富な技術者を設計部門の責任者に迎えて、設計技術力の強化を図った。その後は水道用のバルブメーカーとして現在に至る。」

　「鋳造技術（力）」、「設計技術力」ともに、「水道用のバルブ」に関連している。そして、水道用のバルブメーカーとしてのC社は、「安全性、安定性、耐久性、耐食性等に優れたバルブのメーカーとして取引先に評価されている。」（第1段落）という状況である。

　ほぼ、このあたりが本問の根拠となる。ただし、本問は制限字数が80字で、上記を根拠として解答を丁寧にまとめようとすると、字数が足りなくなるかもしれない。解答編集に時間がかかった場合は、どの部分の編集に時間がかかったのかを、よく振り返ってほしい。

　なお、第5段落の「そこで、C社社長は、コスト削減とリードタイム短縮を製造部に指示し、製造部が改善活動に努めた結果、業績の回復に成功した。」という記述は、"生産面"の強みともいえるが、C社が「水道用の配管継手」の製造、販売を行っていた時代の内容で、本問の「水道用のバルブを製造、販売するC社」という要求とは、時制が異なる。

　また、第6段落の「バルブは構造も加工も複雑で組立も必要な機能部品であるため、配管継手よりも収益性が高い。」という記述は、配管継手に比べてバルブのほうが収益性が高いという意味であり、C社が製造、販売している水道用のバルブが他社に比べて収益性が高い、という意味ではない。

さらに、第11段落の「新規の取引先の開拓」に関する記述から、“営業力”を強み
として解答した方もいるかもしれない。しかし、第11段落の記述は、新規の取引先の
開拓に成功した結果を述べているだけで、具体的な営業活動（どのようにして取引先
を開拓したか等）が不明である。また、第3問と第4問で問われているように、新規
の取引先を開拓した結果、標準品・特注品ともに、問題や課題を抱えている。したが
って、本問の解答としては妥当性を欠く。

第2問

　C社の過去の製造部の改善活動については、第5段落に以下の記述がある。

第5段落

　「やがて地域の人口が増えるに伴い水道用の配管継手の競合も増えて受注競争が激
化し、C社の業績は悪化した。そこで、C社社長は、コスト削減とリードタイム短縮
を製造部に指示し、製造部が改善活動に努めた結果、業績の回復に成功した。」

　第5段落の記述から、製造部は、「コスト削減」と「リードタイム短縮」を目的に
改善活動に取り組んだことがわかる。また、改善活動に取り組むきっかけが、競合の
増加による受注競争の激化であることもわかる。したがって、コスト削減およびリー
ドタイム短縮を果たした結果、業績の回復に成功したわけだから、コスト削減・リー
ドタイム短縮⇒受注競争力の強化⇒業績の回復という因果関係になる。もう少し丁寧
に考えると、コスト削減の結果、コスト競争力が強化され、リードタイム短縮の結果、
納期競争力が強化され、受注を確保した、という因果関係になる。下記のイメージ図
を参照してほしい。

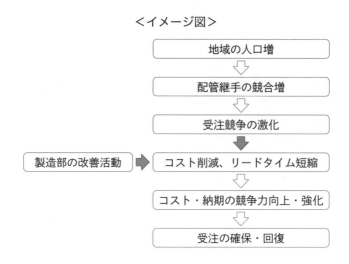

<イメージ図>

では、具体的な改善内容について考えてみよう。受注競争が激化する前の時代については、第4段落に以下の記述がある。

第4段落

「創業当時のC社は、地元自治体の水道局向けの受注生産が中心で、競合も少なく、納期にも余裕があった。当時は受注順に生産していたが、そうすると、たとえばエルボ→チーズ→ソケット→エルボ→チーズ→ソケットと順に生産する場合、段取り替え作業が5回生じることになる。」

創業時は段取り替え作業が頻繁に生じていても、競合も少なく納期に余裕があったため、特に問題はなかった。それが、競合の増加によって受注競争が激化したため、コスト削減とリードタイム短縮を目的に、製造部が改善活動に取り組んだことになる。つまり、頻繁に生じていた「段取り替え作業」を削減した結果、コスト削減とリードタイム短縮に成功したことになる。

では、どうやって「段取り替え作業」を削減したかについて考えてみよう。第4段落の記述から、当時は、受注順に生産しており、そうすると、エルボ⇒チーズ⇒ソケット⇒エルボ⇒チーズ⇒ソケットという順番に流すと、生産品種が変わる度に、段取り替え作業が5回生じることになる。それを削減するためには、上記の例でいえば、エルボ→エルボ⇒チーズ→チーズ⇒ソケット→ソケットという流し方にすれば、段取り替え作業は2回になる。つまり、生産順序を、受注順から、継手の種類ごとにまとめて処理する方法に変えた、という結論が導ける。

第3問

標準品の在庫問題については、第12段落に以下の記述がある。

第12段落

「ECサイトで販売する標準品は、品切れが発生すると失注につながるおそれがある。営業部は、ECサイトの販売状況を見て生産管理部に生産オーダーを行うが、品切れを回避する目的で、実際の販売量よりも多い生産オーダーを行っている。その結果、C社全体としての標準品の在庫量は増加傾向にある。」

第9段落に、標準品は繰り返し受注生産を行っていることが記述されている。しかし、営業部が、実際の販売量よりも多い生産オーダーを行っているため、C社全体の在庫量が増加している。つまり、標準品については、実質的には"見込生産"を行っていることと変わらないことになる。

では、増加している在庫量の削減策を考えてみよう。まず、第12段落の記述から、

営業部が生産管理部に生産オーダーをしているため、実質的には営業部が生産量を決めていることになる。それは、ECサイトにおける品切れを回避するためであるが、その結果、在庫量が増加してしまっては、在庫コストの増加等、別の問題を招くことになる。したがって、生産管理部が生産量を決定する方策を考えたい（第8段落に、生産管理部が生産計画を作成している旨が記述されている）。具体的には、ECサイトにおける販売状況を生産管理部も把握することが考えられる。

　次に、第8段落に、出荷部が在庫管理を行っていることが記述されている。第12段落を見ても、営業部の生産オーダーに基づいて生産量を決めているわけだから、実在庫量を考慮していないことになる。たとえば、ある製品について、生産オーダーが100個あったとしよう。そして、その時点で在庫が150個あれば、在庫から引き当てることが可能で、追加生産をする必要はない。しかし、現在のC社の生産プロセスだと、在庫が150個あったとしても、追加で100個生産することになる。結果として、もともとあった150個という在庫がそのまま繰り越されてしまう。このような状態が続けば、当然、在庫量は増加することになる。したがって、生産量の決定について、販売量だけでなく、実在庫量も考慮する、という方策を導ける。

　また、標準品について、第9段落に、「玉形弁、仕切弁、ボール弁、バタフライ弁等」という記述があり、いくつかの品種があることがわかる。そして、C社全体の在庫量が増加しているわけだから、品種（製品）ごとに、きめ細かく生産量を決定して、全体の在庫量の削減を図りたい。これらが、在庫問題を解決するための社内対応策の骨子となる。

　なお、解答例では、生産量だけでなく、生産時期についても言及している。これは、まず、JISでは、生産計画を「生産量と生産時期に関する計画」と定義している（JIS Z 8141-3302）。また、在庫問題が生じているということは、"JIT"が実現できていないことになる。JISでは、JIT（ジャストインタイム）を、「すべての工程が、後工程の要求に合わせて、必要な物を、必要なときに、必要な量だけ生産（供給）する生産方式。」と定義している（JIS Z 8141-2201）。これらからわかるように、在庫問題を解決するためには、"量"（いくつ作るか）だけでなく、"時期"（いつ作るか）も重要であるため、生産時期についても言及している。

---

**【補足】**

　本試験でも、平成30年度と令和3年度は、繰り返し受注生産を行っているにもかかわらず、在庫問題が生じている。そして、どちらも、生産量（生産ロット）について、実在庫数を考慮しないで決定していた。

---

第4問

特注品の製造、販売については、第10段落に以下の記述がある。

第10段落

　「設計部は、標準品の新製品や特注品について、CADを用いて設計業務を行う。特注品は、顧客から営業部に引合いがあると、営業担当者と設計担当者が客先を訪れて仕様等の打ち合わせを行い、その後は設計担当者が詳細設計を行う。設計担当については、その時点で業務に余裕がある部員に割り当てている。各部員は、過去の設計データを保存しており、過去に似たような仕様の設計をしていればその設計データを活用することができる。設計部は、各自の設計データをファイルサーバーで共有しており、そのサーバーには設計部員であれば誰でもアクセスできるが、ファイル名の命名ルールがなく、またフォルダ構成も各自任せのため、過去に似たような設計をしていても設計した本人でないとその設計データを探すのに時間がかかったり、新たに設計したりするといった事態も生じている。営業部は、最近、納期に対する顧客の満足度が下がっていると感じている。」

　第9段落の最後に、「最近、特注品の受注量は、標準品の受注量に比べて伸びが鈍化している。」という記述がある。第10段落の最後の記述も合わせれば、"納期に対する顧客の満足度を上げて、伸びが鈍化している特注品の受注量を増やすこと"が、特注品の「製造、販売」に関する「課題」となる。

　もう一度第10段落の記述を確認すると、この段落は設計業務について述べているが、設計データを探すのに時間がかかったり、新たに設計したりといった、"ムダ"が生じている。第11段落に、特注品についてデベロッパーとの新規取引を開始した旨が記述されているが、特注品の取引先が増えれば設計業務量（負荷）も増加する。そうすると、既存の取引先について提示している納期が、従来よりも長くなっているおそれがある。その結果が、「納期に対する顧客の満足度の低下」という状態に表れている。これを改めることが、本問の「社内対応策」の内容となる。

　第10段落の「各自の設計データをファイルサーバーで共有しており、そのサーバーには設計部員であれば誰でもアクセスできる」という記述から、設計データの共有自体はすでに実現できている。しかし、「ファイル名の命名ルールがなく、またフォルダ構成も各自任せ」という状況のため、せっかく設計データを共有しているのに、それを活用できる体制になっていない。そうであれば、設計データを活用できるように、「ファイル名の命名」や「フォルダ構成」について共通のルールを設け、そのルールに基づいて共有すれば、どの設計部員でも過去の設計データを容易に検索できるようになり、過去の設計データを探す時間が短くなり、また過去の設計データを活用できるのに改めて新規設計をするといった"ムダ"を省くことができるようになる。

第5問

　まず今後の戦略について、第13段落の以下の記述は比較的容易に着目できただろう。

第13段落

「近年、感染症対策の観点から、直接手を蛇口に触れないで水道をオン・オフする自動水栓の需要が伸びている。自動水栓には、自動式弁（Automatic valve）であるソレノイド弁が組み込まれており、手の動きをセンサーが感知して、即座にソレノイド弁が開閉する仕組みとなっている。なお、ソレノイド弁の構造は、大きくソレノイド部、バルブ部、制御回路部の３つからなる。」

　自動水栓の需要が伸びているわけだから、それは"機会"になる。経営戦略の観点でとらえれば、「自動水栓」という新製品の開発戦略（新製品開発戦略）になる。しかし、それを実現するためには、自動水栓に組み込まれている「ソレノイド弁」が必要となり、「ソレノイド弁」には、「ソレノイド部」「バルブ部」「制御回路部」が必要となる。

　Ｃ社は水道用のバルブメーカーであるから、「バルブ部」については、第１問で確認した「鋳造技術（力）」と「設計技術力」を生かすことで、自動水栓に適したバルブを自社で生産することができる。しかし、自動水栓には、自動式弁（Automatic valve）であるソレノイド弁が組み込まれており、Ｃ社が取り扱っているのは「手動式弁（Manual Inline Valve）」（第７段落）である。つまり、ソレノイド弁の構造物である「ソレノイド部」と「制御回路部」については、Ｃ社は生産経験がないと考えられる。そうすると、第２段落の以下の記述に着目できる。

第２段落

「現在のＣ社は、地方都市の工業団地に立地している。同じ工業団地内には、ソレノイドメーカーやプリント基板部品実装メーカーなど多数の企業が立地している。ソレノイドとは、電磁力を利用して電気エネルギーを直線運動の機械的エネルギーに変換する電気部品のことである。プリント基板部品実装とは、プリント基板の表面に電子部品をはんだ付けすることで、基板実装、表面実装とも呼ばれる。電子部品がはんだ付けされたプリント基板は、制御回路などとして機能する。」

　第３問や第４問と異なり、本問は「社内対応策」とは要求されていない。他社との連携が排除されていないから、同じ工業団地内に立地しているソレノイドメーカーやプリント基板部品実装メーカーと連携することで、ソレノイド部と制御回路部（注：プリント基板によって制御回路が実現できる）も生産できるようになる。

　これらにより、新製品である「自動水栓」の開発に取り組むことが、Ｃ社の今後の戦略として妥当となる。

✎ 自分の知識や考えと異なるところは？

## 5 作業全体を検証する

作業の結果としてできあがる解答の要件を自分の解答がどの程度満たしているのか検証します。検証は問題ごとに設定された［対応のポイント］に基づいて行いましょう。その上で、作業プロセス全体を振り返り、改善の余地がどこにあるかを検討しましょう。

--------------------------------------------------------------------------------

第1問

［対応のポイント］

☐ 鋳造技術力と設計技術力の2つを含めていること

　　☞ ☐できた　☐だいたいできた　☐あまりできなかった　☐できなかった

✐ 気づいたこと・改善すること

● ● ● ● ● ● ● ● ● ● ● ● ● ● ● ● ● ● ● ● ● ● ● ● ● ● ● ● ● ● ● ● ● ● ● ●

第2問

［対応のポイント］

☐ 改善内容による競争力向上、競争力向上による受注回復（業績回復）をつないだ解答を編集していること

　　☞ ☐できた　☐だいたいできた　☐あまりできなかった　☐できなかった

✐ 気づいたこと・改善すること

● ● ● ● ● ● ● ● ● ● ● ● ● ● ● ● ● ● ● ● ● ● ● ● ● ● ● ● ● ● ● ● ● ● ● ●

第3問

［対応のポイント］

☐ 製品ごとの販売量と在庫量をもとに生産計画を作成するという対応策になっていること

　　☞ ☐できた　☐だいたいできた　☐あまりできなかった　☐できなかった

✏️ 気づいたこと・改善すること

・・・・・・・・・・・・・・・・・・・・・・・・・・・・・・・・・・・・・・・・・・・・・・・

第4問

[対応のポイント]

☐ 設計期間短縮による納期の短縮、納期短縮による受注増をつないだ解答を編集していること

　　☞ ☐できた　☐だいたいできた　☐あまりできなかった　☐できなかった

✏️ 気づいたこと・改善すること

・・・・・・・・・・・・・・・・・・・・・・・・・・・・・・・・・・・・・・・・・・・・・・・

第5問

[対応のポイント]

☐ ソレノイドメーカーとの連携を核に解答を組み立てていること

　　☞ ☐できた　☐だいたいできた　☐あまりできなかった　☐できなかった

☐ 強みを明示していること

　　☞ ☐できた　☐だいたいできた　☐あまりできなかった　☐できなかった

✏️ 気づいたこと・改善すること

・・・・・・・・・・・・・・・・・・・・・・・・・・・・・・・・・・・・・・・・・・・・・・・

# 自分の答案を出題者側から評価してみる

　自分の解答を採点します。自分は出題者（採点者）であり、「答案は他人のもの」という想定で評価しましょう。採点を通じて、解答の構成・組み立て、明示している要素内容・表現などでの改善の余地を把握しましょう。

---

第1問（配点20点）

〔解答例〕

| 安 | 全 | 性 | 、 | 安 | 定 | 性 | 等 | に | つ | い | て | 評 | 価 | が | 高 | い | バ | ル | ブ |
| の | 製 | 造 | を | 可 | 能 | と | す | る | 、 | 創 | 業 | 当 | 初 | か | ら | 蓄 | 積 | し | て |
| き | た | 鋳 | 造 | 技 | 術 | 力 | お | よ | び | バ | ル | ブ | の | 設 | 計 | 経 | 験 | が | 豊 |
| 富 | な | 技 | 術 | 者 | を | 迎 | え | て | 強 | 化 | し | た | 設 | 計 | 技 | 術 | 力 | 。 | |

〔採点基準〕①～⑤各4点

① 強み(1)：鋳造技術力

② ①の補足：創業当初からの蓄積

③ 強み(2)：設計技術力

④ ③の補足：バルブの設計経験が豊富な技術者を（設計部門の責任者として）迎えて強化したこと

⑤ 全体の補足：安全性、安定性（および耐久性、耐食性）等への評価が高いバルブの製造

| 基準 | 点数 | コメント |
|---|---|---|
| ① | 点/4点 | |
| ② | 点/4点 | |
| ③ | 点/4点 | |
| ④ | 点/4点 | |
| ⑤ | 点/4点 | |
| 合計 | 点/20点 | |

第 2 問 （配点20点）

〔解答例〕

| 生 | 産 | 順 | 序 | を | 受 | 注 | 順 | か | ら | 継 | 手 | の | 種 | 類 | ご | と | に | ま | と |
|---|---|---|---|---|---|---|---|---|---|---|---|---|---|---|---|---|---|---|---|
| め | て | 処 | 理 | す | る | 方 | 法 | に | 変 | え | 、 | 段 | 取 | り | 替 | え | 作 | 業 | を |
| 削 | 減 | し | た | 。 | こ | の | 結 | 果 | 、 | コ | ス | ト | 削 | 減 | と | リ | ー | ド | タ |
| イ | ム | 短 | 縮 | が | 図 | ら | れ | 、 | 増 | え | て | い | た | 競 | 合 | へ | の | コ | ス |
| ト | と | 納 | 期 | の | 競 | 争 | 力 | を | 高 | め | 、 | 受 | 注 | を | 確 | 保 | し | た | 。 |

〔採点基準〕①～③各4点、④6点、⑤2点

① 改善内容(1)：受注順から継手の種類ごとにまとめて処理する方法への変更
② 改善内容(2)：①による段取り替え作業の削減
③ 改善内容(3)：①②による<u>コスト削減</u>および<u>リードタイム短縮</u>
　※下線部1つにつき2点
④ 業績回復内容：コスト・納期の競争力の向上と強化による受注の確保・回復等
⑤ ④の補足：（配管継手の）競合の増加（による受注競争の激化）

| 基準 | 点数 | コメント |
|---|---|---|
| ① | 点/4点 | |
| ② | 点/4点 | |
| ③ | 点/4点 | |
| ④ | 点/6点 | |
| ⑤ | 点/2点 | |
| 合計 | 点/20点 | |

〔解答例〕

| | | | | | | | | | | | | | | | | | | | |
|---|---|---|---|---|---|---|---|---|---|---|---|---|---|---|---|---|---|---|---|
| 生 | 産 | 管 | 理 | 部 | は | 、 | Ｅ | Ｃ | サ | イ | ト | の | 販 | 売 | 状 | 況 | を | 把 | 握 |
| し | 、 | ま | た | 出 | 荷 | 部 | が | 管 | 理 | し | て | い | る | 在 | 庫 | 情 | 報 | も | 把 |
| 握 | す | る | 。 | こ | れ | ら | に | よ | り | 、 | 各 | 製 | 品 | の | 販 | 売 | 量 | と | 在 |
| 庫 | 量 | の | 実 | 状 | を | 把 | 握 | し | て | 最 | 適 | な | 生 | 産 | 量 | と | 生 | 産 | 時 |
| 期 | を | 決 | め | て | 、 | 品 | 切 | れ | の | 発 | 生 | を | 回 | 避 | し | つ | つ | 全 | 体 |
| の | 在 | 庫 | 量 | を | 削 | 減 | す | る | 生 | 産 | 計 | 画 | を | 作 | 成 | す | る | 。 | |

〔採点基準〕 ①～⑤各4点

① 対応策(1)：ECサイトの販売状況を生産管理部が把握すること
② 対応策(2)：出荷部が管理している在庫情報を生産管理部も把握すること
③ 対応策(3)：各製品の販売量と在庫量の実状の把握
④ 対応策(4)：最適な生産量と生産時期の決定
⑤ 対応策(5)：品切れの発生を回避しつつ全体の在庫量を削減する生産計画の作成

| 基準 | 点数 | コメント |
|---|---|---|
| ① | 点/4点 | |
| ② | 点/4点 | |
| ③ | 点/4点 | |
| ④ | 点/4点 | |
| ⑤ | 点/4点 | |
| 合計 | 点/20点 | |

第4問 （配点20点）

〔解答例〕

| 設 | 計 | 期 | 間 | を | 短 | 縮 | し | て | 納 | 期 | へ | の | 顧 | 客 | の | 満 | 足 | 度 | を |
|---|---|---|---|---|---|---|---|---|---|---|---|---|---|---|---|---|---|---|---|
| 上 | げ | 、 | 伸 | び | が | 鈍 | 化 | し | て | い | る | 特 | 注 | 品 | の | 受 | 注 | 量 | を |
| 増 | や | す | こ | と | が | 課 | 題 | で | あ | る | 。 | 対 | 応 | 策 | と | し | て | 、 | 設 |
| 計 | 部 | は | 、 | フ | ァ | イ | ル | 名 | の | 命 | 名 | や | フ | ォ | ル | ダ | 構 | 成 | に |
| 共 | 通 | の | ル | ー | ル | を | 設 | け | 、 | ど | の | 設 | 計 | 部 | 員 | で | も | 過 | 去 |
| の | 設 | 計 | デ | ー | タ | を | 容 | 易 | に | 検 | 索 | で | き | る | よ | う | に | す | る。 |

〔採点基準〕①～⑤各4点

①　課題(1)：設計期間の短縮

②　課題(2)：納期に対する顧客の満足度の向上

③　課題(3)：①②による、伸びが鈍化している特注品の受注量を増やすこと

④　対応策(1)：設計部において、ファイル名の命名やフォルダ構成への共通のルールの設定

⑤　対応策(2)：どの設計部員でも過去の設計データを容易に検索できるようにすること

　※円滑に設計できる体制の内容として、妥当であれば可

| 基準 | 点数 | コメント |
|---|---|---|
| ① | 点/4点 | |
| ② | 点/4点 | |
| ③ | 点/4点 | |
| ④ | 点/4点 | |
| ⑤ | 点/4点 | |
| 合計 | 点/20点 | |

〔解答例〕

| 感 | 染 | 症 | 対 | 策 | の | 観 | 点 | か | ら | 需 | 要 | が | 伸 | び | て | い | る | 自 | 動 |
|---|---|---|---|---|---|---|---|---|---|---|---|---|---|---|---|---|---|---|---|
| 水 | 栓 | の | 開 | 発 | を | 目 | 指 | す | 。 | 具 | 体 | 的 | に | は | 、 | 強 | み | で | あ |
| る | 鋳 | 造 | 技 | 術 | 力 | と | 設 | 計 | 技 | 術 | 力 | を | 生 | か | し | 、 | ま | た | C |
| 社 | が | 取 | り | 扱 | っ | て | い | な | い | ソ | レ | ノ | イ | ド | 部 | お | よ | び | 制 |
| 御 | 回 | 路 | 部 | に | つ | い | て | は | 、 | 同 | じ | 工 | 業 | 団 | 地 | 内 | に | 立 | 地 |
| す | る | ソ | レ | ノ | イ | ド | メ | ー | カ | ー | や | プ | リ | ン | ト | 基 | 板 | 部 | 品 |
| 実 | 装 | メ | ー | カ | ー | と | 連 | 携 | し | て | 開 | 発 | に | 取 | り | 組 | む | 。 | |

〔採点基準〕①5点、②～⑥各3点

①　戦略：自動水栓の開発

②　①の補足（機会）：感染症対策の観点から需要が伸びていること

③　対応策(1)：強みである鋳造技術力と設計技術力の活用

④　対応策(2)：ソレノイド部について、ソレノイドメーカーとの連携

⑤　対応策(3)：制御回路部について、プリント基板部品実装メーカーとの連携

⑥　④⑤の補足：ソレノイドメーカーとプリント基板部品実装メーカーが同じ工業
　　　　　　　団地内に立地していることの指摘

| 基準 | 点数 | コメント |
|---|---|---|
| ① | 点/5点 | |
| ② | 点/3点 | |
| ③ | 点/3点 | |
| ④ | 点/3点 | |
| ⑤ | 点/3点 | |
| ⑥ | 点/3点 | |
| 合計 | 点/20点 | |

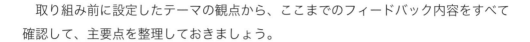

# 7 最終的な確認

　取り組み前に設定したテーマの観点から、ここまでのフィードバック内容をすべて確認して、主要点を整理しておきましょう。

第 **2** 回

事例 **IV**

# 1 テーマを設定（選択）する

　以下のリストの中から該当するテーマを選びましょう。もちろん、リストにないテーマを設定してもかまいません。

---

**[今回のテーマ]** ☆少なくとも１つは選択しましょう。

　　☐ 実際の体験を通じて２次試験（事例Ⅳ）のことを知る（知見を増やす）

　　☐ 自分のマネジメント（80分の使い方、問題処理の優先度判断など）の改善の
　　　余地を特定する

　　☐ 自分の解答作成手順の改善の余地を特定する

　　☐ 自分の使える知識と技能の補強すべきところを特定する

✎ 自身で設定した具体的なテーマがあれば、理由とともに記録しておきましょう。

# 実際に取り組む

　演習問題に取り組みます。実際に答案を作成してください。取り組み中に気づいたことや感じたことがあればメモしておきましょう。

---

　D社は、創業50年の資本金8,000万円、従業員数36名の缶詰と流動食（スパウトパウチ）の製造・販売を行っている食品加工業である。D社では、創業以来品質管理を徹底しており、ISO9001、HACCPの認証を取得している。また、D社では品質管理を徹底するために設備の充実に努めている。

　D社は、かつて清涼飲料水の製造を含めた6つの製品群の製造・販売を行っていた。しかし、2代目社長が就任した数年前より、経営環境の変化への対応を考え、付加価値の高い缶詰と流動食に製品群を絞り込んだ。これにより、技術やノウハウの蓄積がなされ、より保存性などに優れた付加価値の高い製品に絞り込んだ事業展開を行っている。しかし、これらの製品の中には、販売を開始した当初よりも販売数量が減少していることにより、需要予測と実際販売数量のズレが大きい製品も出てきている。そのため、販売実績を精査した上で販売計画を再設定し、それに合わせた製品ラインナップのさらなる見直しが必要な時期にきていると現社長は考えている。

　また、ドライパック缶詰製造工程での不良原料や異物除去の工程において、現在は有人の目視により選別を行っているが、色彩選別機を導入して機械化を図ることを検討している。さらに、流動食については、現在は一般食品向けの製品を製造・販売しているが、病院向け製品の製造・販売を検討している。なお、病院向けの流動食は、粘度や粒度などの物性制御において、病院での使用に耐えうる高度な技術が要求される。

　前期、当期のD社の財務諸表および当期の同業他社の財務諸表は次のとおりである。

# 貸　借　対　照　表

| | Ｄ　社<br>前期 | Ｄ　社<br>当期 | 同業他社<br>当期 |
|---|---:|---:|---:|
| 資　産　の　部 | | | |
| 流　動　資　産 | 493 | 491 | 575 |
| 　現　金　・　預　金 | 253 | 231 | 316 |
| 　売　上　債　権 | 105 | 100 | 135 |
| 　有　価　証　券 | 33 | 33 | 25 |
| 　棚　卸　資　産 | 90 | 115 | 95 |
| 　その他流動資産 | 12 | 12 | 4 |
| 固　定　資　産 | 742 | 724 | 791 |
| 　土　　　　　地 | 260 | 260 | 120 |
| 　建物・機械設備等 | 620 | 620 | 760 |
| 　　減価償却累計額 | △170 | △188 | △120 |
| 　投　資　有　価　証　券 | 32 | 32 | 31 |
| 資　産　合　計 | 1,235 | 1,215 | 1,366 |
| 負　債　の　部 | | | |
| 流　動　負　債 | 435 | 417 | 448 |
| 　支払手形・買掛金 | 75 | 68 | 85 |
| 　短　期　借　入　金 | 333 | 323 | 313 |
| 　未　払　法　人　税　等 | 2 | 1 | 10 |
| 　その他流動負債 | 25 | 25 | 40 |
| 固　定　負　債 | 550 | 540 | 593 |
| 　長　期　借　入　金 | 518 | 508 | 550 |
| 　その他固定負債 | 32 | 32 | 43 |
| 負　債　合　計 | 985 | 957 | 1,041 |
| 純　資　産　の　部 | | | |
| 資　　本　　金 | 80 | 80 | 92 |
| 利　益　準　備　金 | 20 | 20 | 23 |
| 別　途　積　立　金 | 50 | 50 | 60 |
| 繰　越　利　益　剰　余　金 | 100 | 108 | 150 |
| 純　資　産　合　計 | 250 | 258 | 325 |
| 負債・純資産合計 | 1,235 | 1,215 | 1,366 |

# 損 益 計 算 書

（単位：百万円）

| | D 社<br>当期 | 同業他社<br>当期 |
|---|---|---|
| 売 上 高 | 1,225 | 1,500 |
| 売 上 原 価 | 825 | 1,040 |
| 売 上 総 利 益 | 400 | 460 |
| 販売費・一般管理費 | 375 | 411 |
| 営 業 利 益 | 25 | 49 |
| 営 業 外 収 益 | 2 | 4 |
| （受 取 利 息） | (2) | (4) |
| 営 業 外 費 用 | 16 | 17 |
| （支 払 利 息） | (16) | (17) |
| 経 常 利 益 | 11 | 36 |
| 特 別 利 益 | 0 | 0 |
| 特 別 損 失 | 0 | 0 |
| 税引前当期純利益 | 11 | 36 |
| 法 人 税 等 | 3 | 10 |
| 当 期 純 利 益 | 8 | 26 |

第2回

事例Ⅳ

（設問1）

　前期と当期の財務諸表を用い、解答用紙の空欄に正しい語句もしくは金額を記入して、当期の営業活動によるキャッシュフローに関する表を完成せよ。

（設問2）

　D社と同業他社の財務諸表を用いて経営分析を行い、同業他社と比較してD社が優れていると考えられる財務指標を1つ、D社の課題を示すと考えられる財務指標を2つ取り上げ、それぞれについて、名称を(a)欄に、その値を(b)欄に記入せよ。なお、優れていると考えられる指標を①の欄に、課題を示すと考えられる指標を②、③の欄に記入し、(b)欄の値については、小数点第3位を四捨五入し、単位をカッコ内に明記すること。

（設問3）

　D社の財政状態および経営成績について、同業他社と比較した場合の特徴を40字以内で述べよ。

第2問 （配点25点）

　D社では、第1生産ラインで製造されている次の3つの製品の次月の生産計画を立案中である。これらの製品は、これまでは同一の月間需要量を見込んでいたが、次月については需要量の見直しを行っている。製品別の販売価格および原価等の資料をもとに、以下の設問に答えよ。なお、この3つの製品にあてられる最大機械稼働時間は5,000時間である。

| | 製品P | 製品Q | 製品R |
|---|---|---|---|
| 1ロット当たり販売単価 | 12,000円 | 9,000円 | 6,000円 |
| 1ロット当たり変動費 | 4,200円 | 4,500円 | 2,400円 |
| 1ロット当たり機械稼働時間 | 10時間 | 5時間 | 3時間 |
| 月間最大需要量 | 280ロット | 300ロット | 400ロット |
| 個別固定費 | 900,000円 | 1,400,000円 | 1,400,000円 |
| 共通固定費 | 300,000円 | | |

（設問1）

　製品P、製品Q、製品Rそれぞれの1ロット当たりの限界利益額を計算せよ（単位：円）。

（設問2）

　営業利益を最大にする各製品の実現可能な販売数量の組み合わせ(a)および月間営業利益(b)を計算せよ。

（設問3）

　販売促進費として、20万円を追加すると、この3つの製品の需要がそれぞれ10％増加するとの予測に基づく提案があった。この提案を受け入れた場合の最適な販売数量の組み合わせ(a)および月間営業利益(b)を計算せよ。なお、販売促進費は共通固定費とし、上記の項目以外の変化はないものとする。

第3問 （配点15点）

　D社では、不良原料や異物除去の工程において、色彩選別機の導入を検討中である。この機械は定額法で減価償却される予定であり、取得原価が1,000万円、耐用年数は5年で残存価額は0円である。

　この機械を導入した場合、労務費は節約されるものの、機械稼働のための光熱費など労務費以外の現金支出費用が、新たに年々100万円発生する見込みである。この場合、年間いくら以上の労務費が節約されれば、この機械を導入することが有利となるか。その金額と計算過程を記入せよ（金額については、単位を万円とし、小数点第1位を切り上げ、答えを「万円以上」とすること）。

　なお、この投資の資本コストは5％であり、現在価値への割引計算は、下記の現価係数表を利用せよ。また、法人税率は30％とすること。

現価係数表

| 1年 | 0.9524 |
|---|---|
| 2 | 0.9070 |
| 3 | 0.8638 |
| 4 | 0.8227 |
| 5 | 0.7835 |

　D社は病院向けの流動食に対応するための設備投資を行うかどうかを検討している。今後3年間の売上に関しては、1ロット当たり販売価格1万円、年間販売量は60％の確率で15,000個（販売が好調な場合）、40％の確率で8,000個（販売が不調な場合）の2通りが予想されている。

　また、コストに関しては、低コストになる場合（1ロット当たり4,000円）と、高コストになる場合（1ロット当たり8,000円）の2通りが予想されており、その確率は50％ずつであると見込まれている。なお、年間販売量およびコストの数値は3年間同様のまま推移するものとする。

　キャッシュフローは売上からコストを控除したものとみなすことができ、初期投資額は1.5億円と見積もられている。なお、計算を簡便化するため、キャッシュフロー等を現在価値に割り引く必要はない。


（設問1）

　この投資案の正味現在価値の期待値（NPV）を計算せよ（単位：万円）。


（設問2）

　この投資に先立って、R＆D費として1,000万円を投資することで、コストの高低が判明すると仮定した場合、どのような意思決定を下すべきかを、現時点における正味現在価値の期待値を示しながら述べよ（単位：万円）。

# 問題文解釈の作業プロセスを検証する

作業プロセスの確認は、問題ごとに、チェック項目をもとに行います。2次試験問題の処理における最大のポイントは、問題文の解釈です。以下の観点から確認し、改善が必要なところを洗い出しましょう。

--------------------------------------------------

**第1問**

☐ 設問1のCF計算書作成（穴埋め）と、設問2・3の経営分析は別々に処理可能であることを認識した。

&#9758; ☐できた ☐だいたいできた ☐あまりできなかった ☐できなかった

☐ 設問2・3の内容を確認した時点で、課題を特定し、そこから生じる財務的症状を2つ特定するとともに、状況を記述する作業を想定した。

&#9758; ☐できた ☐だいたいできた ☐あまりできなかった ☐できなかった

☐ 優れているところ（指標）は、収益性、効率性、安全性の3つのうち、課題2つで使用するもの以外とすることを想定した。

&#9758; ☐できた ☐だいたいできた ☐あまりできなかった ☐できなかった

&#9999; 気づいたこと・改善すること

- - - - - - - - - - - - - - - - - - - - - - - - - - - - - - - - - -

**第2問**

☐ 設問1〜3の内容を確認し、何をどう算出するのか正確に理解した。

&#9758; ☐できた ☐だいたいできた ☐あまりできなかった ☐できなかった

☐ 最終的な算出を行うまでの処理の計画を描いた。

&#9758; ☐できた ☐だいたいできた ☐あまりできなかった ☐できなかった

✏️ 気づいたこと・改善すること

• • • • • • • • • • • • • • • • • • • • • • • • • • • • • • • • • •

---

第3問

☐ 問題の設定を理解し、最終的な算出を行うまでの処理の計画を描いた。

☞ ☐できた　☐だいたいできた　☐あまりできなかった　☐できなかった

✏️ 気づいたこと・改善すること

• • • • • • • • • • • • • • • • • • • • • • • • • • • • • • • • • •

---

第4問

☐ 設問1・2の内容を確認し、最終的に何を算出するのか正確に理解した。

☆段階的意思決定の問題であることを理解した。

☞ ☐できた　☐だいたいできた　☐あまりできなかった　☐できなかった

☐ 最終的な算出を行うまでの処理の計画を描いた。

☞ ☐できた　☐だいたいできた　☐あまりできなかった　☐できなかった

✏️ 気づいたこと・改善すること

• • • • • • • • • • • • • • • • • • • • • • • • • • • • • • • • • •

💡 作業のポイント

チェックするのは手段であり、目的は改善すべきところをはっきりさせることです。改善すべきところおよびそのための方策は、以下のように特定できます。

| 洗い出したこと | | 改善すること |
|---|---|---|
| メモしていない | → | メモすることを手順に加えて、練習する。 |
| そのようなことは考えなかった | → | 問題文の解釈の練習をする。 |
| そのようなことは浮かばなかった | → | 使いたい知識に加え、すっと使えるよう何度も出力する。 |

# 出題者の意図を確認する（知識を検証する）

解答より先に解説を読み、出題者の意図を理解します。

"自分の知識や考えと異なるところはどこか？"という観点から、出題者自身が書いた解説を読むことで、自分の知識や考え方の更新（補強と修正）を行いましょう。

解説

## 1．事例の特徴と取り組み方

本事例は、財務・会計を中心とした経営の戦略および管理に関する事例演習である。ここ数年の本試験は出題形式にややバラツキが見られるが、問われていることは財務・会計に対する理解力、計算能力、説明能力などであることに変わりはない。本事例を通じて、自身の理解力、計算能力、説明能力がどの程度であったかを振り返ってほしい。また、本事例では計算問題と記述問題の両方を出題している。80分のタイムマネジメントが適切であったかどうかを振り返ってほしい（たとえば、計算問題に時間をかけ過ぎて記述問題への対応時間が不十分となってしまったなどということがなかったかどうか）。

■全体像

┌─────────────────────┐          ┌─────────────────────┐
│ **第1問**            │          │ **第2問**            │
│                      │          │                      │
│【CF計算書・経営分析】│    │【業務的意思決定】    │
│・営業活動によるCF    │          │・限界利益            │
│・同業他社比較の経営分析│        │・貢献利益ベースのセール│
│                      │          │  スミックス          │
└─────────────────────┘          └─────────────────────┘

                                  ┌─────────────────────┐
                                  │ **第3問**            │
                                  │                      │
                                  │【設備投資計算】      │
                                  │・労務費の削減額      │
                                  └─────────────────────┘

                                  ┌─────────────────────┐
                                  │ **第4問**            │
                                  │                      │
                                  │【不確実性下の意思決定】│
                                  │・NPVの期待値         │
                                  └─────────────────────┘

## ２．答案作成プロセス

### ⑴　問題要求の確認

[第1問]（配点40点）

　キャッシュフロー計算書および経営分析に関する問題である。（設問１）のキャッシュフロー計算書は空欄穴埋め形式で問われており、与えられた財務諸表をもとに作成していく。

　（設問２）の経営分析はD社と同業他社を比較し、D社の優れていると考えられる財務指標と課題を示す財務指標を取り上げることが問われている。３つの財務指標が問われている場合、収益性、効率性、安全性の３つの観点から指摘するとよい（多面的な分析となるためである）。（設問３）では、問題本文などからD社の現在までの経営状態を分析し、同業他社と比較した場合の特徴を記述することが問われている。

[第2問]（配点25点）

　業務的意思決定に関する問題である。セールスミックスとセグメント別損益計算の知識が問われており、難易度は高い。

[第3問]（配点15点）

　設備投資の経済性計算に関する問題である。本問では投資を行うことが前提であるため、正味現在価値（NPV）が正になる必要がある。そして、正味現在価値が正になるためには毎年の正味キャッシュフローがいくら以上必要かを計算し、そこから労務費の節約額を逆算で求める。

[第4問]（配点20点）

　不確実性下の意思決定に関する問題である。デシジョンツリーの論点であるが、状況の読み取りが複雑であるため、ひとつひとつを丁寧に整理して対応したい。

### ⑵　事例の大枠の把握（問題本文および財務諸表を読んで理解する）

　段落ごとにおおよその内容を捉え、事例企業の大枠を把握する。

□問題本文
　第１段落：D社の概要
　第２段落：D社の事業展開と今後の方向性
　第３段落：D社の今後の検討事項
　第４段落：財務諸表への誘導

□財務諸表関連
　・貸借対照表
　・損益計算書

(3)　解答作成

　問題要求および個別問題の設定など全体を俯瞰した上で、個々の問題の解答作成にとりかかる。事例Ⅳは、時間配分が重要であるため、問題本文に関連する問題なのか、関連しない個別問題なのかを見極め、個別問題に関しては、自身が得意と思われる問題から取り組むのがよい。

第1問

（設問1）

　キャッシュフロー（CF）計算書の作成は、2時点の貸借対照表と1期間の損益計算書が必要である。本設定では、前期と当期の貸借対照表および当期の損益計算書から求める。

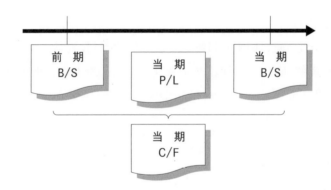

　CFの計算過程は次のとおりである。なお、与えられているのは「間接法」によるCF計算書である。

（単位：百万円）

| 営業活動CF（営業CF） | | |
|---|---|---|
| 税引前当期純利益 | 11 | ←P/Lより |
| 減価償却費 | 18 | ←B/S（当期－前期）より[1] |
| 営業外収益 | △2 | ←P/Lより |
| 営業外費用 | 16 | ←P/Lより |
| 売上債権の増減額 | 5 | ←B/S（当期－前期）より |
| 棚卸資産の増減額 | △25 | ←B/S（当期－前期）より |
| 仕入債務の増減額 | △7 | ←B/S（当期－前期）より |
| 小　計 | 16 | |
| 利息及び配当金の受取額 | 2 | ←P/Lより |
| 利息の支払額 | △16 | ←P/Lより |
| 法人税等の支払額 | △4 | ←P/L（B/Sの未払法人税等の調整含む）より[2] |
| 営業活動CF（営業CF） | △2 | |

[1]：貸借対照表の「建物・機械設備等」の取得原価に変動がないことから、取得・売却がないと判断する。よって、減価償却累計額の差額18（＝188－170）が、CF上調整すべき減価償却費となる。

[2]：P/Lの法人税等に貸借対照表の「未払法人税等」を調整する。法人税等の支払額は、次の算式のとおりである。
－法人税等の支払額＝－P/L法人税等3＋B/Sの未払法人税等（1－2）＝△4百万円

　なお、現金等の増減（最終結果）は貸借対照表から把握できる。よって、3つの活動別のCFを算出しなくても、2つの活動別のCFを算出すれば、残りの1つの活動別のCFは算出可能である。

　たとえば、営業活動CFの算出に自信がなければ、投資活動CFと財務活動CFを算出すれば、逆算可能である。ただし、この方法はあくまでも検算として用いるのが望ましい。

---

**【補足】現金・預金増減額と各活動CF**

　投資CFはゼロであり、財務CFは、次のとおりである。

財務活動CF　　　　　　　　（単位：百万円）

| 短期借入金の返済による支出 | △10 | ←B/S（当期－前期）より |
|---|---|---|
| 長期借入金の返済による支出 | △10 | ←B/S（当期－前期）より |
| 財務活動CF | △20 | |

　現金・預金増減額△22（231－253）＝営業CF△2＋投資CF0＋財務CF△20
と一致する。

---

（設問2）

　D社の財務状況について問われている。経営分析の問題では、第1問のみならず、他の個別問題の設定を把握するとよい。また、財務諸表を俯瞰して、事例企業の概況

をあらかじめ想定するとよい。

## 【財務諸表を俯瞰する】

D社と同業他社を比べた場合の特徴は、次のとおりである。なお、D社の前期の数値が貸借対照表で与えられているが、本問はあくまでも同業他社との状態比較であるため、D社の前期の数値は除外して考える（（設問1）のCF計算書の作成で使用する）。

財務諸表を俯瞰する段階では、特徴的な項目に着目する。損益計算書に着目した場合、D社の売上高は同業他社に比べて少ない。また、すべての利益においても同業他社を下回っている。

貸借対照表に着目した場合、D社の総資産は同業他社に比べ少ない。資産に着目すると、総資産が少ない一方で棚卸資産はD社のほうが多いことに着目できる。また、負債と純資産はD社のほうが少ない。

## 【問題本文・個別問題】

本事例の設定を概観する。D社は、食料加工業である。D社は数年前より製品群の絞り込みを行い、（もともと品質面で優れていたが）より付加価値の高い製品を取り扱っている。しかし、需要予測と実際販売数量にズレが生じている製品もある。これにより在庫が過剰になっている製品があると類推される。

また、上記以外に、色彩選別機の機械化や新製品の製造・販売を検討している。

### ●優れている点：収益性

上記より、D社は付加価値の高い製品に絞り込んだ事業展開を行っている。これにより、同業他社よりも高い収益率を維持できていると考えられる（原価に対して高い単価で製品を販売できていると考えられる）。製品の付加価値が高いということであるため、財務指標は売上高総利益率が解答候補となる。

### ●課題を示すと考えられる点：効率性、安全性

上記より、D社では製品群を絞り込んだ当初よりも売上が低い状態である。これに対して、需要予測と実際販売数量のズレから在庫は多くなっており、効率性は悪くなっている。また、在庫の多さがキャッシュフローにも影響を与えており、短期安全性が悪くなっている。よって、財務指標は棚卸資産回転率と当座比率が解答候補となる。

財務指標の数値を計算して、数値面からも優れている点、課題を示すと考えられる点として妥当かどうかを確認する。

| 財務指標 | 数　値 |
|---|---|
| ①　売上高総利益率<br>（D社＞同業他社） | D社：$400 \div 1{,}225 \times 100 = 32.653\cdots \fallingdotseq 32.65$（％） |
| | 他社：$460 \div 1{,}500 \times 100 = 30.666\cdots \fallingdotseq 30.67$（％） |
| ②　棚卸資産回転率<br>（D社＜同業他社） | D社：$1{,}225 \div 115 = 10.652\cdots \fallingdotseq 10.65$（回） |
| | 他社：$1{,}500 \div 95 = 15.789\cdots \fallingdotseq 15.79$（回） |
| ③　当座比率<br>（D社＜同業他社） | D社：$364^{※1} \div 417 \times 100 = 87.290\cdots \fallingdotseq 87.29$（％） |
| | 他社：$476^{※2} \div 448 \times 100 = 106.25$（％） |

※1：現金・預金231＋売上債権100＋有価証券33＝当座資産364
※2：現金・預金316＋売上債権135＋有価証券25＝当座資産476

　数値面から検討しても、それぞれ妥当であると判断できるため、解答は以下のとおり決定される。

| | (a) | (b) | |
|---|---|---|---|
| ① | 売上高総利益率 | 32.65 | （％） |
| ② | 棚卸資産回転率 | 10.65 | （回） |
| ③ | 当　座　比　率 | 87.29 | （％） |

（設問3）

　前述のとおり、D社は付加価値の高い製品に絞り込んだ事業展開を行っていることにより収益性が高い。しかし、実際販売数量が十分ではないために需要予測と実際販売数量にズレが生じている。そのため、在庫過多な状態であり、効率性と安全性が低い。記述にあたっては、これらのことを40字以内にまとめて記述する。

**【参考】代表的な財務指標および財務指標値**

| | 財務指標 | 比較 | D社 | 同業他社 |
|---|---|---|---|---|
| 収益性 | 総資本経常利益率 | × | 0.91% | 2.64% |
| | 売上高総利益率 | ○ | 32.65% | 30.67% |
| | 売上高売上原価比率 | ○ | 67.35% | 69.33% |
| | 売上高営業利益率 | × | 2.04% | 3.27% |
| | 売上高販管費比率 | × | 30.61% | 27.4% |
| | 売上高経常利益率 | × | 0.90% | 2.4% |
| | 売上高営業外費用比率 | × | 1.31% | 1.13% |
| 効率性 | 総資本回転率 | × | 1.01回 | 1.10回 |
| | 売上債権回転率 | ○ | 12.25回 | 11.11回 |
| | 棚卸資産回転率 | × | 10.65回 | 15.79回 |
| | 有形固定資産回転率 | × | 1.77回 | 1.97回 |
| 安全性 | 流動比率 | × | 117.75% | 128.35% |
| | 当座比率 | × | 87.29% | 106.25% |
| | 固定比率 | × | 280.62% | 243.38% |
| | 固定長期適合率 | × | 90.73% | 86.17% |
| | 自己資本比率 | × | 21.23% | 23.79% |
| | 負債比率 | × | 370.93% | 320.31% |

（○：同業他社より優れている、×：同業他社より劣っている）

---

第2問

業務的意思決定に関する問題である。

---

**【前提となる知識】**

① 限界利益

② セールスミックス

③ セグメント別損益計算

---

（設問1）

　製品P、Q、Rそれぞれの1ロット当たりの限界利益額を「販売単価（売上高）−
1ロット当たり変動費」より計算する。

　製品P：12,000−4,200＝<u>7,800</u>（円）

　製品Q：9,000−4,500＝<u>4,500</u>（円）

　製品R：6,000−2,400＝<u>3,600</u>（円）

（設問2）

　通常のセールスミックスであれば、機械稼働時間当たりの限界利益を求め、それが大きい順に優先して製造・販売すれば営業利益は最大になる。

●機械稼働時間当たり限界利益

　　製品P：7,800÷10時間＝780円/時

　　製品Q：4,500÷5時間＝900円/時

　　製品R：3,600÷3時間＝1,200円/時

　　製造・販売の優先順位は、「製品R→製品Q→製品P」の順番になる。

●製造・販売量

　　製品R：月間機械稼働時間（3時間×400ロット＝1,200時間）製造・販売する。

　　製品Q：残り機械稼働時間5,000時間－1,200時間＝3,800時間分、製造できる。

　　　　　　月間機械稼働時間（5時間×300ロット＝1,500時間）製造・販売する。

　　製品P：3,800時間－1,500時間＝2,300時間分、製造する。

　　　　　　2,300時間÷10時間/ロット＝230ロット製造・販売できる。

　よって、製品P：230ロット、製品Q：300ロット、製品R：400ロットの組み合わせで製造・販売することになる。

　ただし、本問では個別固定費が与えられているため、貢献利益を把握する必要がある。各製品の貢献利益は次のようになる。

（単位：円）

|  | 製品P | 製品Q | 製品R |
|---|---|---|---|
| 生産量（ロット） | 230 | 300 | 400 |
| 単位当たり限界利益 | 7,800 | 4,500 | 3,600 |
| 限界利益 | 1,794,000 | 1,350,000 | 1,440,000 |
| 個別固定費 | 900,000 | 1,400,000 | 1,400,000 |
| 貢献利益 | 894,000 | △50,000 | 40,000 |
| 貢献利益の合計 | 884,000 |  |  |

　製品Qの貢献利益がマイナスとなる。この場合、製品Qを製造しないことで製品Qにかかる変動費と個別固定費の発生を回避することができる。そして、製品Qを生産しないことで機械稼働時間に余力が生じるため、製品Pの生産に割り当てることで、営業利益の最大化を図ることができる（製品Pの月間最大需要量280ロットをすべて製造することが可能である）。

（単位：円）

|  | 製品P | 製品Q | 製品R |
|---|---|---|---|
| 生産量（ロット） | 280 | 0 | 400 |
| 単位当たり限界利益 | 7,800 | 0 | 3,600 |
| 限界利益 | 2,184,000 | 0 | 1,440,000 |
| 個別固定費 | 900,000 | 0 | 1,400,000 |
| 貢献利益 | 1,284,000 | 0 | 40,000 |
| 貢献利益の合計 | 1,324,000 | | |
| 共通固定費 | 300,000 | | |
| 営業利益 | 1,024,000 | | |

したがって、製品P：280ロット、製品Q：0ロット、製品R：400ロットの組み合わせで製造・販売すれば、営業利益は1,024,000円で最大となる。

---

**【補足】損益分岐点分析によるセグメント判断**

　損益分岐点分析を用いて、貢献利益がプラスになるための製造・販売量の下限値をあらかじめ算出し、解の範囲を明らかにしておく。

　貢献利益がプラスになるためには、限界利益が個別固定費を上回る必要がある。したがって、

　　　「単位当たり限界利益×製造・販売数量＞個別固定費」

　＝「製造・販売数量＞個別固定費÷単位当たり限界利益」

と導出される。これが製造・販売量の下限値となる。また、最大値は最大需要量となるため、それぞれの製品の取り得る解は次のとおりである。

　製品P：販売数量＞900,000÷7,800＝115.3…

　　　　　∴「116≦P≦280」が取り得る解となる。

　製品Q：販売数量＞1,400,000÷4,500＝311.1…

　　　　　∴「312≦P≦300」となり、解なしとなる。

　製品R：販売数量＞1,400,000÷3,600＝388.8…

　　　　　∴「389≦P≦400」が取り得る解となる。

　以上のことから、製品Qは最大需要量を製造・販売しても貢献利益がマイナスになることがわかる。また、製品Pを116個以上280個以下、製品Rを389個以上400個以下の範囲で組み合わせるセールスミックスが有効であると判断される（その中で本設問においては製品P・Rを最大まで製造・販売できるため、製品P：280ロット、製品R：400ロットの組み合わせが営業利益最大となる）。

（設問3）

（設問2）の条件に加えて、販売促進費として20万円を追加した場合、それぞれの製品の需要が増加するという提案である。販売促進を実施した場合の需要予測は、次のようになる。

| | 製品P | 製品Q | 製品R |
|---|---|---|---|
| 需要予測（ロット） | 308 | 330 | 440 |

これにより、（設問2）の補足で見た各製品の取り得る解は次のように変化する。

$116 \leqq P \leqq 308$

$312 \leqq Q \leqq 330$

$389 \leqq R \leqq 440$

次に、セールスミックスを検討する。

（設問2）で見たとおり、貢献利益を算出できる設定であれば限界利益ではなく、貢献利益ベースで生産順を判断する必要がある。

セールスミックスでは、単位当たり利益額の高い順に生産を行っていくことになる。一方で、単位当たり貢献利益額は生産量に依存する。そこで、それぞれの製品について最大量生産・販売した場合の単位当たり貢献利益額を計算し、製造・販売順を検討する。

| | 製品P | 製品Q | 製品R |
|---|---|---|---|
| 生産量（ロット） | 308 | 330 | 440 |
| 単位あたり限界利益 | 7,800 | 4,500 | 3,600 |
| 限界利益 | 2,402,400 | 1,485,000 | 1,584,000 |
| 個別固定費 | 900,000 | 1,400,000 | 1,400,000 |
| 貢献利益 | 1,502,400 | 85,000 | 184,000 |
| 単位当たり貢献利益[1] | 4,878 | 258 | 418 |
| 機械稼働時間当たり貢献利益[2] | 488 | 52 | 139 |

[1]：貢献利益の総額を製造・販売量で除して計算する（小数点第1位四捨五入）。
[2]：単位当たり貢献利益を1ロット当たり機械稼働時間で除して計算する（小数点第1位四捨五入）。

上記より、機械稼働時間当たり貢献利益の大きい「製品P→製品R→製品Q」の順で製造・販売する。

●製造・販売量

製品P：月間機械稼働時間（10時間×308ロット＝3,080時間）製造・販売する。

製品R　　：5,000時間－3,080時間＝1,920時間分、製造できる。

　　　　　　月間機械稼働時間（3時間×440ロット＝1,320時間）製造・販売する。

製品Q　　：1,920時間－1,320時間＝600時間分、製造できる。

　　　　　　600時間÷5時間/ロット＝120ロット製造・販売できる。

　　　　　　ただし、製品Qの下限値は312ロットであるため、製造・販売ロットが120ロットの場合には、貢献利益がマイナスとなる。そのため、製造・販売をしないほうがよいと判断される。

　よって、製品P：308ロット、製品Q：0ロット、製品R：440ロットの組み合わせで製造・販売することになる。

（単位：円）

|  | 製品P | 製品Q | 製品R |
|---|---|---|---|
| 生産量（ロット） | 308 | 0 | 440 |
| 単位あたり限界利益 | 7,800 | 0 | 3,600 |
| 限界利益 | 2,402,400 | 0 | 1,584,000 |
| 個別固定費 | 900,000 | 0 | 1,400,000 |
| 貢献利益 | 1,502,400 | 0 | 184,000 |
| 貢献利益の合計 | 1,686,400 |  |  |
| 共通固定費 | 500,000※ |  |  |
| 営業利益 | 1,186,400 |  |  |

※300,000＋販売促進費200,000＝500,000円

　したがって、製品P：308ロット、製品Q：0ロット、製品R：440ロットの組み合わせで製造・販売すれば、営業利益は1,186,400円で最大となる。

第3問

設備投資の経済性計算に関する問題である。

【前提となる知識】

① キャッシュフロー（CF）

② 正味現在価値法（NPV）

　色彩選別機の導入にあたっての労務費の節約額が問われている。本問では投資を行うことが前提であるため、NPVが正になる正味CFを求め、そこから労務費の節約額を逆算すればよい。求め方は以下のとおりである。

●減価償却費

1,000 ÷ 5 年 = 200

●正味CF

年間の労務費節約額を $x$ とおき、正味CFを計算する。

$(x - 100) \times (1 - 0.3) + 200 \times 0.3 = 0.7x - 10$

●正味現在価値（NPV）

$(0.7x - 10) \times (0.9524 + 0.9070 + 0.8638 + 0.8227 + 0.7835) - 1,000$

$= 3.03058x - 1,043.294$

●年間の労務費節約額

正味現在価値が正になるような $x$ を求めればよい。

NPV ＞ 0 となる $x$ を求めると、$3.03058x - 1,043.294 > 0$

これを解くと、

$3.03058x > 1,043.294$

$x > 344.2 \cdots$ → 345万円

∴ 年間労務費の節約額が345万円以上であれば、機械を導入するほうが有利となる。

---

第4問

不確実性下の意思決定に関する問題である。

---

**【前提となる知識】**

① 期待値計算

② 正味現在価値

③ デシジョンツリー

---

（設問1）

売上は、販売量が15,000個で推移する場合と8,000個で推移する場合の2通りが予想されており、コストは低コストと高コストの2通りが予想されている。それぞれの確率に基づき期待値を計算すると、以下のとおりである。

（単位：万円）

| | | 低コスト | | 高コスト | |
|---|---|---|---|---|---|
| 各年 | 売上高 | 15,000 | 8,000 | 15,000 | 8,000 |
| | コスト[1] | 6,000 | 3,200 | 12,000 | 6,400 |
| | CF[2] | 9,000 | 4,800 | 3,000 | 1,600 |
| | CFの期待値 | 7,320[3] | | 2,440[4] | |

| | | |
|---|---|---|
| CFの累計 | 21,960 | 7,320 |
| 投資額 | 15,000 | 15,000 |
| NPV | 6,960 | △7,680 |
| NPVの期待値 | △360[5] | |

※1：「販売量×1ロット当たりのコスト」より計算している。
※2：「売上高−コスト」より計算している。
※3：9,000×60％＋4,800×40％＝7,320（万円）
※4：3,000×60％＋1,600×40％＝2,440（万円）
※5：6,960×50％＋（△7,680）×50％＝△360（万円）

（設問2）

　本問は、R&Dと初期投資の2つの意思決定がある。デシジョンツリーを用いて計算すると、以下のとおりとなる。なお、デシジョンツリーの表記方法として意思決定者が選択する行動の分岐は□で表示し、意思決定者がコントロールできない不確実な事象の分岐は○で表示する。

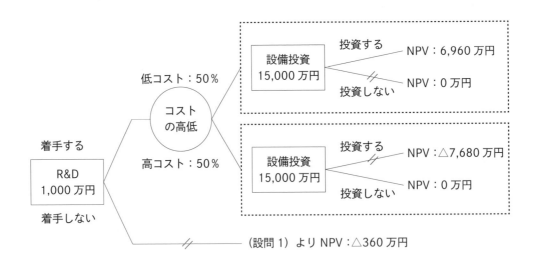

（設問1）より NPV：△360 万円

　この投資案については、高コストの場合には正味現在価値がマイナスとなるため、設備投資を行わないという意思決定になる。一方、低コストの場合には正味現在価値がプラスとなるため設備投資を行うという意思決定になる。

　上記に対してR&D費1,000万円を加味すると、期待NPVは次のように計算される。

　期待NPV：6,960×0.5＋ 0 ×0.5−1,000＝2,480（万円）となる。

上記より、R&Dを行った場合、正味現在価値の期待値が2,480万円とプラスになるため、R&Dを実施する。そして、R&Dの結果、低コストの場合には設備投資を行い、高コストの場合には設備投資を行わない。

✎ 自分の知識や考えと異なるところは？

作業全体を検証する

作業の結果としてできあがる解答の要件を自分の解答がどの程度満たしているのか検証します。検証は問題ごとに設定された［対応のポイント］に基づいて行いましょう。その上で、作業プロセス全体を振り返り、改善の余地がどこにあるかを検討しましょう。

--------------------------------------------------------------------------

第1問

（設問1）

［対応のポイント］

☐ すべての空欄箇所をスムーズに解答できた

☞ ☐ できた　☐ だいたいできた　☐ あまりできなかった　☐ できなかった

✐ 気づいたこと・改善すること

● ● ● ● ● ● ● ● ● ● ● ● ● ● ● ● ● ● ● ● ● ● ● ● ● ● ● ● ● ● ● ● ● ● ● ● ● ● ● ●

（設問2）

［対応のポイント］

☐ 指標の特定および計算は確認処理も含めスムーズにできた

☞ ☐ できた　☐ だいたいできた　☐ あまりできなかった　☐ できなかった

✐ 気づいたこと・改善すること

● ● ● ● ● ● ● ● ● ● ● ● ● ● ● ● ● ● ● ● ● ● ● ● ● ● ● ● ● ● ● ● ● ● ● ● ● ● ● ●

（設問3）

［対応のポイント］

☐ 財政状態および経営成績の記述はスムーズにできた

☞ ☐ できた　☐ だいたいできた　☐ あまりできなかった　☐ できなかった

□ 優れているところも含め編集している

　　☞ □できた　□だいたいできた　□あまりできなかった　□できなかった

✎ 気づいたこと・改善すること

```
・・・・・・・・・・・・・・・・・・・・・・・・・・・・・・・・・・・・・・・・・・・・・・・・・・・
```

第2問

［対応のポイント］

□ 設問1〜3まで設定を理解し、計画にもとづいて処理した

　　☞ □できた　□だいたいできた　□あまりできなかった　□できなかった

✎ 気づいたこと・改善すること

```
・・・・・・・・・・・・・・・・・・・・・・・・・・・・・・・・・・・・・・・・・・・・・・・・・・・
```

第3問

［対応のポイント］

□ 問題を理解し、計画にもとづいて処理した

　　☞ □できた　□だいたいできた　□あまりできなかった　□できなかった

✎ 気づいたこと・改善すること

```
・・・・・・・・・・・・・・・・・・・・・・・・・・・・・・・・・・・・・・・・・・・・・・・・・・・
```

［対応のポイント］

☐ 設問1・2の設定を理解し、計画にもとづいて処理した

&#x261E; ☐できた ☐だいたいできた ☐あまりできなかった ☐できなかった

&#x270E; 気づいたこと・改善すること

# 自分の答案を出題者側から評価してみる

　自分の解答を採点します。自分は出題者（採点者）であり、「答案は他人のもの」という想定で評価しましょう。採点を通じて、解答の構成・組み立て、明示している要素内容・表現などでの改善の余地を把握しましょう。

---

第1問　（配点40点）

（設問1）＜15点＞

〔解答例〕

（単位：百万円）

| | | |
|---|---|---|
| （　税引前当期純利益　） | （ | 11　） |
| 減価償却費 | （ | 18　） |
| 営業外収益 | （ | △2　） |
| 営業外費用 | （ | 16　） |
| 売上債権の増減額 | （ | 5　） |
| 棚卸資産の増減額 | （ | △25　） |
| 仕入債務の増減額 | （ | △7　） |
| 小計 | （ | 16　） |
| 利息及び配当金の受取額 | （ | 2　） |
| 利息の支払額 | （ | △16　） |
| 法人税等の支払額 | （ | △4　） |
| 営業活動によるキャッシュフロー | （ | △2　） |

〔採点基準〕①～⑥各2点、⑦3点

① 税引前当期純利益の名称と金額が正しい

② 減価償却費の金額が正しい

③ 売上債権の増減額の金額が正しい

④ 棚卸資産の増減額の金額が正しい

⑤ 仕入債務の増減額の金額が正しい

⑥ 法人税等の支払額の金額が正しい

⑦ 営業活動によるキャッシュフローの金額が正しい

| 基準 | 点数 | コメント |
|---|---|---|
| ① | 点/2点 | |
| ② | 点/2点 | |
| ③ | 点/2点 | |
| ④ | 点/2点 | |
| ⑤ | 点/2点 | |
| ⑥ | 点/2点 | |
| ⑦ | 点/3点 | |
| 合計 | 点/15点 | |

（設問2） ＜18点：(a)(b)各3点　※(a)が不正解の場合には、(b)も不正解とする＞

〔解答例〕

| | (a) | (b) |
|---|---|---|
| ① | 売上高総利益率 | 32.65 （　％　） |
| ② | 棚卸資産回転率 | 10.65 （　回　） |
| ③ | 当　座　比　率 | 87.29 （　％　） |

| 項目 | 点数 | コメント |
|---|---|---|
| ① | 点/6点 | |
| ② | 点/6点 | |
| ③ | 点/6点 | |
| 合計 | 点/18点 | |

（設問3） ＜7点＞

〔解答例〕

| 製 | 品 | の | 付 | 加 | 価 | 値 | は | 高 | い | が | 、 | 需 | 要 | 予 | 測 | と | 実 | 際 | 販 |
|---|---|---|---|---|---|---|---|---|---|---|---|---|---|---|---|---|---|---|---|
| 売 | 数 | 量 | に | ズ | レ | が | 生 | じ | 、 | 在 | 庫 | 過 | 多 | の | 状 | 態 | で | あ | る。 |

〔採点基準〕①②各2点、②3点

①　製品の付加価値が高い

②　需要予測（販売計画）と実際販売数量にズレが生じている

③　在庫過多の状態である

| 項目 | 点数 | コメント |
|---|---|---|
| ① | 点/2点 | |
| ② | 点/2点 | |
| ③ | 点/3点 | |
| 合計 | 点/7点 | |

第2問 （配点25点）

（設問1）　<3点：各1点×3>

〔解答例〕

（単位：円）

| 製品P | 製品Q | 製品R |
|---|---|---|
| 7,800 | 4,500 | 3,600 |

| 項目 | 点数 | コメント |
|---|---|---|
| 製品P | 点/1点 | |
| 製品Q | 点/1点 | |
| 製品R | 点/1点 | |
| 合計 | 点/3点 | |

（設問2）　<10点>

〔解答例〕

| (a) | P | 280（ロット） | Q | 0（ロット） | R | 400（ロット） |
|---|---|---|---|---|---|---|
| (b) | | 1,024,000　（円） | | | | |

〔採点基準〕①②各5点

①　(a)の数値がすべて正しい

② (b)の数値が正しい

| 基準 | 点数 | コメント |
|---|---|---|
| ① | 点/5点 | |
| ② | 点/5点 | |
| 合計 | 点/10点 | |

（設問3）＜12点＞

**〔解答例〕**

| (a) | P | 308（ロット） | Q | 0（ロット） | R | 440（ロット） |
|---|---|---|---|---|---|---|
| (b) | | 1,186,400　（円） | | | | |

**〔採点基準〕** ①②各6点

① (a)の数値がすべて正しい

② (b)の数値が正しい

| 基準 | 点数 | コメント |
|---|---|---|
| ① | 点/6点 | |
| ② | 点/6点 | |
| 合計 | 点/12点 | |

〔解答例〕

●減価償却費
　　$1,000 \div 5$ 年 $= 200$
●正味CF
　　年間の労務費節約額を $x$ とおき、正味CFを計算する。
　　$(x-100) \times (1-0.3) + 200 \times 0.3 = 0.7x - 10$
●正味現在価値（NPV）
　　$(0.7x-10) \times (0.9524 + 0.9070 + 0.8638 + 0.8227 + 0.7835) - 1,000$
　$= 3.03058x - 1,043.294$
●年間の労務費節約額
　　$3.03058x - 1,043.294 > 0$
　　$x > 344.2\cdots$　→　345万円
∴年間労務費の節約額が345万円以上であれば、機械を導入するほうが有利となる。

〔採点基準〕①②4点、③7点

① 　正味CFが正しい

② 　NPVが正しい

③ 　労務費節約額が正しい

| 項目 | 点数 | コメント |
|---|---|---|
| ① | 点/4点 | |
| ② | 点/4点 | |
| ③ | 点/7点 | |
| 合計 | 点/15点 | |

第4問 （配点20点）

（設問1） ＜8点＞

〔解答例〕

| △360 　　　（万円） |
|---|

| 項目 | 点数 | コメント |
|---|---|---|
| | 点/8点 | |

（設問2）＜12点＞

〔解答例〕

> R＆Dを行った場合、正味現在価値の期待値が2,480万円とプラスになるため、R＆Dを実施する。そして、R＆Dの結果、低コストの場合には設備投資を行い、高コストの場合には設備投資を行わない。

〔採点基準〕①6点、②2点、③4点

① 正味現在価値の期待値が正しい

② R＆Dを実施する

③ R＆Dの結果、低コストの場合には設備投資を行い、高コストの場合には設備投資を行わない。

| 項目 | 点数 | コメント |
|---|---|---|
| ① | 点/6点 | |
| ② | 点/2点 | |
| ③ | 点/4点 | |
| 合計 | 点/12点 | |

# 7 最終的な確認

取り組み前に設定したテーマの観点から、ここまでのフィードバック内容をすべて確認して、主要点を整理しておきましょう。

第 3 回

事例 I

# 1 テーマを設定（選択）する

　以下のリストの中から該当するテーマを選びましょう。もちろん、リストにないテーマを設定してもかまいません。

------------------------------------------------------------

**[今回のテーマ]**　☆少なくとも１つは選択しましょう。

　　□ 実際の体験を通じて２次試験（事例Ⅰ）のことを知る（知見を増やす）

　　□ 自分のマネジメント（80分の使い方、問題処理の優先度判断など）の改善の
　　　余地を特定する

　　□ 自分の解答作成手順の改善の余地を特定する

　　□ 自分の使える知識と技能の補強すべきところを特定する


　✏ 自身で設定した具体的なテーマがあれば、理由とともに記録しておきましょう。

```
・・・・・・・・・・・・・・・・・・・・・・・・・・・・・・・・・・・・・・



```

# 2 実際に取り組む

　演習問題に取り組みます。実際に答案を作成してください。取り組み中に気づいたことや感じたことがあればメモしておきましょう。

---

　A社は、資本金2,000万円、売上高約9億円の靴下、ストッキング、レギンスといった足元のファッションを支える製品の製造・販売を行う中小メーカーである。創業は1960年代半ばであり、現社長は2代目である。日本一の靴下産地である近畿地区のX県に本社と工場を構え、東アジアのY国には、検品専門の工場を操業する関連会社を構えている。従業員数は約80名（パート・アルバイトを含む）である。現在はストッキングやレギンスなどの売上の比率が高くなっていることもあり、女性向けの商品が売上の約7割を占めている。

　創業してからしばらくは、A社の主力商品は靴下であった。通常は価格が高いと一般消費者には受け入れられにくい商品であり、規格品を大量に生産・販売することによって収益を確保する事業形態であった。そのため、自社製品も取り扱ってはいたものの、OEM生産の比率が高く、打診を積極的に受託することで稼働率を高めていく方針であった。OEM生産の場合には、製品の個性は求められないが、製品品質の安定が重要な要件となる。そのため、A社では当時はもちろん、長年にわたって品質向上に特に力を注いできており、現在においても製品品質には定評がある。そして、製造部門を中心に根付いた正確性、着実性を重視する風土は、今日では社内全体に浸透している。

　このような事業形態であり、また、比較的順調に創業期から事業が軌道に乗ったことから、創業から数年後にはY国に製造拠点をシフトしていった。アジアの国々は、人件費の安さなどから、長年、世界の工場としての役割を担ってきており、A社が進出した最大の理由も同様であった。しかしながら、現在も少なからず見られるが、特に当時は技術流出や品質の安定といった面での対応が、現地で操業する多くの企業が直面する課題であった。A社では現地にスタッフを派遣し、現地人材への教育やマニュアル作成に力を入れて取り組むなど、厳しい管理体制を構築して品質の維持に努めてきた。海外進出はA社の事業規模をさらなる水準へと押し上げることとなった。しかしながら、昨今は人件費が高騰していることから、製造拠点としての魅力が低下してきており、国内に回帰させる動きもみられるようになっている。

　X県に立地していることは、アパレルメーカーであるA社にとって重要なブランド力向上に寄与している。この地域は、盆地のため降水量が少なく、かつては水不足に悩まされていた。水田のすべてに稲を植えつけると水が不足してしまうため、その解決策として綿と稲とを1年ごとに交代で植えつけて栽培してきた。そして、少ない米の生産量を補うため、副業として綿織物業で生計を立てていたのである。その後、外

国産の安価で良質な綿糸・綿花が入ってくるようになると、綿作は次第に姿を消していくこととなったが、綿織物業については原材料を輸入の紡績糸に切り替えることでさらに発展し、文明開化によって服装が西洋化すると、綿織物業に代わるものとして靴下製造が次第に周辺の地域へと広がっていった。

　A社はこれまでに、ボトムスを中心に徐々に製品領域を拡大してきた。そのうちの1つであるレギンスは、主に腰から足首までを覆う女性向けのボトムスである。国内においては、ファッション業界が2006年頃から流行らせたことで市場が形成されていったとされる。A社は、それまでも女性向けのストッキングなどの生産は行っていたが、企画・デザイン力を強化し、このような市場環境に対応していった。このことは、A社を再び成長軌道へと向かわせる大きな原動力となった。

　A社の組織は、企画・デザイン部門、製造部門、営業部門、総務部門で構成される機能別組織である。現在のA社の製品は、4割が自社製品、6割がOEM製品となっている。創業からしばらくは、男性従業員の比率が高い状況であったが、現在は女性従業員が約6割を占めており、管理職も半数以上を女性が占めるようになっている。

　アパレル製品は、従来から市場ニーズの変化が激しいという特性を有したカテゴリーであるが、昨今は、その傾向がより一層顕著であり、商品がヒットするか否かは不確実性が高いといえる。また、暖かさや通気性、あるいは丈夫さや健康増進といった多様な面に価値が見出されるようになっており、商品の高付加価値化が進んできている。特に、メイドインジャパンの製品は、付加価値や品質が高いことが市場にもイメージとして浸透している。近年は、このような製品を求める消費者が、国内はもちろん、アジア各国においても増加傾向にある。

　A社では、自社製品を市場投入する場合、営業部門が中心となって収集している市場のニーズを踏まえ、高い確率で販売が見込めると思われる新商品の企画を、企画・デザイン部門の人員が立案し、製造部門ともすり合わせながら試作品がつくられる。そして、テストマーケティングを経て、最終的には管理職による選別を経たものだけが商品化され、量産化されることになる。企画・デザイン部門から案として出たもののうち、製品化されるものは決して多くはなく、結果として、大きな失敗のない市場投入がされるものの、A社ならではの個性的な商品が多いとはいえず、爆発的なヒットは生み出せないでいる。

　A社は、創業からこれまで、X県に立地して事業を展開し、成長が停滞することはあっても大きく低迷することなく事業を展開してくることができた。しかしながら、昨今の市場環境を踏まえれば、今後はより一層競争力を高めていかなければ市場に埋もれていってしまうことも懸念される。A社長は、現状に安住せずに挑戦することで、第3の成長期を形成していく考えである。

**第1問**（配点20点）

　世界経済の成長の中において、アジア圏は従来から重要な役割を担ってきているが、昨今は経済的発展が著しい状況となっている。アジア圏における昨今のビジネス環境の変化について、100字以内で述べよ。

**第2問**（配点20点）

　A社は、創業社長時代に検品専門の工場を操業する関連会社を設立している。その理由について、100字以内で述べよ。

**第3問**（配点20点）

　A社長が、創業以来の事業展開による成長に行き詰まりを感じた際に、戦略的に取り組んできたことについて、120字以内で述べよ。

**第4問**（配点20点）

　A社は、7、8年ほど前に製造拠点の国内回帰を図ったが、このことは、現在のA社の戦略上、どのような利点をもたらすことになったと考えられるか。100字以内で述べよ。

**第5問**（配点20点）

　A社長は、今後の成長のためにも、組織の変革が必要な時期にあると考えている。そのために、どのような人事施策に取り組むべきか。100字以内で述べよ。

# 問題文解釈の作業プロセスを検証する

　作業プロセスの確認は、問題ごとに、チェック項目をもとに行います。2次試験問題の処理における最大のポイントは、問題文の解釈です。以下の観点から確認し、改善が必要なところを洗い出しましょう。

---

第1問

☐「ビジネス環境」にどのような変化をもたらすか、という要求であることを認識した。

　　☞ ☐できた　☐だいたいできた　☐あまりできなかった　☐できなかった

☐「ビジネス環境」とは、"A社を含む日本企業にとってのビジネス環境"であろうと想定した。

　　☞ ☐できた　☐だいたいできた　☐あまりできなかった　☐できなかった

✏ 気づいたこと・改善すること

```
• • • • • • • • • • • • • • • • • • • • • • • • • • • • • • • •




```

第2問

☐「検品専門の工場を操業する関連会社を設立」とは、具体的にどういうことか想定してみた。

　　☆A社内の検品部門を切り離して独立させたということ。

　　☞ ☐できた　☐だいたいできた　☐あまりできなかった　☐できなかった

☐「理由」は、"検品を内部の部門が行っていると困難なことが、別組織（企業）として行えば可能になるから"ということであろうと想定した。

　　☞ ☐できた　☐だいたいできた　☐あまりできなかった　☐できなかった

✎ 気づいたこと・改善すること

```
• • • • • • • • • • • • • • • • • • • • • • • • • • • • • • • • • • • • •
```

第3問

☐「A社長」は現在の社長であり、創業社長の後（2代目）なのか確認する必要を認識した。

　　☞ ☐できた　☐だいたいできた　☐あまりできなかった　☐できなかった

☐「戦略的に取り組んできた」結果が、現在のA社であるから、創業以来の事業展開と現状の事業構成のちがいから「取り組んできたこと」を特定することを想定した。

　　☞ ☐できた　☐だいたいできた　☐あまりできなかった　☐できなかった

✎ 気づいたこと・改善すること

```
• • • • • • • • • • • • • • • • • • • • • • • • • • • • • • • • • • • • •
```

第4問

☐「製造拠点の国内回帰」による利点ということは、海外に製造拠点がある場合と比較してよいことであると認識した。

　　☞ ☐できた　☐だいたいできた　☐あまりできなかった　☐できなかった

☐「現在のA社の戦略上」が制約になっているので、現在のA社の戦略の内容を特定する必要性を認識した。

　　☞ ☐できた　☐だいたいできた　☐あまりできなかった　☐できなかった

✐ 気づいたこと・改善すること

┌─────────────────────────────────────────────┐
│ • • • • • • • • • • • • • • • • • • • • • • • • • • • • • • • • • • • • • • • • • • │
│                                             │
│                                             │
│                                             │
│                                             │
│                                             │
└─────────────────────────────────────────────┘

**第5問**

☐ 「今後の成長」の要件を特定し、そこからその要件を満たすための組織要件を抽出する必要性を認識した。

   ☞ ☐できた　☐だいたいできた　☐あまりできなかった　☐できなかった

☐ 現状の「人事施策」として実施していないと思われることを複数解答することを想定した。

   ☞ ☐できた　☐だいたいできた　☐あまりできなかった　☐できなかった

✐ 気づいたこと・改善すること

┌─────────────────────────────────────────────┐
│ • • • • • • • • • • • • • • • • • • • • • • • • • • • • • • • • • • • • • • • • • • │
│                                             │
│                                             │
│                                             │
│                                             │
│                                             │
└─────────────────────────────────────────────┘

💡 作業のポイント

チェックするのは手段であり、目的は改善すべきところをはっきりさせることです。改善すべきところおよびそのための方策は、以下のように特定できます。

| 洗い出したこと | 改善すること |
| --- | --- |
| メモしていない | → メモすることを手順に加えて、練習する。 |
| そのようなことは考えなかった | → 問題文の解釈の練習をする。 |
| そのようなことは浮かばなかった | → 使いたい知識に加え、すっと使えるよう何度も出力する。 |

# 4 出題者の意図を確認する（知識を検証する）

解答より先に解説を読み、出題者の意図を理解します。

「自分の知識や考えと異なるところはどこか？」という観点から、出題者自身が書いた解説を読むことで、自分の知識や考え方の更新（補強と修正）を行いましょう。

解説

## 1．事例の特徴と取り組み方

　今回の事例では、靴下、ストッキング、レギンスなどの製造業を取り上げた。事例Ⅰにおいては、製造業が設定されることが多くなっている。ただし、業種が変わったとしても、問われる内容が大きく変わるわけではない。よって、事例Ⅰ（組織・人事の事例）への対応として、やるべきことは変わらない。

　本事例の問題数は5問であり、各問題要求は、「ビジネス環境の変化」「理由」「戦略的な取り組み」「利点」「人事施策」である。多少、珍しい要求の仕方もあるが、問題要求に忠実に解答する対応を心掛けたい。

　具体的な解答内容は、当然、事例によって異なるわけだが、特に頻出の要求タイプの場合、制限字数の中でどのような解答の構成になるのかは（要求内容によっては、具体的にどのような解答内容になるのかは）、ある程度のイメージを事前に持っておくことが有効である（人事施策が問われた場合、雇用管理（採用や配置）、評価、報酬、能力開発という4つの視点を浮かべるなど）。

　事例Ⅰは、組織・人事がテーマであるため、"組織"や"人事"に絡んだ出題が必ずあるが、それに加えて、過去や現状のA社について分析させる問題や、戦略や事業構造、業界構造などに関する問題が出題されることになる。本事例はその点では、戦略面と人事面の比率が高い構成となっている。

　事例Ⅰでは、問題要求の解釈時点で解答内容や問題本文から読み取るべき要素などを想定しておくことの重要性が高い。また、場合によっては問題要求だけで一般的な知識を想起し、解答の方向性がイメージできることが必要な設問もある。今回、演習中に問題要求の解釈がうまく行えなかった場合、特にそれによって解答の方向性が大きく外れてしまった場合には、あらためて本事例の問題要求を見て、どのようなことを頭に思い浮かべることができればよかったかを振り返ってほしい。

## 2．答案作成プロセス

⑴　問題要求の確認

　まずは問題要求を確認し、何が問われているのかを明確にした上で、問題本文を確認していくプロセスが望ましい。特に事例Ⅰの問題要求は、他の事例と比較しても出題者が何を解答させようとしているかをこの時点で想定する（解釈する）ことの重要

性が高い。なぜなら、事例Ⅰは、"何が問われているのか"がわかりにくく、解釈によって記述する要素が変わってくるリスクが最も高いからである。よって、問題要求を解釈する段階で、知識を加味して具体的な解答を想定する、問題本文を読み取る際の着眼点を設定する、解答にあたっての制約条件に注意する、解答の構成要素を描く、といったことを行った上で、明確な目的意識を持って問題本文の読み取りを行うことが必要になる。

### 第1問 （配点20点）

　直接の問題要求は「ビジネス環境の変化」である。環境には内部と外部があるが、基本的には外部環境について問われていると考えてよいであろう。よって、そのビジネスを行うにあたっての要件、競争環境（5フォースの要素など）、顧客の状況（市場規模やニーズなど）といった要素が考えられる。また、「変化」ということなので、変化前と変化後の状況について確認し、変化後の状況について記述することはもちろん、変化前の状況についても記述する構成になる可能性は想定しておきたい。

　本問は、「アジア圏における昨今のビジネス環境の変化」であるので、関連する問題本文の記述は特定しやすいと考えられるため、まずは漏れなく抽出していきたい。

　また、「世界経済の成長の中において、……重要な役割を担ってきている」「昨今は経済的発展が著しい状況」という前振りが書かれている。これらの文言は、単なる枕詞である可能性もあり得るが、基本的には解答の方向性を指し示すヒントであるととらえるべきである。そうすると、"世界経済の成長において果たしてきた（果たしている）重要な役割の具体的な内容""経済的発展が著しいことの具体的な内容"などが問題本文から読み取れるのであれば、真っ先に解答要素になると考えるべきである。

### 第2問 （配点20点）

　直接の問題要求は「理由」である。理由は、人間の意図が介在する根拠（なぜ、そうしたのかなど）の場合に用いられるのが通常である。同じような言葉に"原因"があるが、原因は、人間の意図が介在しない事象の根拠（なぜ、そうなったのかなど）の場合に用いられることになる。

　本問は具体的には、「検品専門の工場を操業する関連会社を設立した理由」である。問われている観点として、「検品専門の工場を操業する会社を設立した理由」「関連会社として設立した理由」といったことが考えられる。このような解釈をしておくことで、漏れのない検討が可能になる。

　より具体的には、「検品」であるので、目的は品質の維持・向上であろう。ただし、わざわざ設問で問うているので単にそれだけを解答するというのは考えにくい。よって、なぜ、関連会社としたのかは解答要素となる可能性が高い。そうすると、比較対象は、社内にその機能を果たす部門を作るということである。一般に別会社とする理

由としては、採算の管理を明確にする、A社本体としては強みの強化に経営資源を注力する、また検品という特性から考えれば、厳格な品質管理が行いやすい、といったことが考えられると望ましい。あるいは、違った観点としては、その当時のA社が置かれている状況（内部や外部）や抱えている課題を踏まえた際に、関連会社にするのが望ましかった、といった構造も考えられる。

### 第3問（配点20点）

　直接の問題要求は「取り組んできたこと」である。事例Ⅰにおける取り組みなので、まずは組織・人事の観点を優先して検討したい。また、「戦略的に」ということであるので、一過性の取り組みではなく、A社としての経営目的、ビジョンといったものを見据え、文字どおり、戦略的、計画的に行った内容であると考えられる。

　そして、「創業以来の事業展開による成長に行き詰まりを感じた際」ということであるので、この行き詰まりを感じたのがいつなのかを特定する必要がある。そして、再度成長軌道に乗せるために行った内容が問われていると考えてよいであろう。本問は過去に行った取り組みが問われているので、問題本文にその取り組みの内容そのものもある程度示されている可能性が高いが、すべてが明示されているとは限らない。よって、踏まえるべきは、その当時のA社の戦略、そして、どのように成長が行き詰まったのか（創業以来の事業展開の内容）、その当時の成長していくための要件、A社の強みや事業機会といった内外の環境が根拠となる。

### 第4問（配点20点）

　直接の問題要求は「利点」である。意味合いとしては、有利な点、得なところ、長所、すぐれたところ、といったことである。

　具体的には、「現在のA社の戦略上の利点」であるので、戦略を遂行するにあたって有利な点ということである。そして、「製造拠点の国内回帰を図ったことによる利点」である。製造拠点の国内回帰を図る一般的な理由としては、“人件費の高騰”“品質管理上の問題”“リードタイムの短縮”“技術上の問題”“現地人材の確保の問題”といったことが挙げられる。よって、これらのことを考えて国内回帰を図ったことは想定されるが、本問では、国内回帰を図ったのは7、8年前であり、問われているのは現在の戦略上の利点である。現在の戦略を7、8年前の時点から想定していたということであれば、当時の国内回帰を図った理由と関連することになるが、このように時期が異なるということは、当時の理由と現在の戦略は基本的には別のことであると考えるべきであろう。よって、現在のA社の戦略をしっかりと見定め、その戦略を遂行していくことを考えた際に、製造拠点を国内に回帰させた（国内に構えている）ことが利点になっているということである。

　直接の問題要求は「人事施策」である。まずは、雇用管理（採用や配置）、評価、報酬、能力開発という４つを想定し、その観点で解答していくことになる（ただし、報酬の観点は問われる可能性は低い）。

　本問は「組織の変革が必要な時期」であり、そのために人事施策が必要だという構造である。新たな人事施策を採ることが、組織を変えることに寄与するということである。いずれにしても、A社の組織をどのように変革していくことが必要なのかを見定め、そのために必要な人事施策を解答することになる。

　そして、「今後の成長のためにも」ということであるので、A社の今後の成長の方向性が問題本文に示されていれば、そのことが根拠となる。この点については、第４問で現在のA社の戦略がテーマとなっているため、関連性に注意したい。「今後の成長」は、"現在の戦略"の延長上なのか、あるいは異なる要件が存在するのかを読み取る必要があるからである。そのため、この２つの設問は、少なくとも検討の序盤においては、並行して考えていくのが望ましい。いずれにしても本問は、A社の今後の成長のためには組織の変革が必要であり、そのために人事施策が必要である、という組み立てになる。

## ⑵　事例の大枠の把握（問題本文を読んで理解する）

　本事例は問題本文が２頁であり、標準的な量である。問題本文については、解答を検討する中で何度も読み返すことにはなるが、最初の読み取りの際に、ある程度A社の方向性については掴んでおきたい。そのために、事例Ⅰの場合には"A社の課題"や"A社の強み"が何であるかを意識するというのも有効である。理由は、A社の課題はいずれかの設問で解決することになるため、それはA社の方向性であるし、A社の強みを踏まえることが、A社の方向性を描くのに役立つからである。

　　第１段落　　A社の概要
　　第２段落　　A社の創業期の状況
　　第３段落　　A社の海外進出
　　第４段落　　A社が立地しているX県について
　　第５段落　　A社の第２の成長期への原動力
　　第６段落　　A社の組織
　　第７段落　　アパレル製品の特性と昨今の市場ニーズ
　　第８段落　　A社の業務プロセス
　　第９段落　　今後の展望

⑶　解答作成

　本事例は問題本文の記述量、設問数（５問）、解答箇所（５か所）、制限字数（520字）ともに、標準的である。

　時制でいえば、第１問〜第４問で過去から現在のことについて問われており、第５問で今後のことについて問われている（ただし、第４問については今後のこととも関連する可能性がある）。

　今回の事例の対応は容易ではない。以下設問ごとに見ていく。

　第１問は、直接的な解答根拠の抽出はしやすいため、一定の得点は可能である。ただし、問題要求が長い。このような場合には、そこに書かれている文言をしっかりと踏まえた解答が構成できると、より完成度が高くなる。よって、その点での対応には差が生じやすい。第２問は、一般的な知識からおおよその内容は想定できる。それにプラスして、問題本文から関連する内容をどこまで盛り込むかは、解釈力が問われる。第３問は、まずは根拠の箇所を正確に特定する必要があり、万が一ここが外れると大きな失点になる。また、本問も問題本文の解釈力、類推力が問われる。第４問は、一般的な知識による想起と、問題本文全体からＡ社の戦略を読み取る必要がある。第５問は、第４問との関連性をしっかりと整理して切り分ける対応が必要である。それができれば、方向性はおおよそ描くことができる。

　今回の演習も、事例Ｉ対応上の知識、経営知識の整備状況、問題本文の根拠の解釈力、編集力など、多様な面が試される問題になっている。十分な対応ができなかった場合には、特にどの観点が不足していたのか、その原因をしっかりと振り返ってみてほしい。

第１問

　アジア圏の状況に関する直接的な記述は、以下である。

第３段落

　「アジアの国々は、人件費の安さなどから、長年、世界の工場としての役割を担ってきており、Ａ社が進出した最大の理由も同様であった。（中略）しかしながら、昨今は人件費が高騰していることから、製造拠点としての魅力が低下してきており、国内に回帰させる動きもみられるようになっている。」

第７段落

　「特に、メイドインジャパンの製品は、付加価値や品質が高いことが市場にもイメージとして浸透している。近年は、このような製品を求める消費者が、国内はもちろん、アジア各国においても増加傾向にある。」

　アジアの国々は人件費の安さによって世界の工場としての役割を担ってきたが、昨

今は人件費が高騰し、製造拠点としての魅力が低下しているということである。このことは、ビジネス環境の変化として解答要素となる。

一方、アジア各国においては、メイドインジャパンの付加価値や品質が高い製品への需要が高まっている。このような需要動向も、ビジネス環境の一要素である。

本問の骨子はこれらの要素であるので、そのまま記述すれば解答として成立するが、あらためて問題要求にあった「世界経済の成長の中において、……重要な役割を担ってきている」「昨今は経済的発展が著しい状況」という文言を踏まえて記述することを意識できるとなおよい。

前者については、重要な役割は製造拠点ということでよいであろう。後者については、付加価値や品質の高い製品への需要が高まっているということであるが、このような需要の高まりは、経済的発展が著しいからであると考えることができる。そうすると、人件費の高騰は、現地に製造拠点を構える企業側としてはコスト負担が高まるということであるが、現地の人々の所得水準が向上しているという側面もある。このような変化が、需要動向にも影響を与えているということでまとめられるとよりよいであろう。

---

第2問

検品工場については以下のように書かれている。

第1段落

「日本一の靴下産地である近畿地区のX県に本社と工場を構え、東アジアのY国には、検品専門の工場を操業する関連会社を構えている。」

第3段落

「このような事業形態であり、また、比較的順調に創業期から事業が軌道に乗ったことから、創業から数年後にはY国に製造拠点をシフトしていった。」

まず、立地は、東アジアのY国（国内ではない）ということである。そして、A社は、そのY国に製造拠点をシフトしているとある。この製造拠点は、文脈上、検品工場のことではなく、A社の製造拠点である。一方、上記第1段落のA社の概要の記述や、第4問で現在のA社は製造拠点の国内回帰を図っているという記述から、現在はY国にA社の製造拠点はないが、検品専門の工場を操業する関連会社は存在しているということである。つまり、現在は、A社以外の企業の製品の検品を請け負っていることが想定される。

一方、問題要求の解釈時点でも想定したように、検品であるので、品質という観点で着目すると以下のように書かれている。

第2段落

「そのため、自社製品も取り扱ってはいたものの、OEM生産の比率が高く、打診を積極的に受託することで稼働率を高めていく方針であった。OEM生産の場合には、製品の個性は求められないが、製品品質の安定が重要な要件となる。そのため、A社では当時はもちろん、長年にわたって品質向上に特に力を注いできており、現在においても製品品質には定評がある。」

第3段落

「A社では現地にスタッフを派遣し、現地人材への教育やマニュアル作成に力を入れて取り組むなど、厳しい管理体制を構築して品質の維持に努めてきた。海外進出はA社の事業規模をさらなる水準へと押し上げることとなった。」

　検品専門の工場を操業した創業社長時代は、現在よりもOEM生産の比率が高く、OEM製品は製品品質の安定が重要な要件ということである。想定どおり、A社は現在に至るまで品質向上に力を注いでいるということなので、検品工場は、このことに寄与していると考えて間違いないであろう。そして、A社が当初、現地に製造拠点を構えた際には、上記第3段落にあるように、かなり品質管理に力を入れていた。それでも、検品工場を別会社としているということは、第三者視点で厳格な管理を行うことを志向したと考えられる。

　さらに、A社以外の企業の製品の検品を請け負っていることが想定されることに関して以下の記述がある。

第3段落

「しかしながら、現在も少なからず見られるが、特に当時は技術流出や品質の安定といった面での対応が、現地で操業する多くの企業が直面する課題であった。」

　つまり、品質管理に関しては現地において同様に課題を抱えている企業が多かったため、それらの企業から検品の受注を獲得することを考えた。その際には同業他社であるA社ではなく、検品専門の会社のほうが、受注が獲得しやすいことも想定される。また、検品専門で他社からも受注を獲得すれば、検品の水準（専門性）も高まるであろう。

　さらに、設立理由として、受注（売上）獲得というのももちろん妥当性がある。あるいは、検品に特化し、多くの検品を担うことになれば、業務効率（コスト効率）の高い運営が可能、といったことも考えられる。

第3問

　まず、問題要求にある「創業以来の事業展開による成長」および、それが「行き詰

まりを感じた際」という時期や内容について特定する必要がある。そうすると、成長について以下の記述がある。

第9段落
「A社長は、現状に安住せずに挑戦することで、第3の成長期を形成していく考えである。」

A社長は現在、第3の成長期を形成していくことを考えている。つまり、A社が成長を遂げた時期が過去に2度あったと考えてよいであろう。そうすると、本問における「成長に行き詰まりを感じた」というのは、第1あるいは第2の成長期ということになるが、現在、第3の成長期を形成していこうとしているということは、本問で問われている取り組みは、第2の成長期を経てのことではないであろう。本問で解答する取り組みによってA社は成長軌道に乗ったのであろうから、第2の成長期を経ての取り組みとしてしまうと、すでに第3の成長期を迎えていることになってしまう。よって、第1の成長期を経て、第2の成長期に向かう段階における取り組みと考えるのが妥当であろう。

その内容は以下であると考えられる。

第5段落
「A社はこれまでに、ボトムスを中心に徐々に製品領域を拡大してきた。そのうちの1つであるレギンスは、主に腰から足首までを覆う女性向けのボトムスである。国内においては、ファッション業界が2006年頃から流行らせたことで市場が形成されていったとされる。A社は、それまでも女性向けのストッキングなどの生産は行っていたが、企画・デザイン力を強化し、このような市場環境に対応していった。このことは、A社を再び成長軌道へと向かわせる大きな原動力となった。」

再び成長軌道へと向かわせたということであるので、これが第2の成長期となるきっかけである。よって、本問に該当するのはここに書かれている取り組みである。具体的には、市場が形成されたレギンスを取り扱うにあたり、企画・デザイン力を強化したということである。

問われているのは戦略的に取り組んできたことであるので、組織・人事の視点で検討しておきたい。つまり、企画・デザイン力を強化するための組織・人事の対応である。

以下が関連すると考えられる。

第6段落

「現在のA社の製品は、4割が自社製品、6割がOEM製品となっている。創業から
しばらくは、男性従業員の比率が高い状況であったが、現在は女性従業員が約6割を
占めており、管理職も半数以上を女性が占めるようになっている。」

第8段落

「A社では、自社製品を市場投入する場合、営業部門が中心となって収集している
市場のニーズを踏まえ、高い確率で販売が見込めると思われる新商品の企画を、企
画・デザイン部門の人員が立案し、製造部門ともすり合わせながら試作品がつくられ
る。そして、テストマーケティングを経て、最終的には管理職による選別を経たもの
だけが商品化され、量産化されることになる。」

　まず、第5段落から、レギンスは女性向けのボトムスということであった。そして、
上記第6段落がこのことに関連すると考えられる。多少の類推も必要かもしれないが、
A社はもともと男性従業員の比率が高かったが、現在は女性従業員の比率が高くなっ
ている。それがいつ頃からなのかは明示されていないが、女性向けのボトムスを強化
した際に従業員比率も変わっていった可能性は高いであろう。つまり、女性従業員の
採用強化、女性の管理職への登用、といったことに取り組んだということである。
　また、企画・デザイン力を強化したということであるが、創業時のA社は以下のよ
うな状況である。

第2段落

「そのため、自社製品も取り扱ってはいたものの、OEM生産の比率が高く、打診を
積極的に受託することで稼働率を高めていく方針であった。」

　OEMということは、基本的には自社で企画・デザインは行わないことになる。創
業時のA社は稼働率を高めていくことを重要視し、OEMの受託にも積極的であった。
しかしながら、その戦略に行き詰まりを感じたため、企画・デザイン力を高めて自社
製品を強化した。その際に着目したのが女性向けであったこともあり、女性従業員の
採用や管理職への登用を強化したということである。

第4問

　まずは現在のA社の戦略について見定めていく。

第7段落

「アパレル製品は、従来から市場ニーズの変化が激しいという特性を有したカテゴ
リーであるが、昨今は、その傾向がより一層顕著であり、商品がヒットするか否かは

不確実性が高いといえる。」

第8段落

「A社では、自社製品を市場投入する場合、営業部門が中心となって収集している市場のニーズを踏まえ、高い確率で販売が見込めると思われる新商品の企画を、企画・デザイン部門の人員が立案し、製造部門ともすり合わせながら試作品がつくられる。そして、テストマーケティングを経て、最終的には管理職による選別を経たものだけが商品化され、量産化されることになる。企画・デザイン部門から案として出たもののうち、製品化されるものは決して多くはなく、結果として、大きな失敗のない市場投入がされるものの、A社ならではの個性的な商品が多いとはいえず、爆発的なヒットは生み出せないでいる。」

　第8段落にはA社の商品の市場投入について書かれている。そして、第7段落の市場の状況、国内に製造拠点があることを併せて考えると、変化の激しい市場ニーズに対応することが要件であることが読み取れる。現在のA社はこの状況に対応しているため、このことは戦略に関連することになる。そして、このような市場環境に機動的に対応するためには、製造拠点が国内にあることが利点となる、といったことが考えられる。問題要求の解釈時点でも“リードタイムの短縮”について想定したが、国内に製造拠点があることで、ニーズ収集、製品企画、試作品の作成、商品化といったプロセスにおける擦り合わせが綿密に行いやすく、市場投入までの期間を短くすることが可能になるからである。

　なお、第8段落には、「A社ならではの個性的な商品が多いとはいえず、爆発的なヒットは生み出せないでいる」という記述があり、これはA社が現在抱えている課題と考えられる。よって、現在のA社の戦略、およびその戦略遂行上の利点ということでいえば、実現できていないという点で関連性が低く、むしろこのあと検討していく第5問の「今後の成長」のための課題ととらえるほうがよいであろう。

　また、以下の観点を解答に含めるのもよいであろう。

第4段落

「X県に立地していることは、アパレルメーカーであるA社にとって重要なブランド力向上に寄与している。」

第7段落

「また、暖かさや通気性、あるいは丈夫さや健康増進といった多様な面に価値が見出されるようになっており、商品の高付加価値化が進んできている。特に、メイドインジャパンの製品は、付加価値や品質が高いことが市場にもイメージとして浸透している。近年は、このような製品を求める消費者が、国内はもちろん、アジア各国においても増加傾向にある。」

国内回帰することでX県に製造拠点を立地することは、ブランド力向上に寄与する。また、第1問でも確認したが、昨今は高付加価値なメイドインジャパンの製品への需要が高まっている。これらの要素も現在のA社の戦略と無関係ではないため、解答要素として妥当性がある。

### 第5問

まずはA社の今後の成長の方向性を見定めることになるが、問題要求の解釈時点で想定したように、第4問で検討した戦略との関連性に注意して検討していきたい。この点では、第4問において検討したように、第8段落の「A社ならではの個性的な商品が多いとはいえず、爆発的なヒットは生み出せないでいる」というのがA社の課題であり、今後の成長の要件である。そして、本問で問われているのは、このことを実現していくためには、組織も変わる（組織の変革が）必要ということである。このことを意識して問題本文から根拠を見定めていくと、以下が最も対比的である。

第2段落

「そして、製造部門を中心に根付いた正確性、着実性を重視する風土は、今日では社内全体に浸透している。」

第9段落

「A社長は、現状に安住せずに挑戦することで、第3の成長期を形成していく考えである。」

今後のA社は、成長のために個性的な製品を生み出していくことが必要であり、そのためには「挑戦する」ことが必要だということである。このことと、現在の「正確性、着実性を重視する風土」は相反するものであると考えられる。

つまり、これまでのA社は、創業以来品質を第一に重視するなど、正確性、着実性を重視する風土であった。その後、企画・デザイン力は強化したものの、個性的な商品が多いとはいえない状況である。よって、正確性、着実性は重要なことであるが、時にはリスクを恐れずに新たなことに挑戦していくといったことが、今後は重要だということである。

これ以上具体的な人事施策を特定する根拠はないため（この点は本試験でも同様である）、問題要求の解釈時点で想定した4つの観点で考えると、挑戦すること、リスクをとることを評価する、そのような人材を採用する、といったことが妥当性のある内容として考えられる。

✏️ 自分の知識や考えと異なるところは？

# 5 作業全体を検証する

作業の結果としてできあがる解答の要件を自分の解答がどの程度満たしているのか検証します。検証は問題ごとに設定された［対応のポイント］に基づいて行いましょう。その上で、作業プロセス全体を振り返り、改善の余地がどこにあるかを検討しましょう。

---

第1問

［対応のポイント］

☐ 市場としての観点と製造拠点としての観点から構成していること

　　☆第4問の問題設定を考慮すれば、製造拠点の観点を指摘しやすくなる。

　　☞ ☐できた　☐だいたいできた　☐あまりできなかった　☐できなかった

🖊 気づいたこと・改善すること

```

```

第2問

［対応のポイント］

☐「製品品質の安定が実現できるから」という結論に結びつける組み立てをしていること

　　☞ ☐できた　☐だいたいできた　☐あまりできなかった　☐できなかった

🖊 気づいたこと・改善すること

```

```

第3問

［対応のポイント］

☐「女性の採用と管理職への登用」を核に解答を組み立てていること

☞ □できた　□だいたいできた　□あまりできなかった　□できなかった

✏ 気づいたこと・改善すること

```
• • • • • • • • • • • • • • • • • • • • • • • • • • • • • • • • • • • • •



```

第4問

［対応のポイント］

☐ 国内なので擦り合わせが行いやすいことと、製品の市場投入までの期間を結びつけていること

　　☞ □できた　□だいたいできた　□あまりできなかった　□できなかった

✏ 気づいたこと・改善すること

```
• • • • • • • • • • • • • • • • • • • • • • • • • • • • • • • • • • • • •



```

第5問

［対応のポイント］

☐ 今後の成長のための要件として「個性的な商品を生み出すこと」を指摘していること

　　☞ □できた　□だいたいできた　□あまりできなかった　□できなかった

☐ 複数の人事施策で解答を構成していること

　　☞ □できた　□だいたいできた　□あまりできなかった　□できなかった

✎ 気づいたこと・改善すること

# 自分の答案を出題者側から評価してみる

　自分の解答を採点します。自分は出題者（採点者）であり、「答案は他人のもの」という想定で評価しましょう。採点を通じて、解答の構成・組み立て、明示している要素内容・表現などでの改善の余地を把握しましょう。

---

第1問　（配点20点）

〔解答例〕

| 人 | 件 | 費 | の | 高 | 騰 | に | よ | り | 、 | | 製 | 造 | 拠 | 点 | と | し | て | の | 魅 | 力 |
|---|---|---|---|---|---|---|---|---|---|---|---|---|---|---|---|---|---|---|---|---|
| が | 相 | 対 | 的 | に | 低 | 下 | し | て | き | て | い | る | 。 | 一 | 方 | で | 、 | こ | の | |
| こ | と | は | 現 | 地 | の | 人 | 々 | の | 所 | 得 | 増 | 加 | に | よ | る | 購 | 買 | 力 | の | |
| 高 | ま | り | を | 意 | 味 | し | 、 | 高 | 付 | 加 | 価 | 値 | な | メ | イ | ド | イ | ン | ジ | |
| ャ | パ | ン | の | 製 | 品 | に | 対 | す | る | 需 | 要 | が | 高 | ま | っ | て | い | る | 。 | |

〔採点基準〕①〜⑤各4点

① ビジネス環境の変化(1)：製造拠点としての魅力が相対的に低下してきている

② ①の要因：人件費が高騰していること

③ ビジネス環境の変化(2)：メイドインジャパンの製品に対する需要が高まっていること

④ ③の補足：高付加価値であること

⑤ ③④の要因（②の別の側面）：現地の人々の所得増加によって購買力が高まっていること

| 基準 | 点数 | コメント |
|---|---|---|
| ① | 点/4点 | |
| ② | 点/4点 | |
| ③ | 点/4点 | |
| ④ | 点/4点 | |
| ⑤ | 点/4点 | |
| 合計 | 点/20点 | |

第2問 （配点20点）

〔解答例〕

| 第 | 三 | 者 | 的 | 視 | 点 | で | 検 | 品 | で | き | る | 上 | 、 | 現 | 地 | に | お | い | て |
|---|---|---|---|---|---|---|---|---|---|---|---|---|---|---|---|---|---|---|---|
| 製 | 品 | 品 | 質 | が | 不 | 安 | 定 | な | 企 | 業 | か | ら | の | 受 | 注 | も | 獲 | 得 | し |
| や | す | く | 、 | 検 | 品 | の | 専 | 門 | 性 | が | 高 | ま | る | 。 | 結 | 果 | と | し | て、 |
| 過 | 度 | な | コ | ス | ト | 負 | 担 | を | せ | ず | に | Ｏ | Ｅ | Ｍ | 生 | 産 | で | 重 | 要 |
| な | 製 | 品 | 品 | 質 | の | 安 | 定 | が | 実 | 現 | で | き | る | と | 考 | え | た | か | ら。 |

〔採点基準〕①②⑤⑥各4点、③④各2点

① 理由：製品品質の安定が実現できると考えたから

② ①の補足(1)：OEM生産において重要であること

③ ①の補足(2)：過度なコスト負担を回避しながら行えること

④ ①～③の要因：検品の専門性が高まること

⑤ ④の要因：現地において製品品質が不安定な企業からの受注も獲得しやすいこと

⑥ ①の要因：第三者的視点で検品できること

| 基準 | 点数 | コメント |
|---|---|---|
| ① | 点/4点 | |
| ② | 点/4点 | |
| ③ | 点/2点 | |
| ④ | 点/2点 | |
| ⑤ | 点/4点 | |
| ⑥ | 点/4点 | |
| 合計 | 点/20点 | |

〔解答例〕

| O | E | M | 生 | 産 | 中 | 心 | か | ら | 、 | レ | ギ | ン | ス | な | ど | の | 自 | 社 | 商 |
|---|---|---|---|---|---|---|---|---|---|---|---|---|---|---|---|---|---|---|---|
| 品 | を | 展 | 開 | す | る | こ | と | で | 成 | 長 | を | 図 | る | た | め | 、 | 女 | 性 | 従 |
| 業 | 員 | の | 採 | 用 | を | 強 | 化 | し | 、 | 商 | 品 | 化 | の | 採 | 用 | 可 | 否 | を | 判 |
| 断 | す | る | 管 | 理 | 職 | に | も | 積 | 極 | 的 | に | 登 | 用 | し | て | き | た | 。 | こ |
| れ | に | よ | り | 、 | 消 | 費 | 者 | 視 | 点 | で | の | 企 | 画 | ・ | デ | ザ | イ | ン | 力 |
| や | 、 | そ | れ | に | 基 | づ | い | た | 商 | 品 | 力 | を | 高 | め | て | き | た | こ | と | 。 |

〔採点基準〕①②③⑤各4点、④⑥各2点

① 取り組み(1)：女性従業員の採用を強化したこと
② 取り組み(2)：女性従業員を商品化の採用可否を判断する管理職にも積極的に登用してきたこと
③ ①による効果：消費者視点での企画・デザイン力を高めてきたこと
④ ②③による効果：商品力を高めてきたこと
⑤ 当時の事業展開：レギンスなどの自社商品を展開することで成長を図ること
⑥ それ以前の事業展開：OEM生産中心であったこと

| 基準 | 点数 | コメント |
|---|---|---|
| ① | 点/4点 | |
| ② | 点/4点 | |
| ③ | 点/4点 | |
| ④ | 点/2点 | |
| ⑤ | 点/4点 | |
| ⑥ | 点/2点 | |
| 合計 | 点/20点 | |

**第4問** （配点20点）

〔解答例〕

| 高 | 付 | 加 | 価 | 値 | な | 製 | 品 | を | 市 | 場 | ニ | ー | ズ | に | 機 | 動 | 的 | に | 対 |
|---|---|---|---|---|---|---|---|---|---|---|---|---|---|---|---|---|---|---|---|
| 応 | し | て | 投 | 入 | す | る | こ | と | を | 志 | 向 | し | て | い | る | 。 | そ | の | 戦 |
| 略 | 遂 | 行 | 上 | 、 | 製 | 造 | 拠 | 点 | が | 国 | 内 | に | あ | る | こ | と | で | 部 | 門 |
| 間 | の | 擦 | り | 合 | わ | せ | が | 綿 | 密 | に | 行 | い | や | す | く | 、 | 市 | 場 | 投 |
| 入 | ま | で | の | 期 | 間 | が | 短 | い | こ | と | が | 利 | 点 | と | な | っ | て | い | る。 |

〔**採点基準**〕①②③④各5点

① 利点：市場投入までの期間が短いこと
② ①の要因：製造拠点が国内にあることで部門間の擦り合わせが綿密に行いやすいこと
③ A社の戦略：市場ニーズに機動的に対応して投入すること
④ ③の補足（A社の戦略）：高付加価値な製品を投入すること

| 基準 | 点数 | コメント |
|---|---|---|
| ① | 点/5点 | |
| ② | 点/5点 | |
| ③ | 点/5点 | |
| ④ | 点/5点 | |
| 合計 | 点/20点 | |

**第5問** （配点20点）

〔解答例〕

| 個 | 性 | 的 | な | 商 | 品 | を | 生 | み | 出 | す | た | め | の | 新 | た | な | 挑 | 戦 | が |
|---|---|---|---|---|---|---|---|---|---|---|---|---|---|---|---|---|---|---|---|
| し | や | す | い | 組 | 織 | 風 | 土 | へ | の | 変 | 革 | が | 必 | 要 | で | あ | る | 。 | そ |
| の | た | め | 、 | 新 | た | な | 商 | 品 | 企 | 画 | の | チ | ャ | レ | ン | ジ | な | ど | を、 |
| 明 | 確 | に | 評 | 価 | 項 | 目 | と | す | る | こ | と | や | 、 | 採 | 用 | の | 際 | に | 重 |
| 視 | す | る | 人 | 物 | 特 | 性 | と | す | る | な | ど | の | 見 | 直 | し | を | 図 | る | 。 |

〔**採点基準**〕①8点、②③④各4点

① 　人事施策⑴：新たな商品企画のチャレンジなどを明確に評価項目とすること
② 　人事施策⑵：新たなことにチャレンジすることを採用の際に重視する人物特性
　　　　　　　　とすること
③ 　組織変革の内容：新たな挑戦がしやすい組織風土へ変革する
④ 　今後の成長のために必要なこと：個性的な商品を生み出すこと

| 基準 | 点数 | コメント |
|:---:|:---:|---|
| ① | 点/8点 | |
| ② | 点/4点 | |
| ③ | 点/4点 | |
| ④ | 点/4点 | |
| 合計 | 点/20点 | |

# 7 最終的な確認

取り組み前に設定したテーマの観点から、ここまでのフィードバック内容をすべて確認して、主要点を整理しておきましょう。

第 **3** 回

事例 **II**

# 1 テーマを設定（選択）する

　以下のリストの中から該当するテーマを選びましょう。もちろん、リストにないテーマを設定してもかまいません。

- - - - - - - - - - - - - - - - - - - - - - - - - - - - - - - - - - - - - - - - - - - - - - - -

**[今回のテーマ]**　☆少なくとも１つは選択しましょう。

☐ 実際の体験を通じて２次試験（事例Ⅱ）のことを知る（知見を増やす）

☐ 自分のマネジメント（80分の使い方、問題処理の優先度判断など）の改善の
　余地を特定する

☐ 自分の解答作成手順の改善の余地を特定する

☐ 自分の使える知識と技能の補強すべきところを特定する

✎ 自身で設定した具体的なテーマがあれば、理由とともに記録しておきましょう。

# 2　実際に取り組む

　演習問題に取り組みます。実際に答案を作成してください。取り組み中に気づいたことや感じたことがあればメモしておきましょう。

---

　B社は地方都市であるX市の中心部に位置するボルダリングジムで、従業員数は5名（非正規含む）である。スポーツクライミングの元選手であったB社社長が現役を引退した5年前にB社を創業した。従業員は元選手や趣味を仕事にしたいという20代の者でB社社長を慕って入社した者がインストラクター兼接客を行っており、事務的な作業の専任者が1名となっている。

　スポーツクライミングは、自然の岩場を登るクライミングが競技として進化したものであり、壁を登る速さを競う「スピード」、ロープなしで決められたスタート地点からゴール地点までを少ないトライ回数で登る「ボルダリング」、難易度の高い壁をどこまで高く登れるかを競う「リード」の3種目から構成される。その中で「ボルダリング」は壁の高さが最も低く、ロープを使用する必要もないため初心者でもそれぞれの体力に応じて気軽に楽しむことができる。体幹を鍛えられることや身体の柔軟性を必要とするなどの健康的な面を持つだけでなく、壁を登るルートを考える戦略性が高く、集中力を要することや指を刺激することなどにより頭脳にもよいスポーツとされ、世界中で小学生くらいから中高年まで性別を問わず競技人口が増加している。国内では東京オリンピックにスポーツクライミングが採用されたこともあり、競技の知名度が一気に上昇し、ボルダリングジムは直近の10年間で約5倍に増加している。X市にもボルダリングジムはいくつか存在するが、施設内容自体はボルダリング用の壁と更衣室がある程度でありどこもほぼ同様で、いずれもジム近隣のボルダリング愛好者に親しまれているようである。

　B社の近隣には家族連れで賑わう小型のGMSが存在し、そこには大手チェーンのスポーツジムが併設されている。全国的な健康志向の高まりもあり、スポーツジムは幅広い年代に利用されているがボルダリング施設は設置されていない。施設はプール、トレーニングマシン、各種レッスンが行われるスタジオなどの運動施設や、風呂、サウナ、駐車場などの補完施設が充実している。また、栄養指導や体重、体脂肪の継続管理などのサービスも提供されている。プールでは幼児から中高年者までのレッスンクラスが開設されている。B社の利用者の中でこのスポーツジムも利用している人はあまり多くないようである。

　B社では、初めて来店する顧客には、設備の案内、競技のルールや楽しみ方の説明などを行い、レンタルのウェアやシューズを案内し、原則的には全顧客に15分ほど付き添って壁の登り方を教えている。初めて来店する顧客以外には、有料レッスンの希望者やちょっとしたアドバイスを求める顧客に技術的な指導を行っている。指導など

の接客についてはＢ社社長の教育の甲斐もあり、どのインストラクターも熱心に行っていて顧客からの評判もよい。

　また、すべての顧客は初めての来店時に無料の会員登録を行い、会員カードを発行し、得られた情報は顧客管理ソフトを用いて管理している。登録項目は、氏名、住所、電話番号、生年月日、メールアドレスまたはSNSのID、万が一負傷してしまった際の緊急連絡先、来店動機などである。来店動機として多いものは「健康維持・体力増強」「ダイエット」「ストレス解消」「脳の活性化」などである。顧客は、２回目以降の来店時には会員カードを提示し、Ｂ社では入店日、入店時刻、退店時刻、問い合わせや相談などがあったときにはその記録を入力している。

　Ｂ社の顧客の多くは近隣の住民であり、20〜40代の人が多く、平日の仕事帰りや週末に来店することが多い。Ｂ社の固定客の多くは顧客同士およびインストラクターと談笑したり、練習の成果を語り合ったりしながらボルダリングを楽しんでいる。10代の利用者の中には選手を目指す中高生が数名おり、ほぼ毎日Ｂ社を訪れてはＢ社社長やインストラクターの指導を受けている。週末には近隣の小型GMSに買い物に訪れたついでに連れられて来る小学生も散見され、ルールなど気にせずに夢中になって遊んでいる姿が見られる。50代以上の顧客も多くはないが散見される。初めは中高年者でもボルダリングができるのか半信半疑で訪れる人が多いものの、一度経験すると戦略性などその魅力を理解し、定期的に通っては熱心に課題に取り組むようになる人が多い。ボルダリングの頭と身体を使い達成感や開放感を得られるような競技特性からか、初めて会った人でもすぐに打ち解けて顧客同士やインストラクターを交え世代を超えて会話する姿が見られるのが、一般的なスポーツジムとの違いともいえる。

　ブームともいえる競技人口の増加に伴い、Ｂ社でも新規顧客が訪れることが多くなっているが、興味をもって１、２回だけ来店するものの継続的利用に至らない顧客も少なくない。また、１か月以上来店がない顧客は再来することが少なくなってしまうことも多い。これは、Ｂ社に限らず他のスポーツジム全般に見られる傾向である。また、ブームが去って競技人口が減少してしまうことをＢ社社長は懸念しており、Ｂ社としては固定客化が課題であり、また業界全体として競技人口の裾野を広げることが必要と考えている。知名度が高いＢ社社長は、業界団体や全国の行政などから声がかかると全国のショッピングセンターなどで開催されるスポーツクライミングの体験イベントや、各種メディアを集めた普及イベントに参加するなど精力的な取り組みを行っている。特に現役選手が参加するイベントには多くの集客が見られる。

　Ｘ市では子育て世代の流入が続いているものの、全体的には全国と同様に高齢化が進んでいる。Ｘ市では健康増進を目的に、年に２回市民公園にて大規模な健康イベントを開催している。Ｘ市は市報や行政各所の掲示板などで告知を行っており、多くの住民が参加しているため、Ｘ市では同様のイベントの回数を増加する予定である。参加者は中高年層が多く、友人と連れだって参加しているようである。

B社はこれまで新規顧客が継続的に増加してきたことからプロモーションにはそれほど注力してこなかった。ホームページは開設しているが、競技の説明や営業案内、アクセスなどを記載したシンプルなものとなっている。

　B社社長は、これまでは比較的順調にB社を成長させてきたものの、今後もそれを継続させていくためには、今の時期から新たな取り組みを行っていく必要があると認識しており、旧知の中小企業診断士に相談することとした。

（配点25点）

　B社の現状について、3C分析の観点から160字以内で述べよ。


第2問　（配点25点）

　B社では、顧客データを収集しているが、予約の確認や顧客が負傷したときの連絡など限定的にしか活用していないため、B社社長は有効活用できないかと思案している。B社が保有する顧客データを用いて、B社の来店客数を増加させるためにはどのようなマーケティング施策を行うべきか。100字以内で助言せよ。


第3問　（配点25点）

　B社社長は、現在のボルダリング人気を一過性のものにしないよう競技人口を拡大したいと考えており、業界団体などとともに精力的に活動している。このことに関して、B社としてはどのように取り組んでいくべきか。マーケティング施策を140字以内で助言せよ。


第4問　（配点25点）

　B社社長は、今後中長期的に現在のジムの経営を続けていくためには、地域にも貢献していくことが重要と考えている。そのためにはどのような施策を行うべきか。160字以内で助言せよ。

# 3 問題文解釈の作業プロセスを検証する

作業プロセスの確認は、問題ごとに、チェック項目をもとに行います。2次試験問題の処理における最大のポイントは、問題文の解釈です。以下の観点から確認し、改善が必要なところを洗い出しましょう。

---

第1問

☐ 「市場・顧客」「競合」「自社」の順に解答を編集することを想定した。
　　☞ ☐できた　☐だいたいできた　☐あまりできなかった　☐できなかった

☐ それぞれの内容は、後続の問題との関係で特定する作業を想定した。
　　☞ ☐できた　☐だいたいできた　☐あまりできなかった　☐できなかった

✎ 気づいたこと・改善すること

```
・・・・・・・・・・・・・・・・・・・・・・・・・・・・・・・・・・・・・・



```

第2問

☐ 「保有する顧客データ」を活用した「来店客数」増加なので新規顧客獲得ではなく、利用頻度増加や継続利用率の向上を想定した。
　　☞ ☐できた　☐だいたいできた　☐あまりできなかった　☐できなかった

☐ 「マーケティング施策」は、利用頻度の増加や継続利用率向上の余地のある客に対してB社側から来店を働きかけるコミュニケーション策、プロモーション策を想定した。
　　☞ ☐できた　☐だいたいできた　☐あまりできなかった　☐できなかった

✏️ 気づいたこと・改善すること

```
• • • • • • • • • • • • • • • • • • • • • • • • • • • • • • • • • • •
```

第3問

☐ 「このこと」とは、「ボルダリングの競技人口を拡大すること」であると認識した。
　　☞ ☐できた　☐だいたいできた　☐あまりできなかった　☐できなかった

☐ 「マーケティング施策」は、競技としてボルダリングに取り組むニーズでB社が未
　対応なものが根拠となることを想定した。
　　☞ ☐できた　☐だいたいできた　☐あまりできなかった　☐できなかった

☐ 「マーケティング施策」は、業界団体も含めB社として実行可能な根拠が確認でき
　る内容であることを想定した。
　　☞ ☐できた　☐だいたいできた　☐あまりできなかった　☐できなかった

✏️ 気づいたこと・改善すること

```
• • • • • • • • • • • • • • • • • • • • • • • • • • • • • • • • • • •
```

第4問

☐ 「施策」は、「地域」のニーズ、「地域」の課題でB社が未対応なものが根拠となる
　ことを想定した。
　　☞ ☐できた　☐だいたいできた　☐あまりできなかった　☐できなかった

☐ 「施策」は、B社として実行可能な根拠が確認できる内容であることを想定した。
　　☞ ☐できた　☐だいたいできた　☐あまりできなかった　☐できなかった

✏️ 気づいたこと・改善すること

💡 作業のポイント

チェックするのは手段であり、目的は改善すべきところをはっきりさせることです。改善すべきところおよびそのための方策は、以下のように特定できます。

| 洗い出したこと | | 改善すること |
|---|---|---|
| メモしていない | → | メモすることを手順に加えて、練習する。 |
| そのようなことは考えなかった | → | 問題文の解釈の練習をする。 |
| そのようなことは浮かばなかった | → | 使いたい知識に加え、すっと使えるよう何度も出力する。 |

# 4　出題者の意図を確認する（知識を検証する）

解答より先に解説を読み、出題者の意図を理解します。

「自分の知識や考えと異なるところはどこか？」という観点から、出題者自身が書いた解説を読むことで、自分の知識や考え方の更新（補強と修正）を行いましょう。

-------

解　説

## 1．事例の特徴と取り組み方

　事例Ⅱは、マーケティング・流通がテーマである（特にマーケティングの観点が中心となる）。事例問題は、何かしらの課題を抱えている企業が設定され、それに対して、診断・助言を行っていくことになるが、マーケティングがテーマである事例Ⅱは、突き詰めれば、売上向上が課題になる。そのため、問題本文に示されている競合他社（示されない場合もある）に対して競争優位を築き、顧客ニーズに応えるためのマーケティング策を、4Pを中心としたさまざまな観点で提示していくというのが典型的なパターンである。

　事例のつくりとしては、問題本文に解答するための根拠が比較的明確に書かれていることが多いが、近年は、知識や類推も交えて解答を作成することが求められる問題もある。

## 2．答案作成プロセス

### ⑴　問題要求の確認

　事例Ⅱは、事例Ⅰほど問題文の内容がわかりにくくはないが、複数の構成要素で解答を編集することが求められる問題が多い。そのため、問題文の内容から、"何を特定したいか（着眼点）"と同時に、"どのような解答になるか（構成要素）"もある程度想定しておきたい。

第1問　（配点25点）

　要求されているのは、「3C分析」である。3C分析とは環境分析のフレームワークであり、Customer（市場、顧客）、Competitor（競合）、Company（自社）の観点で市場分析を行うものである。CustomerはB社の属する市場の顧客ニーズや需要動向などを、Competitorは市場環境に対する競合の特徴や動向を、Companyは市場や競合に対する自社の戦略、強み、弱みなどを分析する。自社分析に関しては、第2問以降の戦略に対してどのような強みを生かすか、という観点も合わせて検討すべきである。

## 【着眼点】

　○Customer（市場、顧客）：顧客ニーズや需要の動向

○Competitor（競合）：競合の特徴、強み、弱み

○Company（自社）：自社の特徴、強み、弱み

## 【解答の構成】

市場、競合、自社の特徴

第2問 （配点25点）

　要求されているのは、「来店客数を増加させるためのマーケティング施策」である。「Ｂ社が保有する顧客データを用いる」ことが制約として示されている。また、現在は限定的にしか活用できていないということなので、顧客データの新たな活用方法が問われていると考えられる。

　まず、Ｂ社がすでに保有しているということは既存顧客のデータということになる。既存顧客のデータを分析し、既存顧客に直接的に働きかけて来店客数（来店回数）を増加させることや、データ分析により新規顧客へのプロモーションに利用することなどが考えられる。顧客データの内容を問題本文から確認することや、顧客データを活用することで来店につながりそうな顧客を特定する必要がある。

## 【着眼点】

　○顧客データの内容、現在の活用方法

　○顧客データを活用することにより来店回数が増加しそうな顧客およびニーズ

## 【解答の構成】

　ターゲット → マーケティング施策（サービス、プロモーションなど）

第3問 （配点25点）

　要求されているのは、「Ｂ社として取り組むマーケティング施策」である。Ｂ社社長は業界団体などとともに競技人口の拡大に関して活動していることが示されている。「Ｂ社として」ということは、業界団体などとの活動でなく、Ｂ社単独での取り組み、と捉えることができる。

　「現在のボルダリング人気を一過性のものにしないよう競技人口を拡大したい」ということであるため、現在ボルダリングを行っていない新規顧客層に対し、ボルダリングを始めてもらうことを目的としていると考えることができる。業界団体とともに行っている活動やターゲットと、Ｂ社単独で行うことができる活動やターゲットを対比させながら検討したい。

　さらに、競技人口の拡大（≒新規顧客層の獲得）はＢ社にとっては客数の増加というテーマになるが、第2問や第4問の対象顧客と重ならないように、ターゲット設定

することが求められる。

**【着眼点】**

　〇既存顧客層および新規顧客層

　〇B社社長の業界団体などとの活動

　〇B社が取り組むための（実現可能性の観点からの）経営資源など

**【解答の構成】**

　ターゲット → マーケティング施策（サービス、プロモーションなど）

第4問 （配点25点）

　要求されているのは、「中長期的に現在のジムを経営することおよび地域に貢献するための施策」である。B社経営と地域貢献の双方に寄与する課題設定が必要となる。

　B社経営への効果は、最終的には客数の増加や客単価の増加となるが、それについては第2問や第3問でも検討する事項である。一方、「地域貢献」というテーマは本問のみに明示されているものであるため、地域が抱える課題を優先して特定し、それをB社経営に結び付けるのが妥当であろう。

　B社にとっては新たな取り組みとなることを踏まえ、現在行っていることとは異なる施策であること、またB社がその施策を行うことができる資源を保有していることなどが要件となる。

**【着眼点】**

　〇地域課題

　〇ターゲット

　〇B社が行うことができる施策およびB社の活用資源

**【解答の構成】**

　地域課題 → B社の施策（ターゲット、サービス、プロモーションなど）

⑵　事例の大枠の把握（問題本文を読んで理解する）

　本事例は問題本文が2頁強であり、標準的なボリュームである。

　第1段落　　B社の概要

　第2段落　　スポーツクライミングの状況

　第3段落　　近隣の小型GMSおよびスポーツジムの概要

　第4段落　　B社の接客について

第5段落　B社の顧客データについて

第6段落　B社の顧客について

第7段落　B社の顧客について

第8段落　X市の現状について

第9段落　B社のプロモーションについて

第10段落　B社の今後について

## (3)　解答作成

　解答箇所（4か所）、解答の制限字数（560字）となっている。解答ボリュームはや
や多く、“得点見込みが高く、編集もしやすい（解答編集に手間取る可能性が低い）
問題”から順に処理していく方針を採用したい。

第1問

　市場、競合、自社に関する本文の記述を確認する。

＜市場＞

第2段落

　「世界中で小学生くらいから中高年まで性別を問わず競技人口が増加している。国
内では東京オリンピックにスポーツクライミングが採用されたこともあり、競技の知
名度が一気に上昇し、ボルダリングジムは直近の10年間で約5倍に増加している。」

第3段落

　「B社の近隣には家族連れで賑わう小型のGMSが存在し、そこには大手チェーンの
スポーツジムが併設されている。全国的な健康志向の高まりもあり、スポーツジムは
幅広い年代に利用されているがボルダリング施設は設置されていない。」

　　　→　市場をスポーツ関連業界全体と捉えた場合、「健康志向の高まり」は追い風
　　　　と考えられる。また、スポーツクライミング市場に限定した場合、東京オリン
　　　　ピックに採用されたこともあり、競技の知名度が一気に上昇し、ボルダリング
　　　　ジムが10年間で約5倍に増加したというのは明確に市場の拡大と捉えることが
　　　　できる。

＜競合＞

第3段落

　「B社の近隣には家族連れで賑わう小型のGMSが存在し、そこには大手チェーンの
スポーツジムが併設されている。全国的な健康志向の高まりもあり、スポーツジムは
幅広い年代に利用されているがボルダリング施設は設置されていない。施設はプール、
トレーニングマシン、各種レッスンが行われるスタジオなどの運動施設や、風呂、サ
ウナ、駐車場などの補完施設が充実している。また、栄養指導や体重、体脂肪の継続

管理などのサービスも提供されている。プールでは幼児から中高年者までのレッスンクラスが開設されている。B社の利用者の中でこのスポーツジムも利用している人はあまり多くないようである。」

第2段落

「X市にもボルダリングジムはいくつか存在するが、施設内容自体はボルダリング用の壁と更衣室がある程度でありどこもほぼ同様で、いずれもジム近隣のボルダリング愛好者に親しまれているようである。」

→ スポーツジムについて「B社の利用者の中でこのスポーツジムも利用している人はあまり多くないようである」という表現から、一見競合していないようにも感じる。しかし、「健康志向の高まり」というニーズの視点で捉えれば、近隣住民はそのニーズを満たすために、スポーツジムに行くか、ボルダリングジムに行くかという選択肢を持つことになる。両者を重複して利用している人が少ないというのは、潜在的な顧客をスポーツジムに取られている、という考え方もできる。商圏を同じくし、両者とも幅広い年代を対象とし、広い意味では同様のニーズに対するサービスを提供していることから、競合と捉えることができる。

また、他のボルダリングジムであるが、こちらは競合しそうではあるものの「いずれもジム近隣のボルダリング愛好者に親しまれている」ということからボルダリングジム同士で顧客を奪い合っているようには感じられず、商圏の棲み分けができているようである。よって、これは競合関係ではないと判断できる。


＜自社＞

第2段落

「X市にもボルダリングジムはいくつか存在するが、施設内容自体はボルダリング用の壁と更衣室がある程度でありどこもほぼ同様で、いずれもジム近隣のボルダリング愛好者に親しまれているようである。」

第1段落

「スポーツクライミングの元選手であったB社社長が現役を引退した5年前にB社を創業した。従業員は元選手や趣味を仕事にしたいという20代の者でB社社長を慕って入社した者がインストラクター兼接客を行っており」

第4段落

「B社では、初めて来店する顧客には、設備の案内、競技のルールや楽しみ方の説明などを行い、レンタルのウェアやシューズを案内し、原則的には全顧客に15分ほど付き添って壁の登り方を教えている。初めて来店する顧客以外には、有料レッスンの希望者やちょっとしたアドバイスを求める顧客に技術的な指導を行っている。指導な

どの接客についてはＢ社社長の教育の甲斐もあり、どのインストラクターも熱心に行っていて顧客からの評判もよい。」

第6段落

「Ｂ社の顧客の多くは近隣の住民であり、20〜40代の人が多く、平日の仕事帰りや週末に来店することが多い。Ｂ社の固定客の多くは顧客同士およびインストラクターと談笑したり、練習の成果を語り合ったりしながらボルダリングを楽しんでいる。10代の利用者は選手を目指す中高生が数名おり、ほぼ毎日Ｂ社を訪れてはＢ社社長やインストラクターの指導を受けている。週末には近隣の小型GMSに買い物に訪れたついでに連れられて来る小学生も散見され、ルールなど気にせず夢中になって遊んでいる姿が見られる。50代以上の顧客も多くはないが散見される。初めは中高年者でもボルダリングができるのか半信半疑で訪れる人が多いものの、一度経験すると戦略性などその魅力を理解し、定期的に通っては熱心に課題に取り組むようになる人が多い。」

第7段落

「知名度が高いＢ社社長は、業界団体や全国の行政などから声がかかると全国のショッピングセンターなどで開催されるスポーツクライミングの体験イベントや、各種メディアを集めた普及イベントに参加するなど精力的な取り組みを行っている。特に現役選手が参加するイベントには多くの集客が見られる。」

→　Ｂ社では社長の知名度により、従業員の採用やイベント参加などが実現している。また、接客に積極的に取り組んでいる様子が見て取れる。顧客は20〜40代の固定客を獲得している一方、それ以外の世代の顧客はわずかしか獲得できていないことが現状として示されている。第2問以降で顧客を獲得することに対する助言を行う、という流れとなる。

第2問

顧客データの内容や活用方法、顧客について確認する。

第5段落

「すべての顧客は初めての来店時に無料の会員登録を行い、会員カードを発行し、得られた情報は顧客管理ソフトを用いて管理している。登録項目は、氏名、住所、電話番号、生年月日、メールアドレスまたはSNSのID、万が一負傷してしまった際の緊急連絡先、来店動機などである。来店動機として多いものは「健康維持・体力増強」「ダイエット」「ストレス解消」「脳の活性化」などである。顧客は、2回目以降の来店時には会員カードを提示し、Ｂ社では入店日、入店時刻、退店時刻、問い合わせや相談などがあったときにはその記録を入力している。」

第7段落

「ブームともいえる競技人口の増加に伴い、Ｂ社でも新規顧客が訪れることが多く

なっているが、興味をもって１、２回だけ来店するものの継続的利用に至らない顧客も少なくない。また、１か月以上来店がない顧客は再来することが少なくなってしまうことも多い。これは、Ｂ社に限らず他のスポーツジム全般に見られる傾向である。」

→　すべての顧客に会員カードを発行し、来店の都度提示してもらっているということから、来店履歴の情報は蓄積されていると考えられる。これを分析することにより、継続的利用の障害となっている１、２回来店し継続的利用に至らない顧客や、１か月以上の来店間隔が見られる顧客にＢ社から何かしらの働きかけをしたい。この来店しなくなる顧客の存在はスポーツジム全般に見られる傾向となっているが、他社を含めそれに対する対策は特に示されていない。ゆえに、具体的な対策を明示することは難しいので、このタイミングで働きかけをすることを示せれば有効な対応といえるであろう。

Ｂ社は顧客の連絡先（メールやSNS）を保有しており、実際に予約の確認などで連絡していることもあるため、これを活用したい。また、内容についてはどのようなメッセージを送れば来店を促すことができるのかは特定することができない。よって、問題本文から推定できる範囲内で解答する。

ここで、メッセージ内容について“クーポン、割引”などの価格プロモーションを提供することなどは実際には一定の有効性はあると思われるが、問題本文にはそれらが有効である根拠が示されていないため、解答に盛り込むことは避けたい。また、顧客データの内容から、データ活用により新規顧客を呼び込む、とすることも問題本文に根拠が示されていないため、解答の妥当性は低くなる。

---

第3問

ボルダリング人気、競技人口、業界団体などとの活動などを確認する。

第２段落

「体幹を鍛えられることや身体の柔軟性を必要とするなどの健康的な面を持つだけでなく、壁を登るルートを考える戦略性が高く、集中力を要することや指を刺激することなどにより頭脳にもよいスポーツとされ、世界中で小学生くらいから中高年まで性別を問わず競技人口が増加している。国内では東京オリンピックにスポーツクライミングが採用されたこともあり、競技の知名度が一気に上昇し、ボルダリングジムは直近の10年間で約５倍に増加している。」

第３段落

「Ｂ社の近隣には家族連れで賑わう小型のGMSが存在し、そこには大手チェーンのスポーツジムが併設されている。（中略）プールでは幼児から中高年者までのレッスンクラスが開設されている。」

第6段落

「B社の顧客の多くは近隣の住民であり、20〜40代の人が多く、平日の仕事帰りや週末に来店することが多い。B社の固定客の多くは顧客同士およびインストラクターと談笑したり、練習の成果を語り合ったりしながらボルダリングを楽しんでいる。10代の利用者は選手を目指す中高生が数名おり、ほぼ毎日B社を訪れてはB社社長やインストラクターの指導を受けている。週末には近隣の小型GMSに買い物に訪れたついでに連れられて来る小学生も散見され、ルールなど気にせずに夢中になって遊んでいる姿が見られる。50代以上の顧客も多くはないが散見される。初めは中高年者でもボルダリングができるのか半信半疑で訪れる人が多いものの、一度経験すると戦略性などその魅力を理解し、定期的に通っては熱心に課題に取り組むようになる人が多い。」

第7段落

「ブームが去って競技人口が減少してしまうことをB社社長は懸念しており、B社としては固定客化が課題であり、また業界全体として競技人口の裾野を広げることが必要と考えている。知名度が高いB社社長は、業界団体や全国の行政などから声がかかると全国のショッピングセンターなどで開催されるスポーツクライミングの体験イベントや、各種メディアを集めた普及イベントに参加するなど精力的な取り組みを行っている。特に現役選手が参加するイベントには多くの集客が見られる。」

→　業界団体の取り組みは、「競技人口の裾野を広げる」ことを目的としたイベントである。これに対してB社としてできることが、本問で問われている方向性である（B社の課題である固定客化は、第2問のテーマである）。世界的には小学生くらいから中高年までの幅広い世代でボルダリングが愛好されているが、B社の顧客は20〜40代が中心であり、他の世代にもボルダリングを楽しんでもらうことを目的としたい。他の世代に関しては、①10代以下、②50代以上が候補となる。どちらを獲得しても「競技人口の裾野を広げる」ことになりそうであるが、第4問が50代以上に対する働きかけであることもあり、本問では10代以下を対象としたい。

　　また、10代以下に関しては主に小学生や中高生であり、中高生は現在でも選手になりたい競技志向の者が数名利用しているようであるが、この限られた人をB社の働きかけで増加させることは容易ではないであろう。小学生については、世界でもボルダリングを楽しんでいること、週末に買い物ついでに訪れて楽しんでいる様子が示されていること、大手スポーツジムではプールのレッスンクラスがあることから、B社でもレッスンクラスを設けることは可能と考えられる。

　　業界団体などとの取り組みに対してB社でできること、という観点から業界団体と同様に体験イベントを行うことが有効と考えられる。場所は商圏内であ

ることが必要であり、家族が訪れる小型GMSが望ましく、集客効果が高い現役選手の協力を得られればそれも有効であろう。

　また、ターゲットは子供ではなく親とする必要がある。小学生はルールなどにかまわず楽しんでいる様子は明示されているが、レッスンクラスに通いたいというニーズまでは示されていない。一方、親はプールのレッスンクラスに通わせているという実績が示されている。

　プールを競合と捉えた場合、親に訴求したい点は「頭脳にもよい」ところであろう。身体にも頭脳にもよいというボルダリングの魅力を訴求することで、一定数のレッスンクラス参加者を獲得することができれば、競技人口の裾野を広げることに貢献することとなる。

<br>

第4問

　地域の課題やB社の資源などに着目し、問題本文を確認する。

第8段落

　「X市では子育て世代の流入が続いているものの、全体的には全国と同様に高齢化が進んでいる。X市では健康増進を目的に、年に2回市民公園にて大規模な健康イベントを開催している。X市は市報や行政各所の掲示板などで告知を行っており、多くの住民が参加しているため、X市では同様のイベントの回数を増加する予定である。参加者は中高年層が多く、友人と連れだって参加しているようである。」

第6段落

　「B社の顧客の多くは近隣の住民であり（中略）50代以上の顧客も多くはないが散見される。初めは中高年者でもボルダリングができるのか半信半疑で訪れる人が多いものの、一度経験すると戦略性などその魅力を理解し、定期的に通っては熱心に課題に取り組むようになる人が多い。」

第2段落

　「壁を登るルートを考える戦略性が高く、集中力を要することや指を刺激することなどにより頭脳にもよいスポーツとされ、世界中で小学生くらいから中高年まで性別を問わず競技人口が増加している。」

　→　地域課題と考えられるのは「高齢化」「健康増進」であろう。中高年が多く参加する健康イベントは回数も増加する予定となっており、ここに参加することは地域にも貢献し、B社の潜在顧客の拡大にもつながる。B社では50代以上の顧客はまだ少ないが、世界ではボルダリングは中高年世代にも楽しまれており、B社でも少ないながら参加している人には戦略性の高さなどに魅力を感じて固定客化している人も見られる。よって、一度体験さえすればこの層はB社の顧客となる可能性が考えられる。集客に関しては、X市の健康イベントへの集客実績がある市報でも訴求したく、また自社メディアであるホームページも

活用すべきである。

　B社従業員も参加して、高い接客能力を生かして、魅力を伝えたり、B社への来店を促したりすることも加えて助言したい点である。

✎ 自分の知識や考えと異なるところは？

# 5 作業全体を検証する

作業の結果としてできあがる解答の要件を自分の解答がどの程度満たしているのか検証します。検証は問題ごとに設定された［対応のポイント］に基づいて行いましょう。その上で、作業プロセス全体を振り返り、改善の余地がどこにあるかを検討しましょう。

---

第1問

［対応のポイント］

☐「市場」「競合」「自社」の順に編集していること

&#9758; ☐できた　☐だいたいできた　☐あまりできなかった　☐できなかった

&#9999; 気づいたこと・改善すること

```


```

---

第2問

［対応のポイント］

☐「離反しやすい顧客」を抽出し、B社側から個別にコミュニケーションを図る内容にしていること

&#9758; ☐できた　☐だいたいできた　☐あまりできなかった　☐できなかった

&#9999; 気づいたこと・改善すること

```


```

---

第3問

［対応のポイント］

☐「小学生を対象にしたクラス開設」を核に解答を組み立てていること

&#9758; ☐できた　☐だいたいできた　☐あまりできなかった　☐できなかった

✏️ 気づいたこと・改善すること

・・・・・・・・・・・・・・・・・・・・・・・・・・・・・・・・・・・・

第4問

［対応のポイント］

☐「X市の健康イベントでボルダリングの体験教室実施」を核に解答を組み立ていること

　　☞ ☐できた　☐だいたいできた　☐あまりできなかった　☐できなかった

✏️ 気づいたこと・改善すること

・・・・・・・・・・・・・・・・・・・・・・・・・・・・・・・・・・・・

# 自分の答案を出題者側から評価してみる

　自分の解答を採点します。自分は出題者（採点者）であり、「答案は他人のもの」という想定で評価しましょう。採点を通じて、解答の構成・組み立て、明示している要素内容・表現などでの改善の余地を把握しましょう。

---

**第1問**（配点25点）

〔解答例〕

| 市 | 場 | で | は | 健 | 康 | 志 | 向 | が | 高 | ま | っ | て | い | る | 上 | に | 、 | ス | ポ |
|---|---|---|---|---|---|---|---|---|---|---|---|---|---|---|---|---|---|---|---|
| ー | ツ | ク | ラ | イ | ミ | ン | グ | は | 東 | 京 | オ | リ | ン | ピ | ッ | ク | に | 採 | 用 |
| さ | れ | て | 競 | 技 | 人 | 口 | が | 増 | 加 | し | て | い | る | 。 | 競 | 合 | は | 、 | 近 |
| 隣 | に | 大 | 手 | チ | ェ | ー | ン | の | ス | ポ | ー | ツ | ジ | ム | が | あ | り | 、 | 充 |
| 実 | し | た | 施 | 設 | や | 体 | 重 | 管 | 理 | な | ど | の | サ | ー | ビ | ス | を | 提 | 供 |
| し | て | い | る | 。 | 自 | 社 | は | 、 | B | 社 | 社 | 長 | の | 認 | 知 | 度 | や | イ | ン |
| ス | ト | ラ | ク | タ | ー | の | 接 | 客 | に | よ | り | 、 | 20 | ～ | 40 | 代 | の | 顧 | 客 |
| を | 集 | 客 | し | て | い | る | が | 、 | 他 | の | 世 | 代 | の | 利 | 用 | は | 少 | な | い。 |

〔採点基準〕①～⑤各5点

① 市場(1)：（スポーツ市場全体）健康志向の高まり

② 市場(2)：（ボルダリング市場）スポーツクライミングは東京オリンピックに採用されて競技人口が増加している

③ 競合：近隣に大手チェーンのスポーツジムがあり、充実した施設や体重管理などのサービスを提供している

④ 自社（強み）：B社社長の認知度やインストラクターの接客により20～40代の顧客を集客している

⑤ 自社（弱み）：他の世代の利用は少ない

| 基準 | 点数 | コメント |
|---|---|---|
| ① | 点/5点 | |
| ② | 点/5点 | |
| ③ | 点/5点 | |
| ④ | 点/5点 | |
| ⑤ | 点/5点 | |
| 合計 | 点/25点 | |

第2問 (配点25点)

〔解答例〕

| 顧 | 客 | デ | ー | タ | か | ら | 、 | 2 | 回 | 目 | の | 来 | 店 | 後 | や | 、 | 最 | 終 | 来 |
|---|---|---|---|---|---|---|---|---|---|---|---|---|---|---|---|---|---|---|---|
| 店 | 日 | か | ら | 1 | か | 月 | が | 経 | 過 | す | る | 等 | 離 | 反 | し | や | す | い | 時 |
| 期 | の | 顧 | 客 | を | 抽 | 出 | す | る | 。 | 対 | 象 | 者 | に | 対 | し | 、 | 従 | 業 | 員 |
| が | S | N | S | や | メ | ー | ル | を | 通 | じ | て | 個 | 々 | の | 来 | 店 | 動 | 機 | 等 |
| に | 応 | じ | た | メ | ッ | セ | ー | ジ | を | タ | イ | ム | リ | ー | に | 送 | 信 | す | る | 。 |

〔採点基準〕①③各8点、②④⑤各3点

① 施策(1)：顧客データから顧客を抽出する
② ①の補足（対象顧客）：2回目の来店後や、最終来店日から1か月が経過する
　　　　　　　　　　　　　等離反しやすい時期の顧客
③ 施策(2)：従業員が個別にメッセージをタイムリーに送信する
④ ③の補足（媒体）：SNSやメール
⑤ ③の補足（内容）：個々の来店動機等に応じたメッセージ

| 基準 | 点数 | コメント |
|---|---|---|
| ① | 点/8点 | |
| ② | 点/3点 | |
| ③ | 点/8点 | |
| ④ | 点/3点 | |
| ⑤ | 点/3点 | |
| 合計 | 点/25点 | |

第3問 （配点25点）

〔解答例〕

| 小 | 学 | 生 | 対 | 象 | の | レ | ッ | ス | ン | ク | ラ | ス | を | 開 | 設 | す | る | 。 | 小 |
|---|---|---|---|---|---|---|---|---|---|---|---|---|---|---|---|---|---|---|---|
| 学 | 生 | の | 子 | を | 持 | つ | 親 | に | 周 | 知 | す | る | た | め | 、 | 近 | 隣 | の | 小 |
| 型 | G | M | S | で | 体 | 験 | イ | ベ | ン | ト | を | 開 | 催 | し | 、 | ホ | ー | ム | ペ |
| ー | ジ | や | 既 | 存 | 顧 | 客 | へ | の | メ | ー | ル | 、 | S | N | S | で | 告 | 知 | を |
| 行 | う | 。 | B | 社 | 社 | 長 | や | 縁 | の | あ | る | 現 | 役 | 選 | 手 | の | 協 | 力 | を |
| 得 | て | 知 | 名 | 度 | を | 生 | か | し | 、 | ボ | ル | ダ | リ | ン | グ | は | 身 | 体 | だ |
| け | で | な | く | 頭 | 脳 | に | も | よ | い | こ | と | を | 訴 | 求 | す | る | 。 | | |

〔採点基準〕①9点、②③各5点、④〜⑥各2点

① 施策（サービス）：小学生対象のレッスンクラスを開設する

② （訴求する）ターゲット：小学生の子を持つ親

③ 施策（プロモーション）：近隣の小型GMSで体験イベントを開催する

④ ③の補足(1)：ホームページや既存顧客へのメール、SNSで告知を行う

⑤ ③の補足(2)：B社社長や縁のある現役選手の協力を得て知名度を生かす

⑥ ③の補足(3)：ボルダリングは身体だけでなく頭脳にもよいことを訴求する

| 基準 | 点数 | コメント |
|:---:|:---:|:---|
| ① | 点/9点 | |
| ② | 点/5点 | |
| ③ | 点/5点 | |
| ④ | 点/2点 | |
| ⑤ | 点/2点 | |
| ⑥ | 点/2点 | |
| 合計 | 点/25点 | |

第4問 （配点25点）

〔解答例〕

| | | | | | | | | | | | | | | | | | | | |
|---|---|---|---|---|---|---|---|---|---|---|---|---|---|---|---|---|---|---|---|
| 開 | 催 | 回 | 数 | が | 増 | 加 | す | る | こ | と | が | 予 | 想 | さ | れ | る | X | 市 | の |
| 健 | 康 | イ | ベ | ン | ト | に | 参 | 加 | し | 、 | 近 | 隣 | に | 多 | く | 在 | 住 | す | る |
| 50 | 代 | 以 | 上 | の | 住 | 民 | を | 対 | 象 | に | 体 | 験 | 教 | 室 | を | 行 | う | 。 | X |
| 市 | の | 市 | 報 | や | ホ | ー | ム | ペ | ー | ジ | で | 告 | 知 | を | し | 、 | 従 | 業 | 員 |
| の | 接 | 客 | 能 | 力 | を | 生 | か | し | て | ボ | ル | ダ | リ | ン | グ | が | そ | れ | ぞ |
| れ | の | 体 | 力 | に | 応 | じ | て | 取 | り | 組 | め | る | こ | と | 、 | 戦 | 略 | 性 | が |
| 高 | い | こ | と | 、 | 世 | 界 | 中 | で | 中 | 高 | 年 | 者 | に | も | 人 | 気 | が | あ | る |
| こ | と | な | ど | を | 訴 | 求 | し | て | 、 | B | 社 | へ | の | 来 | 店 | を | 促 | す | 。 |

〔採点基準〕①③各5点、②④⑤⑥⑦各3点

① 施策：X市の健康イベントに参加し体験教室を行う

② ①の補足：（X市の健康イベントの）開催回数の増加が予想されること

③ ターゲット：近隣に多く在住する50代以上の住民

④ プロモーション（集客）：X市の市報やホームページで告知をする

⑤ プロモーション（資源）：従業員の接客能力を生かす

⑥ プロモーション（訴求内容）：ボルダリングがそれぞれの体力に応じて取り組めること、戦略性が高いこと、世界中で中高年者にも人気があることなどを訴求する

⑦ 期待効果：B社への来店を促す

| 基準 | 点数 | コメント |
|---|---|---|
| ① | 点/5点 | |
| ② | 点/3点 | |
| ③ | 点/5点 | |
| ④ | 点/3点 | |
| ⑤ | 点/3点 | |
| ⑥ | 点/3点 | |
| ⑦ | 点/3点 | |
| 合計 | 点/25点 | |

# 7 最終的な確認

取り組み前に設定したテーマの観点から、ここまでのフィードバック内容をすべて
確認して、主要点を整理しておきましょう。

第 3 回

事例 III

# テーマを設定（選択）する

　以下のリストの中から該当するテーマを選びましょう。もちろん、リストにないテーマを設定してもかまいません。

[今回のテーマ]　☆少なくとも1つは選択しましょう。

☐ 実際の体験を通じて2次試験（事例Ⅲ）のことを知る（知見を増やす）

☐ 自分のマネジメント（80分の使い方、問題処理の優先度判断など）の改善の余地を特定する

☐ 自分の解答作成手順の改善の余地を特定する

☐ 自分の使える知識と技能の補強すべきところを特定する

✏ 自身で設定した具体的なテーマがあれば、理由とともに記録しておきましょう。

実際に取り組む

　演習問題に取り組みます。実際に答案を作成してください。取り組み中に気づいた
ことや感じたことがあればメモしておきましょう。

---

【C社の概要】

　C社は、行政機関や企業向けにゴミ収集容器、架台フレーム、輸送用コンテナ、吸
気口などの金属製品の受注生産を行っている中小企業である。現在の従業員数は70名、
年商は約11億円、会社組織は設計部、調達部、製造部、営業部、総務部で構成されて
いる。最近は定期的な採用を行っており、業務経験に差が見られる。

　C社はいわゆる「町工場」として創業し、当初は地域の住宅・道路資材等の金属部
品加工を行っていた。C社は、地域のニーズに応えることで徐々に金属部品加工の分
野を広げて、加工技術を高めていった。

　C社は1980年代にタレットパンチプレス（NC制御によって金属板に成形加工や打
ち抜き加工を施す機械）を導入して、産業用などの本格的な板金加工分野に進出した。
その後、必要に応じて設備投資を行い、「町工場」から脱却して、今日では精密板金
加工メーカーとして知られるようになっている。

　1年前に、C社の加工技術力の高さがアウトドア用品店チェーンを営むX社から評
価され、アウトドア用品（テーブル、チェア、スタンド、調理鉄板等）のOEM供給
を開始した。X社の製品は一般消費者向けであるため、軽量で、かつ安全面に配慮す
ることが求められる。また夏場が需要期になる季節商品であるため、年間における生
産量の繁閑差が大きい。幸い、この夏の天候が良好だったこともあって、OEM製品
の受注量はC社の予想を上回っていた。

【生産の概要】

　C社の生産の概略的な流れは図表1のようになっている。

図表1　C社の生産の流れ（概略図）

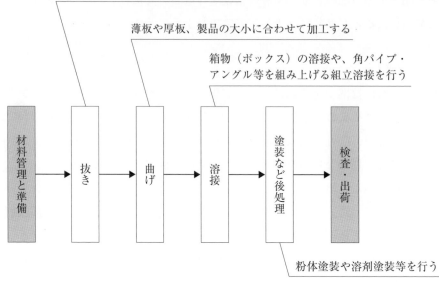

平板のブランク（抜き）や角パイプ・
アングル材への穴加工を行う

薄板や厚板、製品の大小に合わせて加工する

箱物（ボックス）の溶接や、角パイプ・
アングル等を組み上げる組立溶接を行う

粉体塗装や溶剤塗装等を行う

以下、補足説明をする。

・材料管理と準備

　C社では製造に必要な鉄板などの板材の規格品を定量発注している。板材は行政機関や企業向けの製品（以下、「従来製品」という）とOEM製品で共通して使用することができ、C社では材料在庫として保有している。前年における板材の発注回数の実績は図表2のとおりである。なお、材料の種類（規格）による調達期間の差異はないが、12月時点における在庫量には種類（規格）によって差が生じている。

図表2　月あたり発注回数（抜粋）

| 規格番号 | 1月 | 2月 | 3月 | 4月 | 5月 | 6月 | 7月 | 8月 | 9月 | 10月 | 11月 | 12月 |
|---|---|---|---|---|---|---|---|---|---|---|---|---|
| 5001 | 1 | 0 | 1 | 0 | 1 | 0 | 1 | 1 | 1 | 0 | 1 | 1 |
| 5002 | 1 | 1 | 0 | 0 | 1 | 4 | 4 | 2 | 0 | 0 | 1 | 0 |
| 5003 | 0 | 0 | 1 | 2 | 3 | 10 | 10 | 3 | 2 | 0 | 0 | 0 |
| 5004 | 2 | 2 | 2 | 2 | 2 | 2 | 2 | 2 | 2 | 2 | 2 | 2 |
| 5005 | 0 | 0 | 1 | 0 | 0 | 2 | 2 | 1 | 2 | 0 | 0 | 0 |
| 5006 | 1 | 1 | 1 | 1 | 1 | 1 | 1 | 1 | 1 | 1 | 1 | 1 |

・抜き

　大きな板材を必要な大きさの部品にカットしたり、表面に凹凸を作成したりする工程で、プログラムにより自動加工を行う。

・曲げ

　打ち抜いた部品に、工場板金技能士資格を有する技術者がNCベンダーを用いて曲げ加工を行う。

・溶接

　業界の溶接技能者資格を有する技術者が、複数の部品を溶接して１つの部品に仕上げる。溶接工程では、半自動溶接機（溶接材料であるワイヤーは自動供給されるが、溶接自体は手動で行う機械）を導入しているが、溶接対象の部品の加工が完了しないと作業を開始できないため、この工程では必要な部品のすべてが揃うまで手待ちが発生することも珍しくない。溶接は１個（１台）ずつ完了するため、その後の塗装や後処理はスムーズに流れる。

・塗装など後処理

　受注内容に応じて必要な塗装などの後処理を施す。従来製品は、使用状況や使用年数に応じて擦り傷などが発生した場合、部分的な塗装の塗り直しなどのメンテナンス作業が必要となる。C社は、顧客から依頼があると、製造部のメンテナンス担当者のうち、比較的業務に余裕がある者が客先を訪れて状況を確認して、メンテナンス金額の見積りを行う。メンテナンス金額は、たとえばひっかき傷であれば、傷の長さや深さ、数、生じている箇所等の組み合わせによって算定される。しかし、その組み合わせが複雑になると、メンテナンス担当者によっては見積時間が長くなったり、見積精度が低くなったりすることが散見される。この状態を改善するため、C社は、見積作業のシステム化を検討している。

・検査・出荷

　最終検査を行った後、必要な梱包を施して出荷する。


　生産工程では従来製品とOEM製品が混在して流れるが、全体の生産量は従来製品のほうが多いため、従来製品を優先した生産計画を立案している。

　OEM供給を開始して１年が経過し、X社からの注文は順調である反面、C社の生産工程では残業の発生が目立つようになっている。その状況をまとめたものが図表３である。

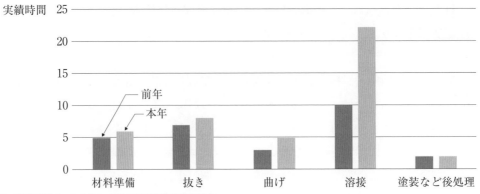

図表3　生産工程別の平均残業時間

※　実績時間は、1か月あたりの平均残業時間を指す。

【今後の経営戦略について】

　OEMとはいえ、C社は一般消費者向けアウトドア分野に進出できたため、今後、この分野で、自社ブランド製品の「焚き火台」を製造販売することを計画している。具体的には、他社製品よりも軽量で持ち運びが容易で、かつ手で扱ってもケガをしないような製品の開発を計画している。

　現在C社社内では、各部の関係者が参加する検討チームを組織し、上記の新規事業の実現に向けての検討を進めている。

第1問 （配点15点）

　金属加工メーカーであるC社の強みと弱みを80字以内で述べよ。


第2問 （配点40点）

　C社は、X社へのOEM供給を開始して1年が経過したが、さまざまな課題が生じている。以下の設問に答えよ。


（設問1）

　C社の生産工程における課題とその対応策について、100字以内で述べよ。


（設問2）

　C社の調達業務における課題とその対応策について、100字以内で述べよ。


第3問 （配点20点）

　C社は、メンテナンスにおける見積作業の業務改善を図るためにシステム化を検討している。どのようなシステムを構築すべきか、事前に整備しておく内容とともに100字以内で述べよ。


第4問 （配点25点）

　C社は、今後の経営戦略として、自社ブランド製品の製造販売を行うことを計画している。この戦略の可能性について、C社の経営資源に注目して140字以内で述べよ。

# 問題文解釈の作業プロセスを検証する

作業プロセスの確認は、問題ごとに、チェック項目をもとに行います。2次試験問題の処理における最大のポイントは、問題文の解釈です。以下の観点から確認し、改善が必要なところを洗い出しましょう。

---

第1問

☐ 問題本文に「金属加工メーカー」としての競争要件が示されており、それ（ら）が解答の根拠になる可能性があることを想定した。

　　☞ ☐できた　☐だいたいできた　☐あまりできなかった　☐できなかった

☐ 強みと弱みの内容は、後続の問題設定や解答内容との関連を考慮した上で決定する作業イメージを描いた。

　　☞ ☐できた　☐だいたいできた　☐あまりできなかった　☐できなかった

✏ 気づいたこと・改善すること

```
• • • • • • • • • • • • • • • • • • • • • • • • • • • • • • • • •



```

第2問

☐ 「X社へのOEM供給」の要件と、従来C社が行っていた生産の生産工程と調達業務との違いが根拠になることを想定した。

　　☞ ☐できた　☐だいたいできた　☐あまりできなかった　☐できなかった

✏ 気づいたこと・改善すること

```
• • • • • • • • • • • • • • • • • • • • • • • • • • • • • • • • •



```

第3問

☐「メンテナンスにおける見積作業」業務の改善の余地が根拠になることを想定した。

　　☞ ☐できた　☐だいたいできた　☐あまりできなかった　☐できなかった

☐ 構築する「システム」なので、"メンテナンスの見積作業を支援するシステム"を
具体的に説明する内容を想定した。

　　☞ ☐できた　☐だいたいできた　☐あまりできなかった　☐できなかった

☐「事前に整備しておく内容」は、システム化＝業務処理をシステムを使って行うた
めの、業務フローや使用データの整備であろうと想定した。

　　☞ ☐できた　☐だいたいできた　☐あまりできなかった　☐できなかった

✎ 気づいたこと・改善すること

```
• • • • • • • • • • • • • • • • • • • • • • • • • • • • • • •




```

第4問

☐「今後の経営戦略」としてC社が立案していることなので、この戦略によりC社の
現状の経営課題を解決することと関係することを想定した。

　　☞ ☐できた　☐だいたいできた　☐あまりできなかった　☐できなかった

☐「戦略の可能性」は、自社ブランド製品の製造販売を加えることで可能になること
を認識した。

　　☞ ☐できた　☐だいたいできた　☐あまりできなかった　☐できなかった

☐「C社の経営資源」は、この戦略に生かすC社の強みであろうと想定した。

　　☞ ☐できた　☐だいたいできた　☐あまりできなかった　☐できなかった

✎ 気づいたこと・改善すること

```
• • • • • • • • • • • • • • • • • • • • • • • • • • • • • • •




```

チェックするのは手段であり、目的は改善すべきところをはっきりさせることです。改善すべきところおよびそのための方策は、以下のように特定できます。

| 洗い出したこと | | 改善すること |
|---|---|---|
| メモしていない | → | メモすることを手順に加えて、練習する。 |
| そのようなことは考えなかった | → | 問題文の解釈の練習をする。 |
| そのようなことは浮かばなかった | → | 使いたい知識に加え、すっと使えるよう何度も出力する。 |

# 4 出題者の意図を確認する（知識を検証する）

解答より先に解説を読み、出題者の意図を理解します。

"自分の知識や考えと異なるところはどこか？"という観点から、出題者自身が書いた解説を読むことで、自分の知識や考え方の更新（補強と修正）を行いましょう。

---

解説

## 1．事例の特徴と取り組み方

事例Ⅲは、通常、設問ベースを含めて解答箇所が5か所になることが多い。そして、最初の問題（第1問または第1問（設問1））と最後の問題が経営戦略系、中間の問題が生産管理系（問題点→改善策等）となるのがオーソドックスなパターンである。本事例も、その構成を踏襲している。

また、本事例では図表が3つ登場する。図表の場合、制限時間を意識しながら、読み取り時間を調整していくことが求められる。

## 2．答案作成プロセス

### ⑴　問題要求の確認

まず、問題要求を確認する。この段階では問題要求自体（何を聞かれているのか）の確認も重要であるが、配点や制限字数も確認したい。さらに、難易度の把握（対応のしやすさ等）の目安や問題間の関連も、ある程度はこの段階で済ませておきたい。そして、問題本文の大枠を確認してから微調整を行うという手順になる。

第1問 （配点15点）

金属加工メーカーであるC社の「強み」と「弱み」を答えることが問題要求である。通常、事例Ⅲの最初の問題はSWOT分析関連の問題が多く、本事例もその構成となっている。

さて、本問の問題要求は平成28年度第1問に類似し、「強み」だけでなく「弱み」も要求されている。事例Ⅲにおける「弱み」は、「強み」ほどは問われない。これは、事例企業であるC社は、生産現場や業務プロセスにおいて何らかの「弱み」（問題点）を抱えており、これを別の設問で「問題点→改善策」として問う設定が多いからである。つまり、他の問題と解答が重複してしまう可能性が高く、その点では対応が難しい。したがって、「強み」の部分で得点を確保し、「弱み」については、他の問題との切り分けが難しい場合は無理に切り分けず、あえて重複させるといった柔軟な対応を心がけたい。

（配点40点）

　X社へのOEM供給を開始して1年が経過したことでC社に生じている「課題」と「対応策」を問う2つの設問で構成されている。（設問1）は生産工程を対象とし、（設問2）は調達業務を対象としている。したがって、設問間の関連性はないことから、場合によっては（設問2）から解答してもよいだろう。


（設問1）

　C社の生産工程における「課題」と「対応策」を答えることが問題要求であり、特に難しいものではない。

　対象が「生産工程」と明示されているため、生産工程に何らかの不具合が生じているはずであるから、まずはそれを問題本文から確認したい。ただし、「X社へのOEM供給の開始」に起因する課題であるから、仮に生産工程に複数の不具合があった場合、あくまで「X社へのOEM供給の開始」に起因するものに絞りたい。

　「対応策」は「課題」を前提としているため、「課題」を間違えると連鎖的に間違えることになる。したがって、「課題」の特定に十分な時間をかけたい。また、聞かれているのはあくまで「課題」であるから、"問題点"を解答しないように注意したい。

　　例）　問題点：納期遅延（納期を守れない）

　　　　　課　題：納期遵守（納期を守る）


（設問2）

　C社の調達業務における「課題」と「対応策」を答えることが問題要求であり、本問も特に難しいものではない。

　（設問1）と同様、本問も「調達業務」について、「X社へのOEM供給の開始」に起因する不具合を確認したい。また、"問題点"を解答しないように注意したい。

　なお、「課題」と「対応策」は、どちらも"良くする"という意味になるため、書き分けが難しい。しかし、何らかの課題があって、それへの対応策であるから、課題を達成するための具体策が対応策ということになる。したがって、課題はできる限り抽象的に書き、対応策はそれを具体化すると書きやすくなる。

　たとえば、課題を"品質の向上"とすれば、その対応策は"ISO9000シリーズの取得"というように、具体化できる。これを、課題に"ISO9000シリーズの取得"と書いてしまうと、"トップダウンによる取得推進"というように、対応策はさらに具体的になり、解答しにくくなる。したがって、課題と対応策を問われた場合は、課題を抽象的な内容で留めておくほうが対応しやすくなる。

第3問 （配点20点）

　C社が検討している「メンテナンスにおける見積作業の業務改善を図るためのシステム化」について、構築すべきシステムの内容を、事前に整備しておく内容とともに答えることが問題要求である。

　まず、本問の対象は「メンテナンスにおける見積作業」であるが、第2問とは異なり、「X社へのOEM供給の開始」に起因していないことになる。したがって、第2問とは関連しないため、場合によっては第2問よりも先に解答しても構わない。

　次に、「どのようなシステムを構築すべきか」という要求であるから、"AI"、"IoT"といった、ITそのものを答える問題ではないことに注意したい。AIやIoT等を解答しても構わないが、それを活用して、どのように見積作業の業務を改善するのかが解答されていないと大幅な失点になるだろう。

　最後に、「事前に整備しておく内容」については、整備しておかないと、システム化しても業務改善を図れない、ということである。「業務改善を図る」ということは、現在の見積作業には何らかの問題点が発生しているはずであるから、まずはその内容を把握し、改善するためにどうすべきかを考えたい。

第4問 （配点25点）

　C社が、今後の経営戦略として、自社ブランド製品の製造販売を行うことを計画しており、この戦略の「可能性」を、C社の「経営資源」に着目して答えることが問題要求である。

　第2問で確認したように、C社はOEM供給を行っている。自社ブランド製品はOEM製品（他社ブランド）と対比されるものであるから、まずは自社ブランド製品がどのような製品かを確認したい。通常はOEM製品と作り方が異なるであろうが、本問は"課題"等ではなく、「可能性」を問われている。「可能性」という問題要求は珍しいが、"メリット"や"効果"等のニュアンスに近い。したがって、自社ブランド製品の課題ではなく、むしろOEM製品の課題を、自社ブランド製品で解決することが推測できる。第2問で確認したように、C社はOEM供給によってさまざまな課題を抱えているが、第2問で解答した内容では、OEM供給における根本的な課題は解決できないと考えられる。

　「可能性」そのものは対応しにくい要求であるが、本問は「経営資源に着目」することが条件となっている。第1問でC社の「強み」と「弱み」を解答しているため、「経営資源」については、その内容との整合性を考えたい。配点が25点と大きく、制限字数も140字と多いので、十分に時間をかけたい問題である。

⑵　事例の大枠の把握（問題本文を読んで理解する）

　問題要求を踏まえて、問題本文を確認する。本事例の問題本文は、図表を含めると

３頁を超えており、本試験の標準的なボリュームよりも多い。したがって、問題本文の読み取りにもある程度の時間が必要になることを想定しておきたい。

## 【C社の概要】

第１段落　C社の概要（業種、従業員数、年商、会社組織、業務経験の差等）
第２段落　創業当時の状況等
第３段落　「町工場」からの脱却について
第４段落　X社へのOEM供給について

## 【生産の概要】

第５段落　生産の概略的な流れ＋図表１
第６段落　補足説明のリード文＋「材料管理と準備」の説明＋図表２
第７段落　「抜き」の説明
第８段落　「曲げ」の説明
第９段落　「溶接」の説明
第10段落　「塗装など後処理」の説明、メンテナンスにおける見積作業の現状
第11段落　「検査・出荷」の説明
第12段落　生産計画について
第13段落　残業の発生状況＋図表３

## 【今後の経営戦略について】

第14段落　「焚き火台」の製造販売について
第15段落　検討チームの組織

### (3)　解答作成

　本事例は問題本文のボリュームは多いが、問題数（解答箇所）と制限字数（520字）は標準的である。したがって、図表と問題の対応づけなど、問題本文の情報整理が大きなポイントとなる。

第１問

　通常、事例ⅢのC社は技術力に「強み」がある。そこで、C社の技術力を確認すると、以下のように複数の記述が見つかる。

第２段落

　「C社は、地域のニーズに応えることで徐々に金属部品加工の分野を広げて、加工技術を高めていった。」

第3段落

「その後、**必要に応じて設備投資を行い**、「町工場」から脱却して、今日では**精密板金加工メーカーとして知られるようになっている。**」

第4段落

「**1年前に、C社の加工技術力の高さ**がアウトドア用品店チェーンを営むX社から評価され、アウトドア用品（テーブル、チェア、スタンド、調理鉄板等）のOEM供給を開始した。」

ほぼ、これらが根拠となる。「精密な板金加工技術（力）」「加工技術力の高さ」といったあたりが、「強み」の骨子となる。

また、第3段落の「必要に応じて設備投資を行い」という記述から、C社の設備（投資）の状況を確認すると、以下のように複数の記述が見つかる。

第3段落

「C社は1980年代に**タレットパンチプレス（NC制御によって金属板に成形加工や打ち抜き加工を施す機械）を導入して、産業用などの本格的な板金加工分野に進出した。**」

第7段落

「大きな板材を必要な大きさの部品にカットしたり、表面に凹凸を作成したりする工程で、**プログラムにより自動加工を行う。**」

第8段落

「打ち抜いた部品に、**工場板金技能士資格を有する技術者**がNCベンダーを用いて曲げ加工を行う。」

第9段落

「溶接工程では、**半自動溶接機（溶接材料であるワイヤーは自動供給されるが、溶接自体は手動で行う機械）**を導入しているが」

これらの「必要に応じた設備投資」が、「精密な板金加工技術（力）」の源泉となっていると考えられる。さらに、第8段落には「工場板金技能士資格を有する技術者」という記述がある。同じように、第9段落にも「業界の溶接技能者資格を有する技術者が」という記述がある。これらの技術者（有資格者）も、「精密な板金加工技術（力）」の源泉となっていると考えられる。"作業者（Man）、機械・設備（Machine）、材料（Material）、作業方法（Method）"は4Mであるから、これらを上手に用いて、解答をまとめたい。

次に、「弱み」についてはかなり難しい。冒頭で述べたとおり、通常、事例Ⅲでは、

中間の生産管理系の問題で、C社の生産面の問題を解決するパターンが多い。そうすると、本事例では、以下の内容が候補となる。

・第2問（設問1）の「生産工程」での不具合
・第2問（設問2）の「調達業務」での不具合
・第3問の「メンテナンスにおける見積作業」での不具合

　解答例では、これらを総括する表現として、「生産性の低さ」を用いている。そして、第2問以降それぞれの問題の解答例に応じて、「生産計画の立案や調達業務の拙さ」「属人的な作業」といった内容を盛り込んでいる。さらに、第4問との関連で、「年間における生産量の繁閑」も、「弱み」の内容として妥当であろう。なお、これらの具体的な内容については、それぞれの問題の解説で取り上げる。

　いずれにしても、「弱み」はかなりまとめにくい。そこで、解答する際は、まず「強み」を解答し、「弱み」については一通り他の問題を解答した（もしくは解答を考えた）あとに、総合的に判断してまとめたほうがよいだろう。

**第2問**

（設問1）

　生産工程については、【生産の概要】ブロックに記述されており、ブロック中に3つの図表が登場する。どの図表が本問に対応するかの判断が必要になるが、図表2は「発注回数」であるから第2問（設問2）に対応していることは比較的容易に判断できる。そうすると、図表1の「C社の生産の流れ（概略図）」と図表3の「生産工程別の平均残業時間」が本問に対応することになる。図表3は「生産工程別」の「平均残業時間」であるから、図表を確認すると、「溶接」工程において前年に比べて、さらに他の工程に比べて、残業時間が大幅に増えていることは容易に確認できる。第13段落に、「OEM供給を開始して1年が経過し、X社からの注文は順調である反面、C社の生産工程では残業の発生が目立つようになっている。」という記述があり、残業時間の発生（増加）は「X社へのOEM供給の開始」に起因することが明示されているから、「溶接工程の残業時間の削減」が、生産工程における「課題」として指摘できる。

　次に、「対応策」については、なぜ溶接工程で残業時間が増加しているかを確認しなければならない。そうすると、まず、以下の記述に着目できる。

第9段落

　「溶接工程では、半自動溶接機（溶接材料であるワイヤーは自動供給されるが、溶接自体は手動で行う機械）を導入しているが、溶接対象の部品の加工が完了しないと作業を開始できないため、この工程では必要な部品のすべてが揃うまで手待ちが発生することも珍しくない。」

第9段落に記述されているように、溶接は「複数の部品を溶接して1つの部品に仕上げる」工程であるから、すべての対象部品が届かないと作業に着手できない。図表1の「溶接」のところの「箱物（ボックス）の溶接や、角パイプ・アングル等を組み上げる組立溶接を行う」という記述からも、溶接は、ある部品とある部品を接合する作業であることが読み取れる。下図を参照してほしい。

<イメージ図①：溶接工程の作業（従来）>

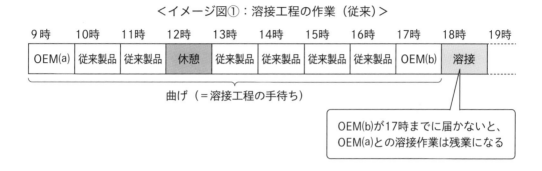

では、なぜこのような状態が生じているかを考えると、以下の記述が根拠となる。

第12段落

「生産工程では従来製品とOEM製品が混在して流れるが、全体の生産量は従来製品のほうが多いため、従来製品を優先した生産計画を立案している。」

なぜ、従来製品を優先した生産計画を立案していると残業時間が増加するかといえば、OEM製品は「夏場が需要期になる季節商品」（第4段落）だからである。つまり、C社は夏場に生産量が増えるにもかかわらず、夏場でも従来製品を優先した生産計画を変えていないため、「イメージ図①」のような状況を招いている。したがって、この状態を改めるためには、需要（生産量）が増える夏場は、OEM製品を優先した生産計画に変える、ということになる。

<イメージ図②：溶接工程の作業（今後）>

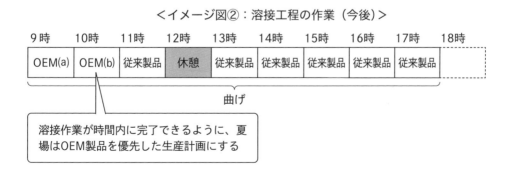

なお、本問における生産計画の立案の拙さを第1問の「弱み」の内容に含めている。

（設問2）

調達業務については、第6段落（材料管理と準備）に以下の記述がある。

第6段落

「C社では製造に必要な鉄板などの板材の規格品を定量発注している。板材は行政機関や企業向けの製品（以下、「従来製品」という）とOEM製品で共通して使用することができ、C社では材料在庫として保有している。前年における板材の発注回数の実績は図表2のとおりである。なお、材料の種類（規格）による調達期間の差異はないが、12月時点における在庫量には種類（規格）によって差が生じている。」

ここで、図表2について、合計（計）も含めて再掲する。

| 規格番号 | 1月 | 2月 | 3月 | 4月 | 5月 | 6月 | 7月 | 8月 | 9月 | 10月 | 11月 | 12月 |
|---|---|---|---|---|---|---|---|---|---|---|---|---|
| 5001 | 1 | 0 | 1 | 0 | 1 | 0 | 1 | 1 | 1 | 0 | 1 | 1 |
| 5002 | 1 | 1 | 0 | 0 | 1 | 4 | 4 | 2 | 0 | 0 | 1 | 0 |
| 5003 | 0 | 0 | 1 | 2 | 3 | 10 | 10 | 3 | 2 | 0 | 0 | 0 |
| 5004 | 2 | 2 | 2 | 2 | 2 | 2 | 2 | 2 | 2 | 2 | 2 | 2 |
| 5005 | 0 | 0 | 1 | 0 | 0 | 2 | 2 | 1 | 2 | 0 | 0 | 0 |
| 5006 | 1 | 1 | 1 | 1 | 1 | 1 | 1 | 1 | 1 | 1 | 1 | 1 |
| 計 | 5 | 4 | 6 | 5 | 8 | ⑲ | ⑳ | 10 | 8 | 3 | 5 | 4 |

　明らかに、6月・7月、つまり夏場に向けて発注回数が増加していることが確認できる。定量発注している中で発注回数が増加しているということは、発注量（使用量）も増加していることになる。これも、OEM製品が、「夏場が需要期になる季節商品」（第4段落）だからである。そして、「12月時点における在庫量には種類（規格）によって差が生じている」（第6段落）わけであるが、その状況を図表2から確認しよう。

　図表2において、規格番号5003の板材が、最も発注回数がばらついていることがわかるだろう。そして、最後に発注されたのは9月で、2回発注されている。10～12月には発注されていないため、9月に2回発注されたうちの最後の発注分は、その後の使用がないと仮定すると、12月時点で在庫として保有していると推測できる（規格番号5005についても、同様の事態が想定できる）。図表2はあくまで1年分のデータであるが、2年目も同じ傾向だったとすると、規格番号5003は、3月まで在庫として保有されたままとなる。そうすると、調達業務における課題としては、規格番号5003等の夏場に使用が集中する板材で発生している、冬場の在庫過多の抑制となる。

　では、対応策について考えてみよう。すでに確認したように、C社は「定量発注」

を採用している。対比されるのは「定期発注」である。

　一般的に、大物品目や高額な品目、需要変動が大きい品目、重点品目、特殊品などでは定期発注方式が適しているとされる。OEM製品は夏場に需要が伸びるわけだから、夏場には定期発注方式を採用することが望ましいということになる。また、第4段落に、「幸い、この夏の天候が良好だったこともあって、OEM製品の受注量はC社の予想を上回っていた。」という記述がある。この意味を考えてみよう。

　確かにOEM製品の需要は夏場に伸びるが、これは、冬場に比べて、という意味である。必ず夏場に需要が伸びるというわけではない。仮に天候不順（冷夏、台風の多さ等）だった場合、夏場であっても需要が減る可能性がある。さらに、「C社の予想を上回っていた」という記述から、天候・気候の予測が難しいことも想定できる。ただし、定期発注方式は、発注の度に発注量を決めなければならないため、定量発注方式に比べて発注業務が煩雑化するおそれがある。すでに確認したように、最も需要変動が大きい板材は規格番号5003のため、この板材には定期発注方式を採用し、需要変動が小さい板材は定量発注方式を継続して、発注業務の煩雑化を防ぎながら、在庫の適正化を図る、ということになる。

　なお、本問における調達業務の拙さを、第1問の「弱み」の内容に含めている。

第3回　事例Ⅲ

---

[第3問]

　メンテナンスにおける見積作業については、第10段落（塗装など後処理）に、以下の記述がある。

第10段落

「従来製品は、使用状況や使用年数に応じて擦り傷などが発生した場合、部分的な塗装の塗り直しなどのメンテナンス作業が必要となる。C社は、顧客から依頼があると、製造部のメンテナンス担当者のうち、比較的業務に余裕がある者が客先を訪れて状況を確認して、メンテナンス金額の見積りを行う。メンテナンス金額は、たとえばひっかき傷であれば、傷の長さや深さ、数、生じている箇所等の組み合わせによって算定される。しかし、その組み合わせが複雑になると、メンテナンス担当者によっては見積時間が長くなったり、見積精度が低くなったりすることが散見される。この状態を改善するため、C社は、見積作業のシステム化を検討している。」

　メンテナンス担当者によって見積時間が長くなったり、見積精度が低くなったりしているわけだから、この状態を改善できるシステムを構築する必要がある。では、なぜこのような事態が生じているのかを考えると、第1段落に、「最近は定期的な採用を行っており、業務経験に差が見られる。」という記述がある。つまり、見積作業の経験が豊富な担当者であれば、傷の長さや深さ、数、生じている箇所等の組み合わせ

が複雑であったとしても、特に問題は生じなかったのかもしれない。これが、見積作業の経験が浅い担当者だと、適切な算定が難しくなっている可能性がある。したがって、まず、「事前に整備しておく内容」としては、算定に用いる情報（データ）である傷の長さ、深さ、数、箇所等の組み合わせと、実際に発生したメンテナンス費用の関係を分析し、組み合わせ内容に応じたメンテナンス金額を把握することが必要になる。

そうすれば、業務経験が浅い者であっても、この組み合わせ内容（データ）を入力することで、迅速かつ正確に、言い換えれば自動的に見積金額を算定できるシステムが、「構築すべきシステム」の内容になる。

ここで、「比較的業務に余裕がある者が客先を訪れて状況を確認」（第10段落）という記述から、"業務経験の豊富な者"に状況確認を担当させる、という解答も考えられる。しかし、この解答だと、"業務経験の豊富な者"の業務に余裕がない場合（多忙な場合等）、見積作業ができないことになる。また、「システム化」しなくても実現できる方策なので、本問の解答としての妥当性は低い。

なお、本問における属人的な作業は、第1問の「弱み」の内容に含めている。


第4問

自社ブランド製品については第14段落にしか記述がなく、以下の記述には比較的容易に着目できたであろう。


第14段落

「OEMとはいえ、C社は一般消費者向けアウトドア分野に進出できたため、今後、この分野で、自社ブランド製品の「焚き火台」を製造販売することを計画している。具体的には、他社製品よりも軽量で持ち運びが容易で、かつ手で扱ってもケガをしないような製品の開発を計画している。」


まず、自社ブランド製品は「焚き火台」であり、その要件として、軽量で、かつケガをしないことが求められる。この開発の実現性について、C社の経営資源に着目すると、第1問で解答した「精密な板金加工技術力」が挙げられる。そして、この技術力に着目したX社から、C社はOEM製品の生産を受託している。そうすると、第4段落の「X社の製品は一般消費者向けであるため、軽量で、かつ安全面に配慮することが求められる。」という記述に着目できる。

すでにX社へのOEM供給を通じて、C社は一般消費者向けに必要な、「軽量」で「安全」な製品の開発ノウハウを有している。そうすると、同じ一般消費者向けである「焚き火台」にも、このノウハウを活用できるだろう。これらの「経営資源」を活用することで、「焚き火台」の早期開発も期待できる。

次に、第2問で解答した「課題」は、X社へのOEM製品が、「夏場が需要期になる季節商品」（第4段落）に起因する。その対応策は解答済みであるが、肝心の「年間における生産量の繁閑差が大きい。」（第4段落）については、どの問題でも対応策を解答していない。

　そうすると、C社が開発しようとしている自社ブランド製品は「焚き火台」であるから、冬場に需要が伸びると考えられる。また、一般消費者向けの製品であるから見込生産であることが想定でき、需要（生産量）が閑散期になる冬場に向けて、「焚き火台」を計画的に生産するようにすれば、経営課題である「年間における生産量の繁閑差」を小さくして、「生産量の平準化」が実現できる可能性を指摘できる。

　なお、制限字数の関係で第1問の解答例には盛り込んでいないが、この「年間における生産量の繁閑差」も、C社の「弱み」（生産性の低さ）の根拠として妥当性はある。

✏️ 自分の知識や考えと異なるところは？

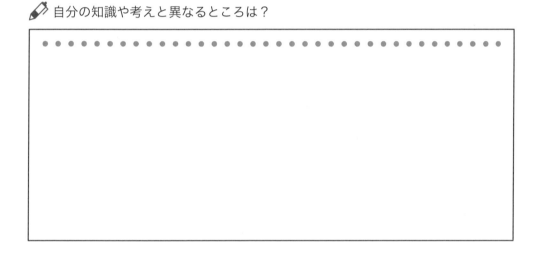

# 5 作業全体を検証する

　作業の結果としてできあがる解答の要件を自分の解答がどの程度満たしているのか検証します。検証は問題ごとに設定された［対応のポイント］に基づいて行いましょう。その上で、作業プロセス全体を振り返り、改善の余地がどこにあるかを検討しましょう。

------------------------------------------------------------

第1問

［対応のポイント］

☐ 強みは第4問、弱みは第2問、第3問との関連から解答を組み立てていること

　　☞ ☐できた　☐だいたいできた　☐あまりできなかった　☐できなかった

✐ 気づいたこと・改善すること

```



```

第2問

［対応のポイント］

☐ 設問1、設問2ともに結論が課題となっていること

　☆現状や問題点になっていないこと

　例）×残業時間が増えていること

　　　×在庫過多になっていること

　　☞ ☐できた　☐だいたいできた　☐あまりできなかった　☐できなかった

✐ 気づいたこと・改善すること

```



```

第3問

[対応のポイント]

☐「見積金額算定（算出）システム」を示していること

　☞ ☐できた　☐だいたいできた　☐あまりできなかった　☐できなかった

☐「見積経験が浅い者」が利用することで改善になることを示していること

　☞ ☐できた　☐だいたいできた　☐あまりできなかった　☐できなかった

✏ 気づいたこと・改善すること

第4問

[対応のポイント]

☐ 可能性として「閑散期の生産量増加」を示していること

　☞ ☐できた　☐だいたいできた　☐あまりできなかった　☐できなかった

✏ 気づいたこと・改善すること

## 6 自分の答案を出題者側から評価してみる

　自分の解答を採点します。自分は出題者（採点者）であり、「答案は他人のもの」という想定で評価しましょう。採点を通じて、解答の構成・組み立て、明示している要素内容・表現などでの改善の余地を把握しましょう。

-----------------------------------

第1問　（配点15点）

〔解答例〕

| 適 | 切 | な | 設 | 備 | 投 | 資 | や | 曲 | げ | ・ | 溶 | 接 | に | お | け | る | 有 | 資 | 格 |
|---|---|---|---|---|---|---|---|---|---|---|---|---|---|---|---|---|---|---|---|
| 者 | に | よ | る | 精 | 密 | な | 板 | 金 | 加 | 工 | 技 | 術 | 力 | が | 強 | み | で | あ | る。 |
| 一 | 方 | 、 | 生 | 産 | 計 | 画 | の | 立 | 案 | や | 調 | 達 | 業 | 務 | の | 拙 | さ | 、 | 属 |
| 人 | 的 | な | 作 | 業 | に | よ | る | 生 | 産 | 性 | の | 低 | さ | が | 弱 | み | で | あ | る。 |

〔採点基準〕①5点、②③各2点、④⑤各3点

①　強み：<u>精密な</u>板金加工技術力

　※下線部がない場合は3点

②　①の要因(1)：適切な設備投資

③　①の要因(2)：曲げ・溶接における有資格者

④　弱み：生産性の低さ（高コスト体質・収益性の低さ）等

⑤　④の要因：生産計画の立案や調達業務の拙さ、属人的な作業（システム化の遅れ）、年間における生産量の繁閑差等

　※管理面の弱さの説明として妥当であれば可

| 基準 | 点数 | コメント |
|---|---|---|
| ① | 点/5点 | |
| ② | 点/2点 | |
| ③ | 点/2点 | |
| ④ | 点/3点 | |
| ⑤ | 点/3点 | |
| 合計 | 点/15点 | |

第2問 （配点40点）

（設問1） ＜20点＞

〔解答例〕

| 従 | 来 | 製 | 品 | を | 優 | 先 | し | た | 生 | 産 | 計 | 画 | を | 立 | 案 | し | て | い | る |
|---|---|---|---|---|---|---|---|---|---|---|---|---|---|---|---|---|---|---|---|
| た | め | に | 増 | え | て | い | る | 溶 | 接 | 工 | 程 | の | 残 | 業 | 時 | 間 | の | 削 | 減 |
| が | 課 | 題 | で | あ | る | 。 | 対 | 応 | 策 | と | し | て | 、 | 夏 | 場 | は | Ｏ | Ｅ | Ｍ |
| 製 | 品 | を | 優 | 先 | し | た | 生 | 産 | 計 | 画 | を | 立 | 案 | し | 、 | 加 | 工 | 待 | ち |
| を | 減 | ら | し | て | 溶 | 接 | 作 | 業 | の | 着 | 手 | を | 早 | く | す | る | 。 | | |

〔採点基準〕 ①7点、②3点、③6点 ④⑤各2点

① 課題：<u>溶接工程で</u>増えている残業時間の削減

※下線部を指摘していない場合は5点

② ①の要因：従来製品を優先した生産計画の立案

③ 対応策(1)：<u>夏場は</u>OEM製品を優先した生産計画を立案すること

※下線部を指摘していない場合は3点

④ 対応策(2)：加工待ちの削減

⑤ 対応策(3)：溶接作業の着手の早期化

| 基準 | 点数 | コメント |
|---|---|---|
| ① | 点/7点 | |
| ② | 点/3点 | |
| ③ | 点/6点 | |
| ④ | 点/2点 | |
| ⑤ | 点/2点 | |
| 合計 | 点/20点 | |

（設問２）＜20点＞

〔解答例〕

| す | べ | て | の | 板 | 材 | を | 定 | 量 | 発 | 注 | し | て | い | る | 結 | 果 | 、 | 規 | 格 |
| に | よ | っ | て | 生 | じ | て | い | る | 冬 | 場 | の | 在 | 庫 | 過 | 多 | の | 抑 | 制 | が |
| 課 | 題 | と | な | る | 。 | 対 | 応 | 策 | と | し | て | 、 | 番 | 号 | 50 | 03 | 等 | の | 夏 |
| 場 | に | 使 | 用 | が | 集 | 中 | す | る | 板 | 材 | に | つ | い | て | は | 定 | 期 | 発 | 注 |
| 方 | 式 | を | 採 | 用 | し | 、 | 在 | 庫 | 量 | の | 適 | 正 | 化 | を | 図 | る | 。 | | |

〔採点基準〕①７点、②③各３点、④５点、⑤２点

① 課題：規格によって生じている冬場の在庫過多の抑制

※下線部を指摘していない場合は５点

② ①の補足：すべての板材を定量発注していることの指摘

③ 対応策(1)：定期発注方式の採用

④ 対応策(2)：③の対象として、番号5003等の夏場に使用が集中する板材（規格）
の指摘

※下線部を指摘していない場合は３点

⑤ ④の補足：在庫量の適正化

※同義であれば可

| 基準 | 点数 | コメント |
|---|---|---|
| ① | 点/7点 | |
| ② | 点/3点 | |
| ③ | 点/3点 | |
| ④ | 点/5点 | |
| ⑤ | 点/2点 | |
| 合計 | 点/20点 | |

第3問 （配点20点）

〔解答例〕

| 測 | 定 | デ | ー | タ | を | 入 | 力 | す | れ | ば | 、 | 業 | 務 | 経 | 験 | が | 浅 | い | 者 |
|---|---|---|---|---|---|---|---|---|---|---|---|---|---|---|---|---|---|---|---|
| で | も | 正 | 確 | か | つ | 迅 | 速 | に | 見 | 積 | 金 | 額 | を | 算 | 定 | で | き | る | シ |
| ス | テ | ム | を | 構 | 築 | す | べ | き | で | あ | る | 。 | そ | の | た | め | に | 、 | 傷 |
| の | 長 | さ | 、 | 深 | さ | 、 | 数 | 、 | 箇 | 所 | 等 | の | 組 | み | 合 | わ | せ | と | 実 |
| メ | ン | テ | ナ | ン | ス | 費 | 用 | の | 関 | 係 | を | 分 | 析 | し | 把 | 握 | す | る | 。 |

〔採点基準〕 ①7点、②3点、③④各4点、⑤2点

① システムの内容：（測定）データの入力によって迅速かつ正確（自動的）に見積金額を算定できるシステム

② ①の補足：「業務経験が浅い者」の指摘

　※「誰でも」「業務経験にかかわらず」等でも可

③ 整備内容(1)：傷の長さ、深さ、数、箇所等の組み合わせ

④ 整備内容(2)：（実）メンテナンス費用

⑤ 整備内容(3)：③④の関係（性）の分析・把握等

| 基準 | 点数 | コメント |
|---|---|---|
| ① | 点/7点 | |
| ② | 点/3点 | |
| ③ | 点/4点 | |
| ④ | 点/4点 | |
| ⑤ | 点/2点 | |
| 合計 | 点/20点 | |

〔解答例〕

| | | | | | | | | | | | | | | | | | | | |
|精|密|な|板|金|加|工|技|術|に|加|え|、|Ｘ|社|へ|の|Ｏ|Ｅ|Ｍ|
|供|給|を|通|じ|て|習|得|し|た|軽|量|か|つ|安|全|面|に|配|慮|
|し|た|製|品|の|開|発|ノ|ウ|ハ|ウ|を|活|用|し|、|持|ち|運|び|
|が|容|易|で|、|手|で|扱|っ|て|も|ケ|ガ|を|し|な|い|焚|き|火|
|台|を|早|期|に|開|発|す|る|。|そ|し|て|、|焚|き|火|台|は|冬|
|場|の|需|要|が|期|待|で|き|る|た|め|、|閑|散|期|の|生|産|量|
|を|増|や|し|、|年|間|の|生|産|量|の|平|準|化|を|図|る|。| |

〔採点基準〕①②各4点、③④⑤⑥各3点、⑦5点

① 経営資源(1)：精密な板金加工技術

② 経営資源(2)：軽量かつ安全面に配慮した製品の開発ノウハウ

③ ②の補足：Ｘ社へのOEM供給を通じて習得したこと

④ 開発内容：持ち運びが容易で、手で扱ってもケガをしない焚き火台の早期の開発

⑤ 可能性(1)：焚き火台は冬場の需要が期待できること

⑥ 可能性(2)：閑散期の生産量の増加

⑦ 可能性(3)：⑤⑥による年間の生産量の平準化等

| 基準 | 点数 | コメント |
|---|---|---|
| ① | 点/4点 | |
| ② | 点/4点 | |
| ③ | 点/3点 | |
| ④ | 点/3点 | |
| ⑤ | 点/3点 | |
| ⑥ | 点/3点 | |
| ⑦ | 点/5点 | |
| 合計 | 点/25点 | |

# 7 最終的な確認

取り組み前に設定したテーマの観点から、ここまでのフィードバック内容をすべて確認して、主要点を整理しておきましょう。

第 3 回

事例 IV

# 1 テーマを設定（選択）する

　以下のリストの中から該当するテーマを選びましょう。もちろん、リストにないテーマを設定してもかまいません。

**[今回のテーマ]**　☆少なくとも1つは選択しましょう。

☐ 実際の体験を通じて2次試験（事例Ⅳ）のことを知る（知見を増やす）

☐ 自分のマネジメント（80分の使い方、問題処理の優先度判断など）の改善の余地を特定する

☐ 自分の解答作成手順の改善の余地を特定する

☐ 自分の使える知識と技能の補強すべきところを特定する

✏ 自身で設定した具体的なテーマがあれば、理由とともに記録しておきましょう。

## 2 実際に取り組む

演習問題に取り組みます。実際に答案を作成してください。取り組み中に気づいたことや感じたことがあればメモしておきましょう。

---

　D社は、資本金1億円、従業員131名の1953年創業のアルミニウム合金鋳物を主要事業とする会社である。現在のD社社長は4代目である。D社は創業以来、従業員を大事にする経営を行ってきており、待遇は同業他社よりも良く、製造現場の従業員の定着率は業界トップクラスである。

　アルミ鋳物は、アルミニウム合金を高温で溶かし、金属などで作られた型に流し込んで作られるアルミ製品を指す。アルミ鋳物は、鉄と比較しておよそ3分の1の軽さであり、輸送用機器の部品、生活日用品と幅広い製品に使用されている。また、熱伝導性に優れていること、リサイクルが可能であることなど多くの利点がある。

　D社は、大手企業の協力企業として創業した。創業時は産業機械の部品のみであったが、製品分野を拡大し、現在では、農業機械、輸送用機器、航空機、生活日用品と幅広く取り扱っている。創業時は金型鋳造のみであった鋳造方法も、砂型鋳造、ダイカストと増やすことで、小ロットから大ロット・変種変量への対応力が高まった。ダイカストとは精度の高い金型に、溶融されたアルミニウムなどの金属を高圧で注入する方法である。砂型鋳造や金型鋳造と比べて高精度で複雑な形状に対応でき、大量生産に適している。D社は鋳造のみならず、設計、表面処理なども行い、一貫生産体制を構築している。一貫生産体制の構築で、全体としてのコストの最適化や短納期での提供を可能にしている。これにより、余剰資金が生まれ、一部は設備投資にあてられており、D社はISO9001を取得して品質管理に万全の体制を敷いてきた。品質検査にはCNC3次元座標測定器などの各種検査機器を取り揃えているため、数年前に更新した旧式の設備の不具合等により発生する不良品を検査工程で確実に発見できており、D社の製品に対する取引先の信頼は高い。もちろん、製造現場のベテラン従業員の力によるところも大きい。

　新型コロナウイルス感染症拡大の影響で、輸送用機器産業では完成品需要が落ち込んだため、直近では生産量が減少しているが、輸送、建築などの分野でアルミニウムの使用が拡大しており、アルミニウム鋳造産業は今後も成長することが予想されている。

　D社は不具合が生じることが多くなった旧式の設備を最新鋭の設備に取り替えることを検討している。また、完成品の転換が進んでいる輸送用機器産業向けの部品についてCVP分析を行うつもりである。

　D社および同業他社の2021年度の財務諸表は以下のとおりである。

## 貸借対照表
### （2021年3月31日）

（単位：百万円）

| | D社 | 同業他社 | | D社 | 同業他社 |
|---|---|---|---|---|---|
| ＜資産の部＞ | | | ＜負債の部＞ | | |
| 流動資産 | 937 | 870 | 流動負債 | 805 | 765 |
| 　現金及び預金 | 481 | 369 | 　仕入債務 | 198 | 217 |
| 　売上債権 | 276 | 302 | 　短期借入金 | 275 | 366 |
| 　たな卸資産 | 36 | 45 | 　その他の流動負債 | 332 | 182 |
| 　その他の流動資産 | 144 | 154 | 固定負債 | 651 | 516 |
| 固定資産 | 727 | 852 | 　長期借入金 | 602 | 459 |
| 　有形固定資産 | 712 | 837 | 　その他の固定負債 | 49 | 57 |
| 　　建物 | 181 | 222 | 　　　負債合計 | 1,456 | 1,281 |
| 　　機械及び装置 | 211 | 181 | ＜純資産の部＞ | | |
| 　　土地 | 300 | 420 | 資本金 | 100 | 100 |
| 　　その他の有形固定資産 | 20 | 14 | 資本剰余金 | 0 | 50 |
| 　無形固定資産 | 5 | 5 | 利益剰余金 | 108 | 291 |
| 　投資その他の資産 | 10 | 10 | 　　　純資産合計 | 208 | 441 |
| 　　資産合計 | 1,664 | 1,722 | 負債・純資産合計 | 1,664 | 1,722 |

## 損益計算書
### 自 2020年4月1日
### 至 2021年3月31日

（単位：百万円）

| | D社 | 同業他社 |
|---|---|---|
| 売上高 | 2,206 | 2,820 |
| 売上原価 | 1,301 | 1,406 |
| 売上総利益 | 905 | 1,414 |
| 販売費及び一般管理費 | 934 | 1,382 |
| 営業利益 | △29 | 32 |
| 営業外収益 | 8 | 7 |
| 営業外費用 | 19 | 14 |
| 経常利益 | △40 | 25 |
| 税引前当期純利益 | △40 | 25 |
| 法人税等 | 0 | 8 |
| 当期純利益 | △40 | 17 |

**第1問**（配点30点）

（設問1）

　D社と同業他社の財務諸表を用いて経営分析を行い、同業他社と比較してD社が優れていると考えられる財務指標を1つ、D社の課題を示すと考えられる財務指標を3つ取り上げ、それぞれについて、名称を(a)欄に、その値を(b)欄に記入せよ。なお、優れていると考えられる指標を①の欄に、課題を示すと考えられる指標を②、③、④の欄に記入し、(b)欄については、小数点第3位を四捨五入し、単位をカッコ内に明記すること。また、マイナスの場合には△を付すこと。

（設問2）

　設問1で取り上げた課題が生じた原因を60字以内で述べよ。

**第2問**（配点30点）

　D社では、現在使用している旧式の設備Xを、最新鋭の設備Yに取り替えるべきか否かを検討している。この設備Xは一時的に需要が増加したときに中古機械市場で購入したものである。

　旧式の設備Xの取得原価は2,000万円（付随費用込み）であり、耐用年数は5年、残存価額はゼロ、定額法ですでに3年間償却してきた。したがって、あと2年間使用可能であるが、2022年度期首にこれを売却すれば、500万円で売却可能である。この売却による税金への影響は期末に発生するものとする。また、旧式の設備Xは耐用年数経過後に除却するが、この除却費用は僅少であるため考慮しないものとする。

　これに対し、最新鋭の設備Yの取得原価は3,500万円（付随費用込み）となる見込みで、耐用年数は5年、残存価額はゼロ、定額法で償却する。最新鋭の設備Yは中古機械市場で人気が高く、事業の用に供してから3年後には1,500万円、5年後には50万円で売却できることが見込まれている。なお、計算を簡便化するために、設備の経済的耐用年数と税法上の耐用年数とは等しいとする。

　現在使用している旧式の設備Xによる現金収入は年間14,000万円、年間の現金支出は8,120万円である。最新鋭の設備Yに変更すると、年間の現金収入は4％増加し、年間の現金支出は5％削減されると見込まれている。

　当初の計画では、旧式の設備Xを5年間使用し、2024年度の期首に最新鋭の設備Yに変更する（以下、「2024年度期首取替投資案」という）ことを考えていた。2022年度の期首に変更し、5年間最新鋭の設備Yを使用して、2026年度期末に売却する（以下、「2022年度期首取替投資案」という）ことも、あわせて検討する。なお、投資案の評価の期間を合わせるため、2024年度期首取替投資案の場合には、最

新鋭の設備Yは2026年度期末に売却するものとする。

　2022年度期首取替投資案および2024年度期首取替投資案の目標資本構成は長期借入金80％、留保利益20％とする。それぞれの資本コストは、長期借入金が税引前で４％、留保利益が13.8％とする。

　キャッシュフロー予測においては、全社的利益（課税所得）は十分にあるものとする。また、運転資本は僅少であるため無視する。なお、利益（課税所得）に対する税率は30％とする。

（設問１）

　2022年度期首取替投資案および2024年度期首取替投資案の目標資本構成の税引後加重平均資本コストを計算せよ。

（設問２）

　2022年度期首と2022年度期末の差額キャッシュフローをそれぞれ求めよ。ただし、差額キャッシュフローとは2024年度期首取替案を基準として、2022年度期首取替案を採用した場合に追加的に発生するキャッシュフローをいう。なお、解答は万円単位とし、(a)欄には2022年度期首の差額キャッシュフローを、(b)欄には2022年度期末の差額キャッシュフローを記入すること。また、マイナスの場合には△を付すこと。

（設問３）

　2022年度期首取替投資案の採否を正味現在価値法に従って判定せよ。計算過程も示して、計算結果とともに判定結果を答えよ。解答は万円単位とし、最終的な解答では小数点以下を四捨五入すること。なお、解答にあたっては、以下の＜現価係数表＞を利用すること。

＜現価係数表＞

|  | ５％ |
| --- | --- |
| １年 | 0.9524 |
| ２年 | 0.9070 |
| ３年 | 0.8638 |
| ４年 | 0.8227 |
| ５年 | 0.7835 |

D社では輸送用機械産業向けの部品αの製造について、CVP分析を行う。

2021年度は部品αの需要が落ち込み、競争が厳しくなった。新型コロナウイルス感染症拡大の影響もあるが、この輸送用機器は最終製品の転換が進んでおり、需要の減少傾向は2022年度も続くと予想されている。売上確保などの都合上、2022年度は生産する予定である。よって、この製品αについて生産活動の効率化を見直すことを検討している。

2021年度は製品1個あたり2,400円で、13,000個を販売していたが、2022年度は5％単価を引き下げることで、販売数量の落ち込みを2％減に抑えることができる見込みである。なお、2021年度末、2022年度末の棚卸資産在庫は僅少であるため、考慮外とする。

製品1個あたりの直接材料費（すべて変動費）は、材料価格の上昇により2022年度は1個あたり250円から4％上昇すると予測されている。また、製品1個あたりの直接労務費（すべて変動費）は賃金引き上げの影響により、2022年度は1個あたり500円から6％上昇すると予測されている。さらに、変動製造間接費は1個あたり100円であり、これは2022年度も同一水準であると予測されている。2021年度の固定製造間接費は9,000,000円であり、2022年度も同一水準であると予測されている。

2022年度の製品1個あたり変動販売費は2021年度実績である100円の10％増、2022年度の固定販売費は2021年度実績の4,000,000円から500,000円増加すると予測されている。また、2022年度の一般管理費（固定費）は、2021年度実績の5,000,000円と同額であると予測されている。

（設問1）

2022年度の予測損益分岐点比率を求めよ。ただし、解答は％単位とし、最終的な解答では小数点以下を四捨五入すること。

（設問2）

2022年度に、次のような施策を行うことを検討している。

＜施策＞

・経営の引き締めを強く実施することにより、固定製造間接費と一般管理費を2021年度の実績のそれぞれ10％ずつ減少させる。

・生産性の向上により、製品1個あたりの直接労務費の上昇幅が6％から5％に抑えられる。

・変動販売費を2021年度実績より1個あたり95円増加させ、販売数量を2021年度実績より増加させる。

・上記以外の項目は2022年度の予測と同じであるものとする。

<施策>を行うことで、2022年度の予測損益分岐点比率を95％以下になるようにしたい。2021年度実績より販売数量を少なくとも何個増加させればよいかを答えよ。

---

### 第4問 （配点20点）

D社では、今後の生産設備の取得に対して、補助金の活用や外国製の設備の購入を検討している。

（設問1）

D社は補助金の制度の活用を考えており、補助金を受けた場合、圧縮記帳（直接減額方式）による会計処理を行うことを検討している。圧縮記帳の効果について、中小企業診断士としてどのような説明をするか、40字以内で述べよ。

（設問2）

D社のようなアルミ鋳物の生産設備を導入する企業は外国製を購入する場合がある。外国製を購入する場合には契約日と代金支払日の間に期間があり、為替変動が大きくなることもある。このような為替変動のリスクを回避するために為替先物予約がある。為替先物予約を用いた場合の長所と短所を、為替予約を行わなかった場合と比較して80字以内で説明せよ。

# 問題文解釈の作業プロセスを検証する

作業プロセスの確認は、問題ごとに、チェック項目をもとに行います。2次試験問題の処理における最大のポイントは、問題文の解釈です。以下の観点から確認し、改善が必要なところを洗い出しましょう。

--------------------------------------------------------------------------------

第1問

☐ 設問1・2の内容を確認した時点で課題を特定し、そこから生じる財務的症状を3つ特定するとともに状況を記述する作業を想定した。

　☞ ☐できた　☐だいたいできた　☐あまりできなかった　☐できなかった

☐ 優れているところ（指標）は、上記課題とは独立に事例設定および財務諸表から特定することを想定した。

　☞ ☐できた　☐だいたいできた　☐あまりできなかった　☐できなかった

🖊 気づいたこと・改善すること

```
· · · · · · · · · · · · · · · · · · · · · · · · · · · · · · · · · · · · ·



```

第2問

☐ 設問1〜3の内容を確認し、最終的に何を算出するのか正確に理解した。

　☞ ☐できた　☐だいたいできた　☐あまりできなかった　☐できなかった

☐ 問題の設定を理解し、最終的な数値の算出を行うまでの処理の計画を描いた。

　☆設問3は解答欄に何をどこまでどのように記述するかも想定に含まれる。

　☞ ☐できた　☐だいたいできた　☐あまりできなかった　☐できなかった

✏️ 気づいたこと・改善すること

```
• • • • • • • • • • • • • • • • • • • • • • • • • • • • • • • • • • • •



```

第3問

☐ 設問1・2の内容を確認し、最終的に何を算出するのか正確に理解した。

　☞ ☐できた　☐だいたいできた　☐あまりできなかった　☐できなかった

☐ 問題の設定を理解し、最終的な数値の算出を行うまでの処理の計画を描いた。

　☞ ☐できた　☐だいたいできた　☐あまりできなかった　☐できなかった

✏️ 気づいたこと・改善すること

```
• • • • • • • • • • • • • • • • • • • • • • • • • • • • • • • • • • • •




```

第4問

☐ 圧縮記帳（設問1）、為替先物予約（設問2）に関する知識問題であることを理解した。

　☞ ☐できた　☐だいたいできた　☐あまりできなかった　☐できなかった

✏️ 気づいたこと・改善すること

```
• • • • • • • • • • • • • • • • • • • • • • • • • • • • • • • • • • •




```

💡 作業のポイント

チェックするのは手段であり、目的は改善すべきところをはっきりさせることです。改善すべきところおよびそのための方策は、以下のように特定できます。

| 洗い出したこと | | 改善すること |
|---|---|---|
| メモしていない | → | メモすることを手順に加えて、練習する。 |
| そのようなことは考えなかった | → | 問題文の解釈の練習をする。 |
| そのようなことは浮かばなかった | → | 使いたい知識に加え、すっと使えるよう何度も出力する。 |

# 出題者の意図を確認する（知識を検証する）

解答より先に解説を読み、出題者の意図を理解します。

「自分の知識や考えと異なるところはどこか？」という観点から、出題者自身が書いた解説を読むことで、自分の知識や考え方の更新（補強と修正）を行いましょう。

--------

解 説

## 1. 事例の特徴と取り組み方

本事例は、財務・会計を中心とした経営の戦略および管理に関する事例演習である。問題本文・計算問題は4題と標準的である。個別問題の文章量が多く、出題者の意図（問題の設定）が読み取れれば、80分以内で十分解答することができるが、読み取りに時間を要した場合は、時間が足りなくなったかもしれない。各問題が解けたか解けなかっただけではなく、配点を踏まえながら、時間配分に留意することができたかなども振り返ってほしい。

■全体像

第1問

【経営分析】
・優れていると考えられる
　財務指標
・課題を示すと考えられる
　財務指標
・課題が生じた原因

第2問

【設備投資の経済性計算】
・加重平均資本コスト
・正味現在価値

第3問

【CVP分析】
・損益分岐点比率
・目標営業量

第4問

【会計処理・デリバティブ】
・圧縮記帳
・為替予約

## ２．答案作成プロセス

### ⑴ 問題要求の確認

| 第1問 | （配点30点）

経営分析に関する問題である。

D社と同業他社を比較し、D社が優れていると考えられる財務指標１つと課題を示す財務指標３つを取り上げることが問われている。４つの財務指標が問われている場合、単純に収益性、安全性、効率性から１つずつ取り上げるというわけにはいかない。財務諸表、問題本文および個別問題を総合的に勘案して解答を検討することが望ましい。また、問題本文などからD社の現在までの経営状態を分析し、課題が生じた原因を記述することが問われている。

| 第2問 | （配点30点）

設備投資の経済性計算に関する問題である。（設問１）は税引後加重平均資本コストが問われている。加重平均資本コストとは、複数の資金調達源泉がある場合、調達源泉別のコストの総額が資金調達の総額に占める割合のことである。負債にかかる税引前資本コストに（１－税率）を乗じる必要がある。（設問２）および（設問３）は正味現在価値法による取替投資案の採否が問われている。（設問１）で算出する税引後加重平均資本コストを使うため、（設問１）は慎重に解答したい。

| 第3問 | （配点20点）

CVP分析に関する問題である。（設問１）は損益分岐点比率が、（設問２）は目標損益分岐点比率を達成する営業量が問われている。損益分岐点比率とは、損益分岐点売上高が売上高に占める割合である。まずは、損益分岐点売上高を求めることになるが、損益分岐点売上高は、限界利益率と固定費を明確にする必要がある。設定が複雑であるため、丁寧に整理しながら解き進めたい。

| 第4問 | （配点20点）

圧縮記帳およびデリバティブに関する問題である。（設問１）は圧縮記帳の効果を、（設問２）は為替先物予約の長所と短所を解答する問題である。どちらも圧縮記帳や為替先物予約に関する知識がないと対応は困難であるが、空欄にならないような対応をしたい。本問は、（設問１）（設問２）がそれぞれ独立しているため、個別に解答することが可能である。

### ⑵ 事例の大枠の把握（問題本文および財務諸表を読んで理解する）

１回目の読み取りで段落ごとにおおよその内容と問題本文の大枠を把握する。

□問題本文

　　第1段落：D社の概要

　　第2段落：アルミ鋳造について

　　第3段落：D社生産等の状況

　　第4段落：今後のアルミ鋳造業界の動向

　　第5段落：今後のD社の取り組み

　　第6段落：財務諸表への誘導


□財務諸表関連

　　・貸借対照表

　　・損益計算書


(3)　解答作成

　　問題要求および個別問題の設定など全体を俯瞰した上で、個々の問題の解答作成にとりかかる。事例Ⅳは時間配分が重要であるため、問題本文に関連する問題なのか、関連しない個別問題なのかを見極め、個別問題に関しては、自身が得点できると思う問題から取り組むのが望ましい。


第1問

経営分析に関する問題である。


　　D社の財務状況について問われている。経営分析の問題では、第1問のみならず、他の個別問題の設定を把握するとよい。また、財務諸表を俯瞰して、事例企業の概況をあらかじめ想定するとよい。


**【財務諸表を俯瞰する】**

　　財務諸表を俯瞰する段階では、特徴的な項目に着目する。損益計算書に着目した場合、D社の売上高は同業他社に比べて少ない。また、すべての利益においても同業他社を下回っている。さらに、営業外費用はD社のほうが大きい。

　　貸借対照表に着目した場合、D社の総資産は同業他社とほぼ同じである（D社のほうがやや少ない程度である）。資産に着目すると、D社のほうが、売上高が少ないにもかかわらず、現金及び預金、機械及び装置は多い。また、D社のほうが、長期借入金が多く、利益剰余金は少ない（同業他社のおよそ3分の1）。

**【問題本文・個別問題】**

　　本事例の設定を概観する。D社は、アルミ鋳造業を営む企業である。D社は一貫生産体制を構築し、特に検査工程を強化している。それにより、顧客の要望に応えられ、

顧客からの製品に対する信頼は高い。

　しかし、旧式の設備の不具合等や新型コロナウイルス感染症拡大の影響による輸送用機械産業の完成品需要の落ち込みなどがあり、課題が発生している。

　そして、問題点を改善するために、旧式の設備に関する取替投資の実施（第2問）、輸送用機械産業向けの部品の製造についてのCVP分析の実施（第3問）、補助金活用の検討（第4問）を行っていく。


（設問1）

●優れている点：短期安全性

　問題本文のみからは、一貫生産体制の構築で、全体としてのコストの最適化や短納期での提供により、余剰資金があることがわかる。また、貸借対照表から、手持ち現金が同業他社と比べて多いことから、優れている点として、短期安全性（流動比率・当座比率）が解答候補となる。


●課題を示すと考えられる点：収益性

　本文からの類推になるが、旧式の設備の不具合により設備の修理費用、手直し、廃棄コスト、想定外の残業などが発生することが類推できる。また、待遇が同業他社よりも良いことで人件費が多くかかる。さらに、新型コロナウイルス感染症拡大の影響もあり、それをカバーする売上の確保も難しいことが予想される。よって、収益性は低いと想定できる。

　さらに、売上高費用比率を確認する。

<table>
<tr><th></th><th>経営指標</th><th>比較</th><th>D社</th><th>同業他社</th></tr>
<tr><td rowspan="3">収益性</td><td>売上高売上原価比率</td><td>×</td><td>58.98%</td><td>49.86%</td></tr>
<tr><td>売上高販管費比率</td><td>○</td><td>42.34%</td><td>49.01%</td></tr>
<tr><td>売上高営業外費用比率</td><td>×</td><td>0.86%</td><td>0.50%</td></tr>
</table>

　上記より、売上原価の負担が重く、売上高営業外費用比率も大きいことから、売上高経常利益率が解答候補となる。


●課題を示すと考えられる点：効率性

　財務諸表を見ると、D社のほうが、同業他社より売上高が少ないにもかかわらず、機械及び装置の数値が大きい。また、問題本文を見ると、数年前に導入した旧式の設備導入は不具合が生じており、有形固定資産の効率性が悪い状態であることが想定される。よって、有形固定資産回転率が解答候補となる。

●課題を示すと考えられる点：資本調達構造

　問題本文に直接的な根拠はないが、貸借対照表を見ると、Ｄ社のほうが、同業他社より長期借入金が多く、利益剰余金は少ない。Ｄ社は設備投資を行うときには長期借入金により調達していることが想定される。損益計算書を見ると、Ｄ社は当期純損失であり、利益剰余金が減少している。

　財務指標の数値を計算して、数値面からも優れている点、課題を示すと考えられる点として妥当かどうかの裏付けを取る。

| 財務指標 | 数値 |
|---|---|
| ① 流動比率<br>（Ｄ社＞同業他社） | Ｄ社：937÷805×100＝116.397…≒116.40（％） |
| | 他社：870÷765×100＝113.725…≒113.73（％） |
| ② 売上高経常利益率<br>（Ｄ社＜同業他社） | Ｄ社：△40÷2,206×100＝△1.813…≒△1.81（％） |
| | 他社：25÷2,820×100＝0.886…≒0.89（％） |
| ③ 有形固定資産回転率<br>（Ｄ社＜同業他社） | Ｄ社：2,206÷712＝3.098…≒3.10（回） |
| | 他社：2,820÷837＝3.369…≒3.37（回） |
| ④ 自己資本比率<br>（Ｄ社＜同業他社） | Ｄ社：208÷1,664×100＝12.5（％） |
| | 他社：441÷1,722×100＝25.609…≒25.61（％） |

　数値面から検討しても、課題を示す財務指標として妥当であると判断できるため、解答は以下のとおり決定される。

| | (a) | (b) |
|---|---|---|
| ① | 流　動　比　率 | 116.40　（　％　） |
| ② | 売上高経常利益率 | △1.81　（　％　） |
| ③ | 有形固定資産回転率 | 3.10　（　回　） |
| ④ | 自　己　資　本　比　率 | 12.5　（　％　） |

（設問２）

　前述のとおり、新型コロナウイルス感染症の拡大の影響などによる売上の減少、人件費や設備の不具合の対応に関する費用により、当期純損失となっていることなどを60字以内でまとめることとなる。

【参考】代表的な財務指標および財務指標値

| | 財務指標 | 比較 | D社 | 同業他社 |
|---|---|---|---|---|
| 収益性 | 総資本経常利益率 | × | △2.40% | 1.45% |
| | 売上高総利益率 | × | 41.02% | 50.14% |
| | 売上高売上原価比率 | × | 58.98% | 49.86% |
| | 売上高営業利益率 | × | △1.31% | 1.13% |
| | 売上高販管費比率 | ○ | 42.34% | 49.01% |
| | 売上高経常利益率 | × | △1.81% | 0.89% |
| | 売上高営業外費用比率 | × | 0.86% | 0.50% |
| 効率性 | 総資本回転率 | × | 1.33回 | 1.64回 |
| | 売上債権回転率 | × | 7.99回 | 9.34回 |
| | 棚卸資産回転率 | × | 61.28回 | 62.67回 |
| | 有形固定資産回転率 | × | 3.10回 | 3.37回 |
| 安全性 | 流動比率 | ○ | 116.40% | 113.73% |
| | 当座比率 | ○ | 94.04% | 87.71% |
| | 固定比率 | × | 349.52% | 193.20% |
| | 固定長期適合率 | ○ | 84.63% | 89.03% |
| | 自己資本比率 | × | 12.5% | 25.61% |
| | 負債比率 | × | 700% | 290.48% |

（○：同業他社より優れている、×：同業他社より劣っている）

第2問

投資の経済性計算に関する問題である。

【前提となる知識】
① 加重平均資本コスト
② 正味現在価値

（設問1）

「$\dfrac{E}{E+D} \times r_e + \dfrac{D}{E+D} \times r_d \times (1-t)$ （E：自己資本の価値、$r_e$：Eの資本コスト、D：他人資本の価値、$r_d$：Dの資本コスト、 t：税率)」に代入して計算する。本問では、$\dfrac{E}{E+D} = 0.2$、$\dfrac{D}{E+D} = 0.8$である。

∴ $0.2 \times 13.8\% + 0.8 \times 4\% \times (1-0.3) = \underline{5\%}$

（設問2）

2022年度期首および期末の差額CFを求める。

●2022年度期首（2022年度期首取替案）

　設備Xの売却収入と設備Yの投資額より計算する。

　500万円－3,500万円＝<u>△3,000万円</u>

●2022年度期末

（ⅰ）設備変更による差額正味CF

　　　現金収入の差額＝現金収入の増加分＋現金支出の削減分

　　　　　　　　　＝14,000万円×0.04＋8,120万円×0.05

　　　　　　　　　＝966万円

　　　減価償却費の差額＝設備Yの減価償却費－設備Xの減価償却費

　　　　　　　　　＝3,500万円÷5年－2,000万円÷5年

　　　　　　　　　＝300万円

　　　差額正味CF＝（CIF－COF）×（1－税率）＋減価償却費×税率

　　　　　　　　　＝966万円×（1－0.3）＋300万円×0.3

　　　　　　　　　＝766.2万円

（ⅱ）設備Xの売却損（売却による税金への影響は期末に発生）

　　　売却時の設備Xの帳簿価額＝2,000万円－2,000万円÷5年×3年

　　　　　　　　　　　　　　＝800万円

　　　売却損による差額CFの増加額＝（800万円－500万円）×0.3

　　　　　　　　　　　　　　　　＝90万円

（ⅲ）（ⅰ）＋（ⅱ）＝<u>856.2万円</u>

（設問3）

　（設問2）以外の各段階の差額CFを求める。

●2023年度期末

（ⅰ）差額正味CFは、2022年度と同じで766.2万円である。

（ⅱ）2022年度期首取替の場合、2024年度期首（≒2023年度期末）取替の3,500万円

　　の支出が発生しないため、3,500万円が差額CFとしてプラスされる。

（ⅲ）（ⅰ）＋（ⅱ）＝4,266.2万円

●2024年度期末、2025年度期末

　両案で設備Yを使用するため、差額正味CFは0となる。

●2026年度期末

（ⅰ）両案で設備Yを使用するため、差額正味CFは0となる。

（ⅱ）売却収入の差

2022年度期首取替の場合の設備Yの売却収入－2024年度期首取替の場合の設備Yの売却収入＝50万円－1,500万円

$$= \triangle 1,450万円$$

（ⅲ）売却益の差

イ　2022年度期首取替投資案の場合の設備Yの売却益は帳簿価額0、売却収入が50万円であるため、売却益は50万円である。

ロ　2024年度期首取替投資案の場合の設備Yの売却益

帳簿価額＝3,500万円－3,500万円÷5年×3年

$$= 1,400万円$$

売却益＝1,500万円－1,400万円

$$= 100万円$$

ハ　売却益の差額＝100万円－50万円

$$= 50万円$$

（ⅳ）（ⅰ）〜（ⅲ）より、△1,450万円＋50万円×0.3＝△1,435万円

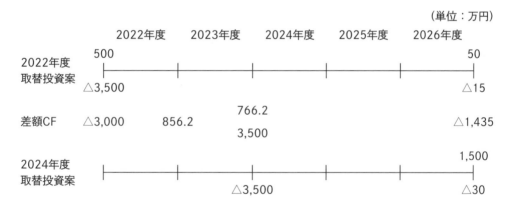

（単位：万円）

●割引率

（設問1）から5％のものを使用する。

●NPV

NPV＝△3,000＋856.2×0.9524＋4,266.2×0.9070－1,435×0.7835

$$= 560.56578万円$$

$$\fallingdotseq 561万円$$

CVP分析に関する問題である。

---

**【前提となる知識】**

① 損益分岐点比率

---

（設問1）

2022年度予測損益分岐点売上高を算出する。

●単価

2022年度は2021年度より5％単価を引き下げるため、2,400×0.95＝2,280円である。

●数量

2022年度は2021年度より2％減になるため、13,000個×0.98＝12,740個である。

●変動費

以下の表で整理する。

| | 2021年度実績 | 2022年度予測 | |
|---|---|---|---|
| 直接材料費 | 250円 | 260円 | ←250円×1.04（4％上昇） |
| 直接労務費 | 500円 | 530円 | ←500円×1.06（6％上昇） |
| 変動製造間接費 | 100円 | 100円 | ←2021年度実績と同水準 |
| 変動販売費 | 100円 | 110円 | ←100円×1.1（10％増） |
| 合　計 | 950円 | 1,000円 | |

●固定費

2022年度の固定費は固定製造間接費、固定販売費、一般管理費の合計であり、9,000,000＋（4,000,000＋500,000）＋5,000,000＝18,500,000円である。

●損益分岐点売上高

「S－αS－FC＝0（S：損益分岐点売上高、α：変動費率、FC：固定費）」に代入して計算する。変動費率αは「$\frac{変動費}{単価}$」で計算する。

$$S－\frac{1,000}{2,280}S－18,500,000＝0$$

$$\frac{1,280}{2,280}S＝18,500,000$$

$S = 32,953,125$

● 損益分岐点比率

「$\dfrac{損益分岐点売上高}{売上高}$」で計算する。

$\dfrac{32,953,125}{2,280円 \times 12,740個} \times 100 = 113.446 \cdots \fallingdotseq \underline{113\%}$ である。

（設問2）

（設問1）と同様に損益分岐点売上高を求める。

● 単価

2022年度予測と同額であるため、2,280円である。

● 変動費

以下の表で整理する。

| | 2022年度予測＜施策後＞ | |
|---|---|---|
| 直接材料費 | 260円 | ←2022年度予測 |
| 直接労務費 | 525円 | ←500円×1.05（5％上昇） |
| 変動製造間接費 | 100円 | ←2022年度予測 |
| 変動販売費 | 195円 | ←100円＋95円（95円増） |
| 合　計 | 1,080円 | |

● 固定費

　固定製造間接費、固定販売費、一般管理費の合計であり、固定製造間接費、一般管理費は2021年度の実績額のそれぞれ10％減、固定販売費は2022年度の予測額である。

　$9,000,000 \times 0.9 + 4,000,000 + 500,000 + 5,000,000 \times 0.9 = 17,100,000$ 円である。

● 損益分岐点売上高

「$S - \alpha S - FC = 0$」に代入して計算する。変動費率 $\alpha$ は「$\dfrac{変動費}{単価}$」で計算する。

$S - \dfrac{1,080}{2,280} S - 17,100,000 = 0$

$\dfrac{1,200}{2,280} S = 17,100,000$

$S = 32,490,000$

●損益分岐点比率

販売数量を$x$個として不等式を立式する。

$$\frac{32,490,000}{2,280 \times x} \leqq 0.95$$

$$2,280 \times x \geqq 32,490,000 \div 0.95$$

$$x \geqq 15,000$$

よって、少なくとも15,000個－13,000個＝2,000個増加させればよい。

---

**【別解】損益分岐点の営業量を求める**

●損益分岐点の営業量

「販売価格×$y$－1単位あたりの変動費×$y$－FC＝0（$y$：損益分岐点の営業量、FC：固定費）」に代入する。

$$2,280 \times y - 1,080 \times y - 17,100,000 = 0$$

$$1,200y = 17,100,000$$

$$y = 14,250$$

●損益分岐点比率が95％になる営業量

$$14,250 \div 0.95 = 15,000$$

よって、少なくとも15,000個－13,000個＝2,000個増加させればよい。

---

第4問

本問は、圧縮記帳およびデリバティブに関する問題である。

---

**【前提となる知識】**

① 圧縮記帳（直接減額方式）

② 為替先物予約

---

（設問1）

圧縮記帳とは、国庫補助金等に対する課税の繰延を行うための租税政策的計算技術である。国庫補助金等は利益（国庫補助金収入）として認識され課税の対象となり、補助金の効果が減殺される。そこで、国庫補助金等に対する一時的な課税を避け、課税の繰延を行うために圧縮記帳が行われる。

圧縮記帳の中でも直接減額方式は、補助金を受け入れた決算時に固定資産圧縮損を計上し、新たに取得した資産の取得原価を固定資産圧縮損と同額だけ減額する方法である。仕訳は以下のようになる。

●売却時における処理

| （借）固定資産圧縮損 | ××× | （貸）固定資産 | ××× |

●減価償却費の計算

　減価償却費の計算は、新たに取得した資産の取得価額から圧縮相当額を控除した金額を取得価額とみなして行う。取得価額が小さくなると、それに応じて減価償却費が小さくなり、税務上の費用である損金の額が小さくなる。よって、圧縮事業年度以後の課税額が大きくなり、課税の取戻しが行われる。

　圧縮記帳の効果として、補助金の効果が減殺しないことと課税が繰り延べられることを40字以内でまとめることになる。

（設問2）

　為替先物予約とは、将来における通貨の売買額および売買レートについて、金融機関と取り決めを行っておくことである。為替先物予約は、予約レートにより決済を行うため、為替相場の変動に伴うリスクをヘッジすることができる。D社は生産設備を輸入しようとしており、円高になると有利である。しかし、為替先物予約を行った場合、自社にとって有利不利にかかわらず、予約レートで売買しなければならない。これらのことを80字以内でまとめることになる。

🖊 自分の知識や考えと異なるところは？

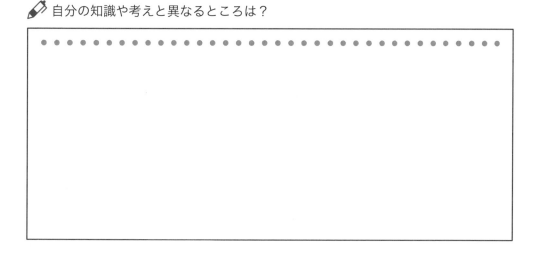

## 作業全体を検証する

作業の結果としてできあがる解答の要件を自分の解答がどの程度満たしているのか検証します。検証は問題ごとに設定された［対応のポイント］に基づいて行いましょう。その上で、作業プロセス全体を振り返り、改善の余地がどこにあるかを検討しましょう。

---

第1問

（設問1）

［対応のポイント］

☐ 指標4つはスムーズに特定できた

   ☞ ☐できた　☐だいたいできた　☐あまりできなかった　☐できなかった

☐ 指標計算は確認処理も含めスムーズにできた

   ☞ ☐できた　☐だいたいできた　☐あまりできなかった　☐できなかった

✏️ 気づいたこと・改善すること

```
. . . . . . . . . . . . . . . . . . . . . . . . . . . . . . . . . . . . . .




```

（設問2）

［対応のポイント］

☐ 「受注減少」「旧式の設備」を含めてまとめている

   ☞ ☐できた　☐だいたいできた　☐あまりできなかった　☐できなかった

✏️ 気づいたこと・改善すること

```
. . . . . . . . . . . . . . . . . . . . . . . . . . . . . . . . . . . . . .




```

第2問

[対応のポイント]

☐ 問題の理解内容は適切であった

　☞ ☐できた　☐だいたいできた　☐あまりできなかった　☐できなかった

☐ 処理の計画に従い処理を行った

　☞ ☐できた　☐だいたいできた　☐あまりできなかった　☐できなかった

✎ 気づいたこと・改善すること

・・・・・・・・・・・・・・・・・・・・・・・・・・・・・・・・・・・・・・・・・・・・・・・

第3問

[対応のポイント]

☐ 問題の理解内容は適切であった

　☞ ☐できた　☐だいたいできた　☐あまりできなかった　☐できなかった

☐ 処理の計画に従い処理を行った

　☞ ☐できた　☐だいたいできた　☐あまりできなかった　☐できなかった

✎ 気づいたこと・改善すること

・・・・・・・・・・・・・・・・・・・・・・・・・・・・・・・・・・・・・・・・・・・・・・・

第4問

[対応のポイント]

☐ 圧縮記帳の知識を適切に使うことができた

　☞ ☐できた　☐だいたいできた　☐あまりできなかった　☐できなかった

☐ 為替先物予約の知識を適切に使うことができた

　☞ ☐できた　☐だいたいできた　☐あまりできなかった　☐できなかった

✏️ 気づいたこと・改善すること

　自分の解答を採点します。自分は出題者（採点者）であり、「答案は他人のもの」という想定で評価しましょう。採点を通じて、解答の構成・組み立て、明示している要素内容・表現などでの改善の余地を把握しましょう。

---

| 第1問 | （配点30点）

（設問1）

＜20点：(a)各3点、(b)各2点　※(a)が不正解の場合には、(b)も不正解とする＞

〔解答例〕

|   | (a) | (b) |
|---|---|---|
| ① | 流　動　比　率 | 116.40 （　　％　　） |
| ② | 売上高経常利益率 | △1.81 （　　％　　） |
| ③ | 有形固定資産回転率 | 3.10 （　　回　　） |
| ④ | 自　己　資　本　比　率 | 12.5 （　　％　　） |

| 基準 | 点数 | コメント |
|---|---|---|
| ① | 点/5点 | |
| ② | 点/5点 | |
| ③ | 点/5点 | |
| ④ | 点/5点 | |
| 合計 | 点/20点 | |

（設問 2 ）＜10点＞

〔解答例〕

| 新 | 型 | コ | ロ | ナ | ウ | イ | ル | ス | 感 | 染 | 症 | 拡 | 大 | で | 受 | 注 | が | 減 | 少 |
|---|---|---|---|---|---|---|---|---|---|---|---|---|---|---|---|---|---|---|---|
| す | る | 中 | 、 | 人 | 件 | 費 | や | 旧 | 式 | の | 設 | 備 | に | 起 | 因 | す | る | 費 | 用 |
| が | 大 | き | く | 、 | 資 | 本 | が | 毀 | 損 | さ | れ | て | い | る | こ | と | で | あ | る。 |

〔採点基準〕①3点、②2点、③2点、④3点

① 受注が減少（売上が減少）

② 人件費が大きいこと

③ 旧式の設備に起因する費用が大きいこと

④ 資本が毀損されていること

| 基準 | 点数 | コメント |
|---|---|---|
| ① | 点/3点 | |
| ② | 点/2点 | |
| ③ | 点/2点 | |
| ④ | 点/3点 | |
| 合計 | 点/10点 | |

第2問 （配点30点）

（設問 1 ）＜5点＞

〔解答例〕

|  |  |
|---|---|
| 5 | （％） |

| 項目 | 点数 | コメント |
|---|---|---|
| | 点/5点 | |

（設問 2 ）＜10点(a)(b)各5点＞

〔解答例〕

| (a) | △3,000 | （万円） | (b) | 856.2 | （万円） |
|---|---|---|---|---|---|

| 項目 | 点数 | コメント |
|:---:|:---:|:---|
| (a) | 点/5点 | |
| (b) | 点/5点 | |
| 合計 | 点/10点 | |

（設問3）＜15点＞

〔**解答例**〕

> ●2023年度の期末の差額CF
>  $(14,000 \times 0.04 + 8,120 \times 0.05) \times (1 - 0.3) + 300 \times 0.3 + 3,500 = 4,266.2$万円
>
> ●2026年度の期末の差額CF
>  $(50 - 1,500) + (100 - 50) \times 0.3 = -1,435$万円
>
> ●NPV
> （設問2）より、2022年期首、期末の差額CFも用いる。
>  $-3,000 + 856.2 \times 0.9524 + 4,266.2 \times 0.9070 - 1,435 \times 0.7835 = 560.56578 \fallingdotseq 561$万円
>
> ∴NPVが正であるため、当該取替投資案を採用する。

〔**採点基準**〕①5点、②5点、③3点、④2点

① 2023年度の期末の差額CFが正しい

② 2026年度の期末の差額CFが正しい

③ NPVの値が正しい

④ 結論が正しい

| 基準 | 点数 | コメント |
|:---:|:---:|:---|
| ① | 点/5点 | |
| ② | 点/5点 | |
| ③ | 点/3点 | |
| ④ | 点/2点 | |
| 合計 | 点/15点 | |

（配点20点）

（設問1）＜10点＞

〔解答例〕

| 113 | （％） |
|---|---|

| 項目 | 点数 | コメント |
|---|---|---|
| | 点/10点 | |

（設問2）＜10点＞

〔解答例〕

| 2,000 | （個） |
|---|---|

| 項目 | 点数 | コメント |
|---|---|---|
| | 点/10点 | |

第4問 （配点20点）

（設問1）＜8点＞

〔解答例〕

| 交 | 付 | 事 | 業 | 年 | 度 | の | 補 | 助 | 金 | の | 効 | 果 | の | 減 | 殺 | を | 防 | ぎ | 、 |
|---|---|---|---|---|---|---|---|---|---|---|---|---|---|---|---|---|---|---|---|
| 課 | 税 | を | 翌 | 年 | 度 | 以 | 降 | に | 繰 | り | 延 | べ | る | こ | と | が | で | き | る。 |

〔採点基準〕①4点、②4点

①　交付事業年度の補助金の効果の減殺を防ぐこと

②　課税を翌年度以降に繰り延べること

| 基準 | 点数 | コメント |
|---|---|---|
| ① | 点/4点 | |
| ② | 点/4点 | |
| 合計 | 点/8点 | |

（設問2）＜12点＞

〔解答例〕

| 長 | 所 | は | 為 | 替 | 変 | 動 | に | よ | る | リ | ス | ク | を | 避 | け | ら | れ | る | こ |
|---|---|---|---|---|---|---|---|---|---|---|---|---|---|---|---|---|---|---|---|
| と | で | あ | り | 、 | 短 | 所 | は | 予 | 約 | レ | ー | ト | よ | り | も | 決 | 済 | 日 | の |
| レ | ー | ト | が | 円 | 高 | で | あ | っ | て | も | 予 | 約 | レ | ー | ト | で | 購 | 入 | し |
| な | け | れ | ば | な | ら | な | い | こ | と | で | あ | る | 。 | | | | | | |

〔採点基準〕①～③各4点

① 長所：為替変動によるリスクを避けられること

② 短所：予約レートで購入しなければならないこと

③ ②の補足：予約レートよりも決済日のレートが円高の場合

| 基準 | 点数 | コメント |
|---|---|---|
| ① | 点/4点 | |
| ② | 点/4点 | |
| ③ | 点/4点 | |
| 合計 | 点/12点 | |

# 7 最終的な確認

取り組み前に設定したテーマの観点から、ここまでのフィードバック内容をすべて確認して、主要点を整理しておきましょう。

# 対応力を高めるための
# トレーニングメニュー

● 問題文の解釈力を高めるトレーニング

● 指示を外さない解答力を高めるトレーニング

● 事例内容の分析力を高めるトレーニング

● 解答の編集力を高めるトレーニング

● 処理の計画力を高めるトレーニング（事例IV）

● 経営指標の算出の確実さを向上させるトレーニング（事例IV）

## ● 問題文の解釈力を高めるトレーニング

　問題文の一部を変えて、オリジナルの問題文と比較することで解釈力を高めるためのトレーニングです。

　変え方には、削除、置き換え、追加がありますが、最も簡単にできるのは削除です。取り組んだ演習の問題文を使ってどんどんやってみましょう。

例1　第1回の事例Ⅰ第2問を題材にした例

＜オリジナルの問題文＞

　A社は1970年代半ばに除雪機の製造・販売に参入したが、実際に参入に至るまでには、A社の経営戦略や事業領域に対する捉え方に起因した社内の調整に時間を要することとなった。その要因について、100字以内で述べよ。

＜"1970年代半ばに"を削除した問題文＞

　A社は除雪機の製造・販売に参入したが、実際に参入に至るまでにはA社の経営戦略や事業領域に対する捉え方に起因した社内の調整に時間を要することとなった。その要因について、100字以内で述べよ。

＜さらに"A社の経営戦略や事業領域に対する捉え方に起因した"を削除した問題文＞

　A社は除雪機の製造・販売に参入したが、実際に参入に至るまでには社内の調整に時間を要することとなった。その要因について、100字以内で述べよ。

例2　第1回の事例Ⅲ第3問を題材にした例

＜オリジナルの問題文＞

　C社が置かれている経営環境を理解した上で、C社の今後の経営戦略を中小企業診断士として140字以内で助言せよ。

＜"理解した"を"踏まえた"に置き換えた問題文＞

　C社が置かれている経営環境を踏まえた上で、C社の今後の経営戦略を中小企業診断士として140字以内で助言せよ。

＜"C社が置かれている経営環境を理解した上で、"を削除した問題文＞

　C社の今後の経営戦略を中小企業診断士として140字以内で助言せよ。

# ● 指示を外さない解答力を高めるトレーニング

　**問題文の解釈時に、瞬時にいろいろな考えが浮かぶようになるためのトレーニング**です。

　「たとえばどのようなこと？」と考え、3種類浮かべましょう。浮かべようとすることをクセにするための練習です。目指すのは、何も意識しなくても複数浮かぶ状態です。浮かぶ内容の妥当性は気にしないことがポイントです。

　さらに、実践的な能力を高めるため「あてはまらないことは？＝解答してはいけないことは？」という問いについても検討してみましょう。これにより問題文の解釈力を高めることはもちろん、要求や制約から外れた解答をしてしまうリスクを小さくすることもできます。

　あてはまらない例については、それぞれ"あてはまらない理由"をはっきりさせるようにしましょう。

　題材（テーマ）は演習問題であっても、日常的なことでも何でもかまいません。

---

### 例1　第1回の事例Ⅱ第4問を題材にした例
　B社では営業時間の延長をせずに、利用客を増やすための策を検討している。B社はどのような施策を行うべきか、120字以内で述べよ。

＜あてはまる例＞
・未対応のニーズに対応した新メニューの投入で新規顧客層を開拓する
・メニューの入れ替え頻度を高め既存客の利用頻度を高める
・レイアウトの変更により客席数を増加させる

＜あてはまらない例＞
・早朝から営業し朝食需要に応える（営業時間が長くなるから）
・新たに高価格帯のメニューを投入する（売上は増える可能性はあるが、客数増加との関係は不明だから）
・接客の改善により客単価を高める（客単価が上がることと、客数増加とは無関係だから）

---

### 例2　日常的なことを題材にした例
　「最近うまくいったことを答えよ」にあてはまることは？

＜あてはまる例＞
・診断士の勉強を開始できた。
・3日間早起きに成功した。

・先週の飲み会で2次会を断り二日酔いにならなかった。

＜あてはまらない例＞

・上司にほめられた（これは何かやってうまくいったわけではなく、よい出来事）

・しっかり対策を行い昨年1次試験に合格できた（これは最近ではない）

・やっていることの意味がわからず効果が実感できていない（これはうまくいっていない）


## ● 事例内容の分析力を高めるトレーニング

**問題文や問題本文の解釈力を高めるためのトレーニングです。**

2次試験の事例内容は因果関係的な分析が必要になります。一般に原因を分析することは得意でも、影響を分析することは苦手という人は多いです。これは単に"場数が少ない"ことに起因します。そこで、意図的に影響を考えてみる場（機会）を増やすことで、分析力を高めることができます。

やることは簡単です。「それで？」と影響を想定する。題材は何でもよいので、毎日何度も行うことで習慣化させましょう。


| 例1 | 事例IVの経営分析を題材にした例

事象：既存設備では高付加価値な製品をつくれない。影響は？

＜「それで？」にあてはまること＞

・総利益率低下（既存製品の単価低下）

・有形固定資産回転率低下（既存製品の売上高減少）

・負債比率上昇（運転資金の借入増加）

＜「それで？」にあてはまらないこと＞

・設備が老朽化している（これは原因の分析であり影響ではない）

・取替投資を行う（これは課題の解決策）

・強みが発揮できない（これは財務的な影響ではない）


| 例2 | 日常的なことを題材にした例

事象：昨夜よく眠れなかった。影響は？

＜「それで？」にあてはまること＞

・仕事や勉強が捗らない

・午後にボォーっとなる

・今夜早く寝てしまう

＜「それで？」にあてはまらないこと＞

・寝る前に運動したからか？（これは原因を探っているだけ）

・今日は早めに帰ろう（これは対策であって影響ではない）

・今夜も眠れないだろう（これは予想であって影響ではない）


## ● 解答の編集力を高めるトレーニング

**制限字数に合わせて編集作業を行うことで編集力を高めるとともに字数（ボリューム）感覚を身につけることを目的としたトレーニング**です。

記述する内容は何でもかまいません。演習の解答例でも、２次試験に関係しないことでもよいです。

下記の例のように、同じ事柄について、異なる字数で編集しましょう。その際、"少ない字数から増やしていく"ようにしましょう。一般の文章校正では、文章を削っていきますが、試験の解答編集は限られた時間内に行いますので、重要な項目・内容に加えていく編集作業が実践的です。


例1 第１回の事例Ⅰ第１問を題材にした例

A社の主力製品の１つである農業機械の国内における市場動向は、どのような状況にあるか。20字以内で述べよ。

| 市 | 場 | 規 | 模 | は | 緩 | や | か | な | 拡 | 大 | 傾 | 向 | に | あ | る | 。 | | | |

A社の主力製品の１つである農業機械の国内における市場動向は、どのような状況にあるか。40字以内で述べよ。

| 生 | 産 | 効 | 率 | 向 | 上 | の | 必 | 要 | 性 | が | 高 | ま | っ | て | い | る | こ | と | に |
| よ | り | 、 | 市 | 場 | 規 | 模 | は | 緩 | や | か | な | 拡 | 大 | 傾 | 向 | に | あ | る | 。 |

A社の主力製品の１つである農業機械の国内における市場動向は、どのような状況にあるか。60字以内で述べよ。

| 農 | 業 | 従 | 事 | 者 | の | 高 | 齢 | 化 | と | 後 | 継 | 者 | 不 | 足 | が | 生 | じ | 、 | | 生 |
|---|---|---|---|---|---|---|---|---|---|---|---|---|---|---|---|---|---|---|---|---|
| 産 | 効 | 率 | 向 | 上 | の | 必 | 要 | 性 | が | 高 | ま | っ | て | い | る | こ | と | に | よ | |
| り | 、 | 市 | 場 | 規 | 模 | は | 緩 | や | か | な | 拡 | 大 | 傾 | 向 | に | あ | る | 。 | | |

**例2** 演習問題以外を題材にした例

　2次試験合格を確実なものにしたい。20字以内で助言せよ。

| 不 | 合 | 格 | に | な | る | リ | ス | ク | を | 小 | さ | く | す | る | 対 | 策 | を | 行 | う | 。 |
|---|---|---|---|---|---|---|---|---|---|---|---|---|---|---|---|---|---|---|---|---|

　2次試験合格を確実なものにしたい。60字以内で助言せよ。

| 不 | 合 | 格 | に | な | る | リ | ス | ク | を | 小 | さ | く | す | る | 対 | 策 | を | 行 | う | 。 |
|---|---|---|---|---|---|---|---|---|---|---|---|---|---|---|---|---|---|---|---|---|
| 具 | 体 | 的 | に | は | 、 | 得 | 点 | 見 | 込 | み | が | 高 | い | 問 | 題 | か | ら | 処 | 理 | |
| し | 失 | 点 | の | 回 | 避 | を | 最 | 優 | 先 | す | る | 対 | 応 | を | 身 | に | つ | け | る | 。 |

　2次試験合格を確実なものにしたい。100字以内で助言せよ。

| 不 | 合 | 格 | に | な | る | リ | ス | ク | を | 小 | さ | く | す | る | 対 | 策 | を | 行 | う | 。 |
|---|---|---|---|---|---|---|---|---|---|---|---|---|---|---|---|---|---|---|---|---|
| 具 | 体 | 的 | に | は | 、 | 得 | 点 | 見 | 込 | み | が | 高 | い | 問 | 題 | か | ら | 処 | 理 | |
| し | 失 | 点 | の | 回 | 避 | を | 最 | 優 | 先 | す | る | 対 | 応 | が | コ | ン | ス | タ | ン | |
| ト | に | で | き | る | よ | う | に | な | る | た | め | に | 、 | | 使 | え | る | 知 | 識 | と |
| 技 | 能 | 、 | 手 | 順 | 及 | び | マ | ネ | ジ | メ | ン | ト | を | 習 | 得 | す | る | 。 | | |

　解答用紙の制限字数は、20字、30字、40字、60字、80字、100字、120字、140字、160字と用意してあります。どんどん練習しましょう。

## ● 処理の計画力を高めるトレーニング（事例Ⅳ）

　事例Ⅳの計算処理を含む問題設定は複雑なものが多いです。問題を理解した上で順序立てた処理ステップに分解し、処理の計画を立てることにより、正確かつ無駄のない処理ができるようになれば、得点力は格段に上がります。**処理を実践する能力を高めるとともに、複雑な設定の問題の理解力を高めます。**

例 第１回の事例Ⅳ第２問を題材にした例

（設問１）

　D社は改善策を講じる前提として、現状の精査を行うこととした。そのために、改善策を実施しなかった場合の予測を立てることとした。予測では、翌期には受注量が当期よりも５％減少し、受注単価についても当期よりも２％低下するものとされる。製品１単位あたりの変動費率は当期においては50％であった。翌期における製品１単位あたりの変動費額、売上原価と販売費・一般管理費に含まれる固定費は当期と同じである。以上の条件より、翌期の予測営業利益額を計算せよ（損失の場合には金額の前に△を付すこと。単位：百万円）。

（設問２）

　（設問１）の数値をもとに、当期と翌期の損益分岐点比率を計算し、リスクへの対応力がどのように変化するといえるか説明せよ。なお、損益分岐点比率は％で表示し、最終的な解答における小数点第３位を四捨五入すること。

【問題の理解】

☆複数の設問で構成されているので、設問間の関係も含め理解する。

（設問１）　最終的に算出するもの＝翌期の予測営業利益額

（設問２）　最終的に算出するもの＝当期と翌期の損益分岐点比率

　　　　　　　　　　　＋　　リスクへの対応力の変化

　　　　　　　　……損益分岐点比率が高くなると対応力低下

　↓

【処理のイメージ】

| | 当期 | 翌期 | 変化 |
|---|---|---|---|
| 売上高 | | | $\times 0.95 \times 0.98$ |
| 変動費 | | | $\times 0.95$ |
| 限界利益 | | | 上記による変化 |
| 固定費 | | | 変化なし |
| 営業利益 | | | 上記による変化 |

【処理ステップ】

①　当期の値は、当期のP/Lと変動費率から算出する。

②　翌期の予測営業利益額（設問１）、当期と翌期の損益分岐点比率（設問２）を算出する。

　☆損益分岐点比率は、固定費÷限界利益で算出する。

## ● 経営指標の算出の確実さを向上させるトレーニング（事例Ⅳ）

事例Ⅳにおいて経営分析は毎年必ず出題されています。指標の選択で迷うことはあっても指標の算出で手間取ったり、迷ったり、ミスに気づかず失点したり、という状態は避けたいです。

そこで、本書の演習において、もし、適切に算出ができなかった場合は、以下のすべての指標について算出しましょう。算出したら、その数値が妥当なのか確認処理を行います（試験場でも行うはずです）。ただし、その場では答え合わせをしないこと（試験場ではできません）。

各演習の解説にすべての指標とその算出値が掲載されていますので、答え合わせは別の機会に行い、万一エラーがあった場合は、再度すべての指標の算出と確認処理を行いましょう。**目指すのは、使用する可能性のある経営指標を不安なく算出できる状態**です。

| | 財務指標 | D社 |
|---|---|---|
| 収益性 | 総資本経常利益率 | |
| | 売上高総利益率 | |
| | 売上高売上原価比率 | |
| | 売上高営業利益率 | |
| | 売上高販管費比率 | |
| | 売上高経常利益率 | |
| | 売上高営業外費用比率 | |
| 効率性 | 総資本回転率 | |
| | 売上債権回転率 | |
| | 棚卸資産回転率 | |
| | 有形固定資産回転率 | |
| 安全性 | 流動比率 | |
| | 当座比率 | |
| | 固定比率 | |
| | 固定長期適合率 | |
| | 自己資本比率 | |
| | 負債比率 | |

＜執筆者＞
三好 隆宏（みよし・たかひろ）：

資格の学校TACの中小企業診断士講座講師および情報
処理技術者講座講師をつとめる。
北海道大学工学部卒。日本IBM、プライスウォーター
ハウスクーパーズを経て、現職。
著書に、『プロジェクトマネージャ　午後Ⅰ　最速の記
述対策』『プロジェクトマネージャ　午後Ⅱ　最速の論
述対策』『システムアーキテクト　午後Ⅱ　最速の論述
対策』『うまくいかない人とうまくいかない職場　見方
を変えれば仕事が180度変わる』『コーチみよしのへ～
ンシン！』（いずれもTAC出版）がある。

中小企業診断士

第2次試験　外さない答案への攻略ロードマップ

2024年6月24日　初　版　第1刷発行

| | | |
|---|---|---|
| 編　著　者 | Ｔ　Ａ　Ｃ　株　式　会　社 | |
| | （中小企業診断士講座） | |
| 発　行　者 | 多　　田　　敏　　男 | |
| 発　行　所 | ＴＡＣ株式会社　出版事業部 | |
| | （TAC出版） | |

〒101-8383
東京都千代田区神田三崎町3-2-18
電話　03（5276）9492（営業）
FAX　03（5276）9674
https://shuppan.tac-school.co.jp

| | | |
|---|---|---|
| 組　　版 | 株式会社　明　　昌　　堂 | |
| 印　　刷 | 今　家　印　刷　株　式　会　社 | |
| 製　　本 | 株式会社　常　川　製　本 | |

© TAC 2024　　　Printed in Japan

ISBN 978-4-300-11090-4
N.D.C. 335

乱丁・落丁による交換、および正誤のお問合せ対応は、該当書籍の改訂版刊行月末日までとい
たします。なお、交換につきましては、書籍の在庫状況等により、お受けできない場合もござ
います。
また、各種本試験の実施の延期、中止を理由とした本書の返品はお受けいたしません。返金も
いたしかねますので、あらかじめご了承くださいますようお願い申し上げます。

# *TAC* 中小企業診断士講座からのご案内

## ▶ 受講相談したい！ 相談無料！

# コース選択や資格についてのご相談

TACの受講相談で疑問や不安を解消して、資格取得の一歩を踏み出しませんか？

**こんな疑問や不安がある方！！**

学校や仕事が忙しいけど両立はできる？　どれくらいの勉強時間が必要なの？

どんなコース、受講メディア、フォロー制度、割引制度があるの？

やっぱり直接相談したい！

**TAC校舎で受講相談**

忙しくて相談する時間が取れない！

**メールで受講相談**

頼れるTAC受講相談　検索

## ▶ 各種セミナー・体験講義を見たい！ 視聴無料

# TAC 診断士 YouTube

## TAC中小企業診断士講座のガイダンス・セミナーをご自宅で！

資格の概要や試験制度・TACのカリキュラムをお話する「講座説明会」、実務の世界や戦略的な学習方法をお話する「セミナー」、実際の講義を視聴できる「体験講義」等、多様なジャンルの動画を全て無料でご覧いただけます！

 YouTube　TAC 中小企業診断士 🔍

### 公開動画の例

◎コースガイダンス

◎体験講義

◎合格者インタビュー

◎2次口述試験対策セミナー

◎直前期の効果的な学習法　など

**本試験を体感できる！ 実力が正確にわかる！**
# 2次実力チェック模試・2次公開模試

TACの2次公開模試は、万全な試験対策問題として徹底的に研究・開発しています。
そのレベル・規模・特典・解説・フォローの全てにおいて、受験者の皆様に自信を持っておすすめできます。実力を測る評価メジャーとして、ぜひご活用ください。

> **2次実力チェック模試…**
> ## 2024年4月28日（日）実施予定 ※詳細は3月初旬頃 TACホームページにてご案内
> **2次公開模試…**
> ## 2024年9月 1日（日）実施予定 ※詳細は7月上旬頃 TACホームページにてご案内

## ★ TAC 2次公開模試 3つの特長 ★

### 特長1 受験者数"全国最大級"の公開模試！

TACの「2次公開模試」は、全国から多くの方が受験する**全国最大級の公開模試**です。事例ごとの点数・順位、合格可能性（A～E）を掲載した**「個人成績表」**により**自分の実力がどの位置にあるのかを正確に把握**することができます。さらに**「設問別平均データ」**も公表しますので、他の受験生がどこで得点しているかもわかります。

### 特長2 充実の添削指導でポイントが一目瞭然！

TACの添削指導は、単なる誤りの指摘ではなく、解答を導く**「考え方」**や手堅く得点するための**「書き方」**など事例問題攻略の**"ポイント"**を、TACならではの視点でしっかりアドバイスします。ぜひ得点力アップにつなげてください。

### 特長3 満足できる復習用コンテンツ！

TACメソッドから導かれる模範解答と詳細な解説を収録した**「模範解答集」**のほか、TAC WEB SCHOOLマイページでは、**「Web解説講義」**の無料配信や**「質問メール」「問題・解答用紙のPDF」**をご利用いただけます。復習にぜひお役立てください。

★TACメソッドとは…「出題者の意図は必ずしも正確にわかるものではない」「問題要求を特定できない場合もある」ことを前提とし、あらゆる事例で常に安定した得点ができることを狙いとしたTACオリジナルの答案作成プロセスのことです。

# 2024年度 中小企業診断士試験 （第1次試験・第2次試験）

TAC出版では、中小企業診断士試験（第1次試験・第2次試験）にスピード合格を目指す方のために、科目別、用途別の書籍を刊行しております。資格の学校TAC中小企業診断士講座とTAC出版が強力なタッグを組んで完成させた、自信作です。ぜひご活用いただき、スピード合格を目指してください。

※刊行内容・刊行月・装丁等は変更になる場合がございます。

## 基礎知識を固める

### ▶ みんなが欲しかった！シリーズ

**みんなが欲しかった！**
**中小企業診断士　合格へのはじめの一歩**
A5判　8月刊行

● フルカラーでよくわかる、「本気でやさしい入門書」！
● 試験の概要、学習プランなどのオリエンテーションと、科目別の主要論点の入門講義を収載。

---

**みんなが欲しかった！**
**中小企業診断士の教科書**
上：企業経営理論、財務・会計、運営管理
下：経済学・経済政策、経営情報システム、経営法務、中小企業経営・政策

A5判　10～11月刊行　全2巻

● フルカラーでおもいっきりわかりやすいテキスト
● 科目別の分冊で持ち運びラクラク
● 赤シートつき

---

**みんなが欲しかった！**
**中小企業診断士の問題集**
上：企業経営理論、財務・会計、運営管理
下：経済学・経済政策、経営情報システム、経営法務、中小企業経営・政策

A5判　10～11月刊行　全2巻

● 診断士の教科書に完全準拠した論点別問題集
● 各科目とも必ずマスターしたい重要過去問を約50問収載
● 科目別の分冊で持ち運びラクラク

### ▶ 最速合格シリーズ

**科目別 全7巻**
① 企業経営理論
② 財務・会計
③ 運営管理
④ 経済学・経済政策
⑤ 経営情報システム
⑥ 経営法務
⑦ 中小企業経営・中小企業政策

最速合格のための
**スピードテキスト**
A5判　9月～12月刊行

● 試験に合格するために必要な知識のみを集約。初めて学習する方はもちろん、学習経験者も安心して使える基本書です。

**科目別 全7巻**
① 企業経営理論
② 財務・会計
③ 運営管理
④ 経済学・経済政策
⑤ 経営情報システム
⑥ 経営法務
⑦ 中小企業経営・中小企業政策

最速合格のための
**スピード問題集**
A5判　9月～12月刊行

● 『スピードテキスト』に準拠したトレーニング問題集。テキストと反復学習していただくことで学習効果を飛躍的に向上させることができます。

# 受験対策書籍のご案内　TAC出版

## 1次試験への総仕上げ

**科目別 全7巻**
① 企業経営理論
② 財務・会計
③ 運営管理
④ 経済学・経済政策
⑤ 経営情報システム
⑥ 経営法務
⑦ 中小企業経営・中小企業政策

最速合格のための
### 第1次試験過去問題集
A5判　12月刊行
● 過去問は本試験攻略の上で、絶対に欠かせないトレーニングツールです。また、出題論点や出題パターンを知ることで、効率的な学習が可能となります。5年分の本試験問題と丁寧な解説を収載。

**全2巻**

1日目
（経済学・経済政策、財務・会計、企業経営理論、運営管理）

2日目
（経営法務、経営情報システム、中小企業経営・中小企業政策）

最速合格のための
### 要点整理ポケットブック
B6変形判　1月刊行
● 第1次試験の日程と同じ科目構成の「要点まとめテキスト」です。コンパクトサイズで、いつでもどこでも手軽に確認できます。買ったその日から本試験当日の会場まで、フル活用してください！

## 2次試験への総仕上げ

最速合格のための
### 第2次試験過去問題集
B5判　2月刊行
● 過去5年分の本試験問題を収載し、問題文の読み取り方から解答作成までのプロセスを丁寧に解説しています。抜き取り式の解答用紙付きです。最高の良問である過去問題に取り組んで、合格をたぐりよせましょう。

### 第2次試験 事例Ⅳの解き方
B5判
● 第2次試験「事例Ⅳ」の対策のためのトレーニング問題集です。TACの現役講師による解き方手順を掲載しているので、適切な計算手順や問題文の読み取り方を知り、自身の解答プロセスを身につけることができます。

**好評発売中**

# 書籍の正誤に関するご確認とお問合せについて

書籍の記載内容に誤りではないかと思われる箇所がございましたら、以下の手順にてご確認とお問合せを
してくださいますよう、お願い申し上げます。
なお、正誤のお問合せ以外の書籍内容に関する解説および受験指導などは、一切行っておりません。
そのようなお問合せにつきましては、お答えいたしかねますので、あらかじめご了承ください。

## 1 「Cyber Book Store」にて正誤表を確認する

TAC出版書籍販売サイト「Cyber Book Store」の
トップページ内「正誤表」コーナーにて、正誤表をご確認ください。

**CYBER** TAC出版書籍販売サイト
**BOOK STORE**

**URL:https://bookstore.tac-school.co.jp/**

## 2 1 の正誤表がない、あるいは正誤表に該当箇所の記載がない
⇒ 下記①、②のどちらかの方法で文書にて問合せをする

★ご注意ください★

**お電話でのお問合せは、お受けいたしません。**
①、②のどちらの方法でも、お問合せの際には、「お名前」とともに、
「対象の書籍名（○級・第○回対策も含む）およびその版数（第○版・○○年度版など）」
「お問合せ該当箇所の頁数と行数」
「誤りと思われる記載」
「正しいとお考えになる記載とその根拠」
を明記してください。
なお、回答までに1週間前後を要する場合もございます。あらかじめご了承ください。

① ウェブページ「Cyber Book Store」内の「お問合せフォーム」より問合せをする

**【お問合せフォームアドレス】**

**https://bookstore.tac-school.co.jp/inquiry/**

② メールにより問合せをする

**【メール宛先　TAC出版】**

**syuppan-h@tac-school.co.jp**

※土日祝日はお問合せ対応をおこなっておりません。
※正誤のお問合せ対応は、該当書籍の改訂版刊行月末日までといたします。

乱丁・落丁による交換は、該当書籍の改訂版刊行月末日までといたします。なお、書籍の在庫状況等
により、お受けできない場合もございます。
また、各種本試験の実施の延期、中止を理由とした本書の返品はお受けいたしません。返金もいたし
かねますので、あらかじめご了承くださいますようお願い申し上げます。

（2022年7月現在）

## ＜解答用紙のご利用にあたって＞

「解答用紙」につきましては、この色紙を残したままていねいに抜き取り、綴じ込みの針金をはずしてご利用ください（そのままではご利用になれません）。

　なお、針金をはずす際は素手ではなく、ドライバー等の器具を必ずご使用ください。

①色紙を残したまま、解答用紙冊子を抜きとる。

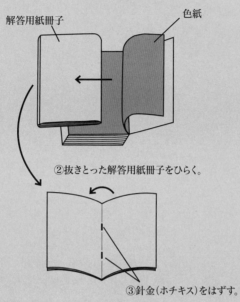

解答用紙冊子　　　　　　　　色紙

②抜きとった解答用紙冊子をひらく。

③針金(ホチキス)をはずす。

★抜き取りの際の損傷によるお取替えはできません。予めご了承ください。

★ご自身の学習進度に合わせて、解答用紙をコピーしてご利用ください。また、TAC出版書籍販売サイト「サイバーブックストア」の「書籍連動ダウンロードサービス」からのダウンロードもご利用いただけます。

## ＜解答用紙の形式について＞

「解答用紙」は全部で7枚あり、下記のように両面に印刷されています。

|  | （表面） | （裏面） |
|---|---|---|
| 解答用紙　1枚目 | 第1回　事例Ⅰ ／ | 第1回　事例Ⅱ |
| 2枚目 | 第1回　事例Ⅲ ／ | 第1回　事例Ⅳ |
| 3枚目 | 第2回　事例Ⅰ ／ | 第2回　事例Ⅱ |
| 4枚目 | 第2回　事例Ⅲ ／ | 第2回　事例Ⅳ |
| 5枚目 | 第3回　事例Ⅰ ／ | 第3回　事例Ⅱ |
| 6枚目 | 第3回　事例Ⅲ ／ | 第3回　事例Ⅳ |
| 7枚目 | トレーニング ／ | トレーニング |

| | 財務指標 | D社 |
|---|---|---|
| 収益性 | 総資本経常利益率 | |
| | 売上高総利益率 | |
| | 売上高売上原価比率 | |
| | 売上高営業利益率 | |
| | 売上高販管費比率 | |
| | 売上高経常利益率 | |
| | 売上高営業外費用比率 | |
| 効率性 | 総資本回転率 | |
| | 売上債権回転率 | |
| | 棚卸資産回転率 | |
| | 有形固定資産回転率 | |
| 安全性 | 流動比率 | |
| | 当座比率 | |
| | 固定比率 | |
| | 固定長期適合率 | |
| | 自己資本比率 | |
| | 負債比率 | |

**対応力を高めるためのトレーニングメニュー**

**解答用紙**
**対応力を高めるためのトレーニングメニュー**

20字

30字

40字

60字

80字

**第3問** （配点20点）

（設問1）

|  |  |
|---|---|
|  | （％） |

（設問2）

|  |  |
|---|---|
|  | （個） |

**第4問** （配点20点）

（設問1）

（設問2）

**解答用紙**

**第3回　事例Ⅲ**

（配点15点）

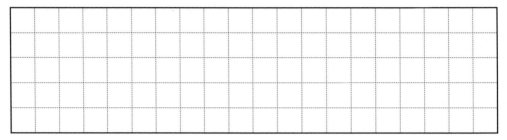

（配点40点）

（設問1）

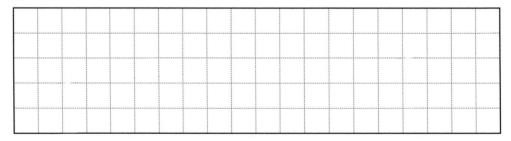

（設問2）

**第3問** （配点25点）

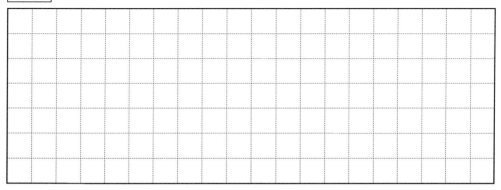

**第4問** （配点25点）

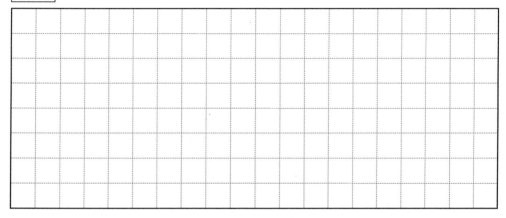

**解答用紙**

## 第3回　事例Ⅰ

第1問 （配点20点）

第2問 （配点20点）

第3問 （配点20点）

（設問1）

（単位：円）

| 製品P | 製品Q | 製品R |
|---|---|---|
| | | |

（設問2）

| (a) | P | （ロット） | Q | （ロット） | R | （ロット） |
|---|---|---|---|---|---|---|
| (b) | | （円） | | | | |

（設問3）

| (a) | P | （ロット） | Q | （ロット） | R | （ロット） |
|---|---|---|---|---|---|---|
| (b) | | （円） | | | | |

第3問 (配点15点)

第4問 (配点20点)

（設問1）

| | （万円） |
|---|---|

（設問2）

**解答用紙**

**第2回　事例Ⅲ**

第1問 （配点20点）

第2問 （配点20点）

第3問 （配点20点）

第3問 （配点20点）

第4問 （配点40点）

（設問1）

（設問2）

**解答用紙**

**第2回　事例 I**

第1問 （配点20点）

第2問 （配点20点）

第3問 （配点20点）

**第3問** （配点35点）

（設問1）

（単位：百万円）

|  | 第1年度 | 第2年度 | 第3年度 | 第4年度 |
|---|---|---|---|---|
| 投資案X |  |  |  |  |
| 投資案Y |  |  |  |  |

（設問2）

**第4問** （配点15点）

（設問1）

（設問2）

**解答用紙**

**第 1 回　事例Ⅲ**

第 1 問 （配点35点）

（設問 1 ）

（設問 2 ）

**解答用紙**

**第1回　事例Ⅰ**

第1問　（配点20点）

第2問　（配点20点）

第3問　（配点20点）

第4問 （配点40点）

（設問1）

（設問2）

**解答用紙**

**第1回　事例Ⅱ**

第1問 （配点25点）

第2問 （配点25点）

（設問1）

（設問2）

**解答用紙**

## 第1回　事例Ⅳ

第1問 （配点25点）

（設問1）

|  | (a) | (b) |
|---|---|---|
| ① |  | （　　　） |
| ② |  | （　　　） |
| ③ |  | （　　　） |

（設問2）

|  |  |  |  |  |  |  |  |  |  |  |  |  |  |  |  |  |  |  |  |
|---|---|---|---|---|---|---|---|---|---|---|---|---|---|---|---|---|---|---|---|
|  |  |  |  |  |  |  |  |  |  |  |  |  |  |  |  |  |  |  |  |
|  |  |  |  |  |  |  |  |  |  |  |  |  |  |  |  |  |  |  |  |
|  |  |  |  |  |  |  |  |  |  |  |  |  |  |  |  |  |  |  |  |

第2問 （配点25点）

（設問1）

| （百万円） |
|---|

（設問2）

**解答用紙**

**第2回　事例Ⅱ**

第1問 （配点20点）

① 【S】

② 【W】

③ 【O】

④ 【T】

第2問 （配点20点）

**第4問** （配点20点）

**第5問** （配点20点）

**第4問** （配点20点）

**第5問** （配点20点）

第2回　事例Ⅲ

**解答用紙**

**第2回　事例Ⅳ**

第1問 （配点40点）

（設問1）

（単位：百万円）

| （　　　　　　　　　　　　　） | （　　　　　　　） |
|---|---|
| 　減価償却費 | （　　　　　　　） |
| 　営業外収益 | （　　△2　　） |
| 　営業外費用 | （　　16　　） |
| 　売上債権の増減額 | （　　　　　　　） |
| 　棚卸資産の増減額 | （　　　　　　　） |
| 　仕入債務の増減額 | （　　　　　　　） |
| 　小計 | （　　16　　） |
| 　利息及び配当金の受取額 | （　　2　　） |
| 　利息の支払額 | （　　△16　　） |
| 　法人税等の支払額 | （　　　　　　　） |
| 　営業活動によるキャッシュフロー | （　　　　　　　） |

（設問2）

|  | (a) | (b) |
|---|---|---|
| ① |  | （　　　　） |
| ② |  | （　　　　） |
| ③ |  | （　　　　） |

（設問3）

| | | | | | | | | | | | | | | | | | | | | |
|--|--|--|--|--|--|--|--|--|--|--|--|--|--|--|--|--|--|--|--|--|
| | | | | | | | | | | | | | | | | | | | | |
| | | | | | | | | | | | | | | | | | | | | |

**解答用紙**

**第3回　事例Ⅱ**

第1問 （配点25点）

第2問 （配点25点）

**第 3 問** （配点20点）

**第 4 問** （配点25点）

**解答用紙**

**第3回　事例Ⅳ**

第1問 （配点30点）

（設問1）

|   | (a) | (b) |
|---|---|---|
| ① |  | （　　　） |
| ② |  | （　　　） |
| ③ |  | （　　　） |
| ④ |  | （　　　） |

（設問2）

|  |  |  |  |  |  |  |  |  |  |  |  |  |  |  |  |  |  |  |  |
|---|---|---|---|---|---|---|---|---|---|---|---|---|---|---|---|---|---|---|---|
|  |  |  |  |  |  |  |  |  |  |  |  |  |  |  |  |  |  |  |  |
|  |  |  |  |  |  |  |  |  |  |  |  |  |  |  |  |  |  |  |  |
|  |  |  |  |  |  |  |  |  |  |  |  |  |  |  |  |  |  |  |  |

第2問 （配点30点）

（設問1）

|  （％） |
|---|

（設問2）

| (a) | （万円） | (b) | （万円） |
|---|---|---|---|

（設問3）

|  |
|---|

100字

120字

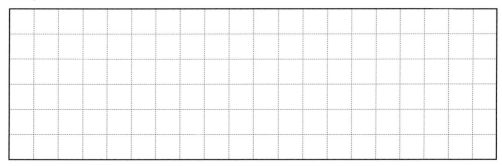

140字

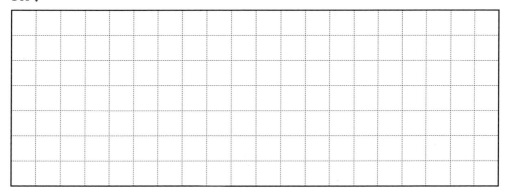

**対応力を高めるためのトレーニングメニュー**

160字

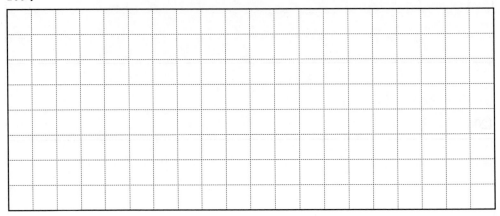